あなたの予想と馬券を変える
革命競馬

JRA発表【通過順位】の(カッコ)で儲ける

コーナーロス
激走!馬券術

川田信一

はじめに

コロナ禍が到来し、競馬は大きく変わった。

無観客競馬。競馬場やＷＩＮＳでの馬券発売・払戻しの中止。競走馬の他ブロック競走への出走制限や騎手の移動制限。短期免許で来日する外国人騎手の激減。交流競走や各種イベントの自粛ないし取りやめ。

さまざまな出来事が起こった。

しかし、私が個人的に考える〝最も大きな変化〟は違う。

馬券のウマいファンが増えたこと。これに尽きるだろう。

現在は緩和されたが、一時的に競馬場やＷＩＮＳで馬券が買えなくなったことにより、ネット投票の需要が増加。既存ファンのＩＴ化が加速した。

また、巣ごもり需要と公営ギャンブルのネット投票の親和性が高かったことも相まって、新規ファンが多数参入。ウマ娘ブームに乗る格好で若者ファン、女性ファンも急増。コロナ禍にあっても、馬券は大幅な売上増を記録した。

その結果、なにがもたらされたか？

それは、オッズのシビア化である。

競馬のＩＴ化は、ファンの情報収集力とデータ分析力の向上を促し、ファン全体の予想スキルの精度を飛躍的に高めていった。

となれば当然、オッズは厳しくなっていく。

しかも、ここにＡＩ予想の目覚ましい進化が重なり、美味しい馬券の減少傾向にさらに拍車がかかっていった。

ふだんぼんやりと馬券を買っているファンは「そんなものか」と思う程度かもしれないが、日々競馬予想に真摯に向き合っている者、そのうえで毎年プラス収支を計上している者には肌感覚でわかる。

ひと言、馬券購入者のレベルがとてつもなく上がっているのだ。


私は競馬と出会ってから長きにわたり単勝の勝ちやすさ（長期的に見ての儲けやすさ）に注目し、常勝スタイルを確立。これまで単勝（ならびに、応用的に馬単・３連単・ＷＩＮ５）に特化した馬券攻略書を４冊発表してきた。

今もって単勝は使い勝手の良い券種だと認識しているが、オッズの厳しさはまず単勝に表れるため、一本槍で勝負し続けることの難しさを痛感するようになったのは事実。現在は単勝にこだわらず、ひたすら〝期待値の高い馬券〟を求めてあらゆる券種を使い分けるようにしている。


問題は、その期待値の高い馬券、ひいては期待値の高い馬をどうやって探していくか、である。

もちろん、誰もが参考にしているおなじみの予想ファクターばかりに注目していたら、軒並み過剰人気の馬に手を出すことになり、いつまで経っても正解にはたどり着けない。期待値の高い馬を見つけるためには、レース結果への影響度が高く、なおかつ世の中に浸透していないファクターを活用することが求められる。

そんなに都合のいいモノなんてもはや存在しないだろうと、疑問に感じるかもしれないが、心配にはおよばない。じつは、期待値の高い馬を見つけることを可能にする美味しい予想ファクターは、まだまだある。

そのひとつが、本書でクローズアップする〝コーナーロス〟なのである。

ちなみに本書は、2022年秋に電子書籍としてリリースされた『コーナーロス革命』（競馬ファクター研究所）の増補改訂版で、新たな有力情報が加わり、内容がいっそうブラッシュアップされている。

コーナーロスと聞くと、すぐに「レースVTRやパトロールビデオを見返す必要がある」「大変そう」「面倒くさそう」「そんな時間はない」という印象を抱くだろう。

しかし、私が開発した理論は、そういった〝世の常識〟を根本的に覆すものとなっている。

なぜなら、VTRを見なくても、しかも時間をかけずに、コーナーロスのあった馬を見抜き、期待値の数値化を可能にしているからだ。

そしてピックアップした馬たちが、次走以降で美味しい馬券を矢継ぎ早に提供してくれるからだ。

相馬眼も観察眼も不要。誰でもカンタンに、次走以降で巻き返して好配当を提供してくれる可能性のある馬、すなわち期待値の高い馬をピックアップすることができるようになる。

信じられないかもしれないが、これは紛れもない事実だ。

論より証拠、本書で紹介する手法を駆使すれば、下に掲載したような馬券を獲ることができる（詳細は第5章を参照）。

必要なものは、インターネットを利用（閲覧）できるデバイスのみ。スマートフォンでもタブレットでもパソコンでもなんでも構わない。JRA公式サイト（もしくは一部の競馬情報サイト）にアクセスし、レース結果のページに表示されている「ある情報」をチェックすれば、コーナーロスの有無と、次走以降で狙い目になる馬がたちどころに判明するしくみになっている。

もう、迷うことはない。その答えは、本書に詳《つまび》らかに記されている。

あとはただひたすら、ページをめくっていくだけだ。

2023年2月　川田　信一

ワイド⑦－⑧13.0倍、枠連7－7・44.5倍が的中！

⇒払戻総額287万5000円

目次

はじめに　2
序——馬券で年間収支を黒字にするには　8

第1章　コーナーロスの基礎知識
各馬のコーナーロスを確認する方法　18
コーナーの呼び名は競馬場ごとに固定されている　26
そもそも有効な競馬ファクターとは⁉　29
データ分析の罠〜その数値で公平性は保たれているのか　32
ファクター「コーナーロス」の有効性　34
外差し馬場——走破タイムの損失を見極める　39
コーナーロスがあった馬を効率的に見つける方法　41
レースVTRを見るメリットとデメリット　42

第2章　コーナーロスで儲ける方法
川田式コーナーロス分析法　46
「上がり3F順位」と「1着馬とのタイム差」を活用する　47
前半コーナーロス×上がり3F順位　49
後半コーナーロス×1着馬とのタイム差　52
その注目馬は軸馬向きか？それとも穴馬向きか？　54
コーナーロス馬ストック実践例①　55
コーナーロス馬ストック実践例②　60
コーナーロス馬を探す一日の流れ　64

第3章　コーナーロス馬の精度を高める方法
「内回し上位独占レース」を見つけよう　74
外回しロスの連続で勝った馬は昇級しても要注意！　77
ここにも儲けるチャンス！危険な人気馬をストックせよ　79
狙い馬が凡走しても見限れない3つのパターン　80
レースVTRの確認〜ロスの状況を〝見る〟ことで精度アップ　83
馬券の買い方・川田の流儀①〜馬連もしくは枠連の〝総流し馬券〟　86
馬券の買い方・川田の流儀②〜回収率より回収額に着目を　89
コーナーロス分析法が持つ優位性とは　91

第4章　コーナーロス×美味しいファクター
コーナーロス×レースレベル　94
得点化する——川田式レースレベル判定法　99
コーナーロス×騎手　112
大外回し率が高い騎手　114
コーナーロス×枠順　120

第5章　爆裂！コーナーロス馬券ヒットギャラリー

重賞大幅ロスから自己条件で巻き返しＶ！　124
低レベルのレースは条件外でも勝負可能！　126
追いかけていた絶好の狙い目と心中勝負！　128
時に送りバント系の馬券で堅実に当てる！　130
前走レベルは低くても内容◎なら買える！　132
軸から上位人気に流すだけで労せず的中！　134
ロスのあった馬が次走で結果を残す見本例！　136
前走ＧⅠ好走の格上馬がＧⅢで貫録の勝利！　138
パトロールＶとの併せ技で勝ち取った馬券！　140

第6章　解剖！厳選36コースの核心コーナー

6章のトリセツ　144
東京…145　中山…150　阪神…155
中京…160　新潟…165　福島…170
小倉…175　札幌…180　函館…185
9場【コーナーの特徴】一覧…190

装丁●橋元浩明（sowhat.Inc.）　本文DTP●オフィスモコナ
写真●武田明彦　馬柱●優馬　コースイラスト●アトリエ・プラン
※名称、所属は一部を除いて2023年1月31日時点のものです。
※成績、配当、日程は必ず主催者発行のものと照合してください。

馬券は必ず自己責任において購入お願いいたします。

序――馬券で年間収支を黒字にするには

●期待値が高いお宝馬を発掘しよう！

競馬予想とは、端的にいえば〝今走のレース結果を予測する〟という作業である。

今走のレース結果に影響を与えるファクター（要素）は「着順」「走破タイム」「騎手」「レース展開」「枠順」「血統」「パドック」など無数に存在する。また、ファクターごとの影響度はさまざまで、過去の「着順」「走破タイム」などは、今走のレース結果に与える影響が非常に大きい。

例えば、前走の着順が良い馬ほど、今走の着順も良くなる傾向にあるので（左の表1）、過去のレース着順は今走のレース結果への影響度が高いといえるだろう。

まず、オカルトなど不確かなファクターは排除。そして、影響度の高いファクターを優先しながら、より多くのファクターを考慮していくことで、今走のレース結果を予測する精度は向上する。

ただし、競馬で勝ちたいと考えるのであれば、レース結果を予測するだけでは不充分。極端な例になるが、「99％の確率で馬券に絡む馬を見つけたとしても、そのオッズが1・0倍であれば儲けることができない」からだ。

つまり、馬券で勝つためには **〝期待値が高い馬〟** を見つけなければならない。

前述した前走着順別データでは、前走の着順が良い馬ほど、今走の好走率が向上しているように、その着順がレース結果への影響度が高いことを示している。

一方で、回収率のほうはどうだろうか?

前走の着順が向上するにつれて、むしろ回収率は下落傾向にあることがわかるだろう。このように的中率が上昇するにつれて回収率が下降する関係にあるものは、**世の中に浸透してしまっているファクター**と考えることができる。

レース結果を予測するうえでは有効なファクターであることに間違いないが、期待値が高い馬を見つけるためには不向きなファクターだ。

要するに、競馬予想はレース結果を予測するだけでなく、それと同時に期待値が高い馬を発掘することが大切なのである。

●なぜ、前走上位着順馬の期待値は低いのか

前走着順のような、レース結果を予測するうえでは有効的なファクターでも、世の中に浸透してしまえば期待値が下がる——この現象は、日本の競馬が〝パリミチュエル方式〟のギャンブルであるがゆえに起こるものだ。

表1■前走着順→今走成績の関係

前確定着順	勝率	連対率	複勝率	単回値	複回値	総データ数
前走1着	10.0%	19.0%	27.2%	70	72	29523
前走2着	19.9%	35.5%	48.1%	72	78	27650
前走3着	13.9%	27.1%	38.9%	74	76	27455
前走4着	10.8%	21.2%	31.6%	79	76	27330
前走5着	7.6%	16.3%	25.6%	69	75	27185
前走6着	6.6%	13.9%	21.9%	77	78	26003
前走7着	5.2%	11.3%	17.9%	80	76	25525
前走8着	4.4%	9.5%	15.3%	77	75	24789
前走9着	3.9%	8.5%	13.7%	79	77	23329
前走10着～	2.5%	5.7%	9.5%	66	67	109758

（集計期間：いずれも2015～2022年　障害レースを除く）

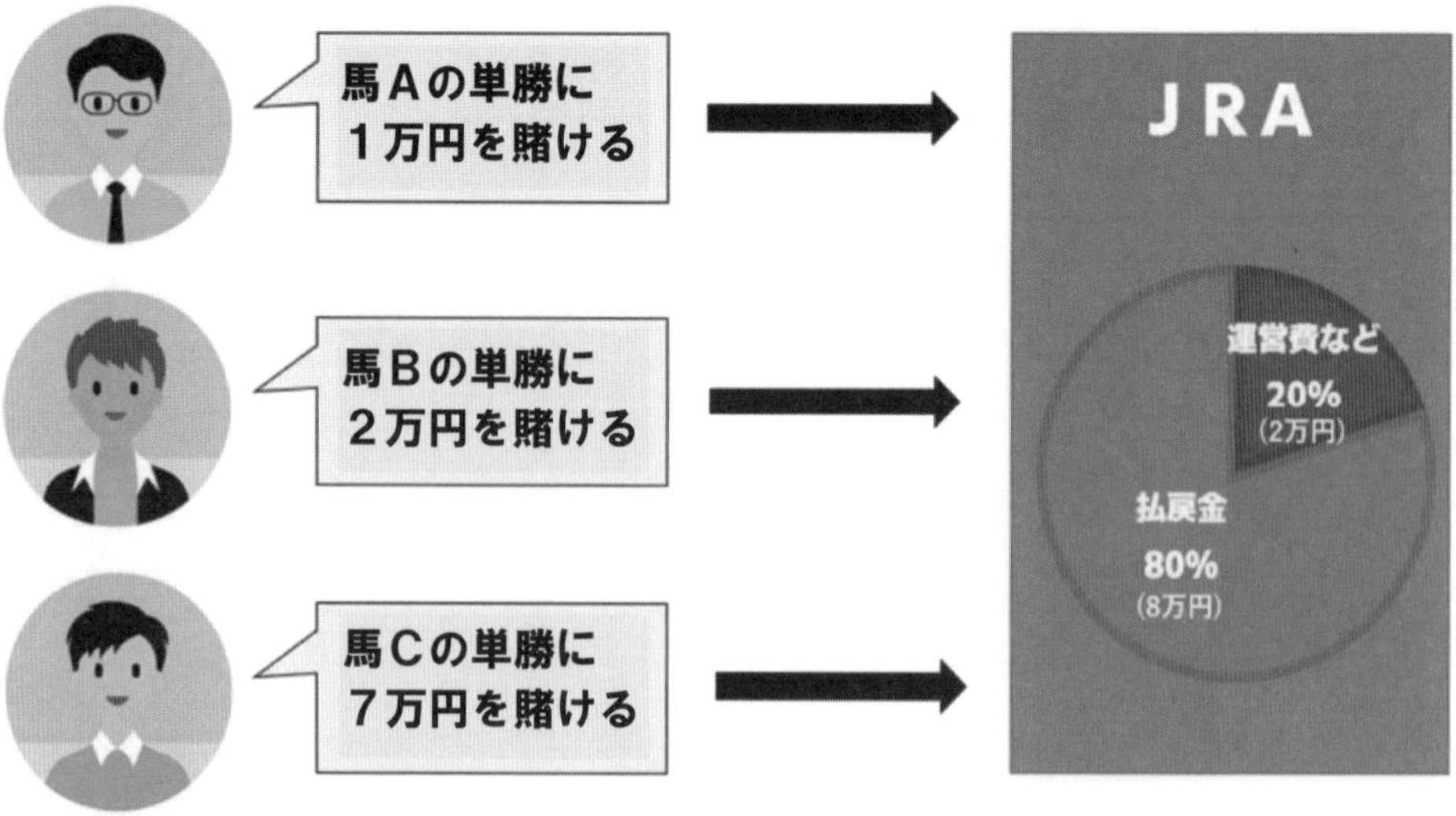

勝ち馬	オッズ	投資金	払戻金	利益
馬Aが勝った場合	8.0倍	¥10,000	¥80,000	¥70,000
馬Bが勝った場合	4.0倍	¥20,000	¥80,000	¥60,000
馬Cが勝った場合	1.1倍	¥70,000	¥77,000	¥7,000

オッズの計算は「払い戻し率÷支持率」

10円未満は切り捨て

パリミチュエル方式とは、賭け金を一度主催者（ＪＲＡ）が受け取り、そこから運営費や国庫納付金などを差し引いて（控除して）、残ったお金を的中者に分配する方法のこと。つまり、的中者が不的中者のお金を奪い合う構図になっている。
パリミチュエル方式の場合、的中者が多ければ多いほど払戻金額が低くなるため、ほかの馬券購入者と同じ馬券を買っていても儲けることはできない。

前走着順が、レース結果を予測するうえで有効なファクターであることに間違いはないが、儲けるという観点で考えれば無効なファクターなのだ。

「そんなことは知っている」

そう思った方もいるかもしれないが、もし多くの競馬ファンが期待値を考えて馬券を購入しているのであれば、前走上位着順馬の期待値が過剰に低くなることはない。
多くの競馬ファンが「前走着順の良い馬」を買っているからこそ、前走上位着順馬の期待値が低下しているのだ。

●パリミチュエル方式とブックメーキング方式の違い

期待値が高い馬を見抜くことが大切であると再三述べてきたが、そもそも日本の競馬（＝パリミチュエル方式）における期待値とは何か？
数式で表すと次のようになる。

「好走確率×確定オッズ＝期待値」

この計算式で期待値が100％以上であれば期待値が高く、儲かる可能性が高い馬ということだ。

前走1～3着馬の場合、平均勝率は約14・5％、平均確定単勝オッズが約5・0倍となっているので、その単勝期待値は約72・5％となる。

しかし、ここでひとつ問題になってくるのが、期待値を算出するためには〝確定オッズ〟が必要であるということである。確定オッズは馬券購入締め切り後にわかるものなので、ファクターとしては活用することができない。

「何を当たり前のことを……」

そんな声も聞こえてきそうだが、いったん海外に目を向けていただきたい。これがイギリスのようにブックメーキング方式のギャンブルが盛んな国の場合、馬券購入時のオッズ＝確定オッズになるため、オッズをファクターとして活用することが可能となるのだ。

一方、パリミチュエル方式が採用されている日本の場合は、馬券購入時と締め切り後でオッズが大きく変わることは日常茶飯事。なんとなく1番人気はこの馬で、2番人気はこの馬で……と予測することはできても、小数点以下の単位で正解に近づくことは容易ではない。

●期待値が高い馬を見つけるため、有意義なファクターを活用する

前述した「好走確率×確定オッズ＝期待値」に基づければ、期待値が高い馬を見つけるには、各馬の好走確率と確定オッズを高い確率で予測する仕組みが必要になる。

さまざまな分析方法を駆使することで実現は可能だが、コンピューターを活用しなければ不可能であり、手作業ではとうてい無理な話だろう。

それではいったい、コンピューターを活用せずに、簡単に期待値が高い馬を見つけるには、どうすればいいのか？

それは〝レース結果への影響度が高い〟かつ〝世の中に浸透していない〟ファクターを活用することにある。

世の中に浸透していないファクターであれば、オッズの変動を盛り込んだうえで期待値が高い馬を見つけることが可能だ。

前走着順のように世の中に広く浸透しているファクターであれば、的中率が上昇するにつれて回収率が下降するという反比例の現象が起きる。

しかし、世の中に浸透していないファクターであれば、的中率の上昇に比例して回収率も上昇していく。

世の中には数多くの競馬理論が発表されているので、「いまさらそんな美味しい予想ファクターがあるのか？」と疑問を抱く方もいるだろう。

断言しよう。

「美味しい予想ファクターは、まだまだ存在する」

そして、そのなかのひとつが本書で紹介する〝コーナーロス〟なのである。

●コーナーロスとは――進路の不利はスタートからはじまる

日本の競馬は、直線のみで構成される新潟芝1000mを除き、すべてのコースにコーナーが存在する。そして、各コーナーで内を回った馬と外を回った馬とでは、トータルで走る距離が著しく異なる。

例えば、人間が陸上競技で使う400mトラックの場合、走る距離が同じになるようにセパレートスタート（外のコースほどスタート位置が前になる）で行なわれる。

しかし、競馬の場合は全世界共通で、横一線のスタートが採用されているのだ。

そのため、ハナ差で勝敗を分けることも多い競馬において、外を回った馬は非常に大きなロスがある（＝不利を受ける）。最内を回して2着に好走した馬と、大外を回して4着に入線した馬の着差がわずかだとしたら、どう考えても後者に価値がある（＝強い競馬をしている）

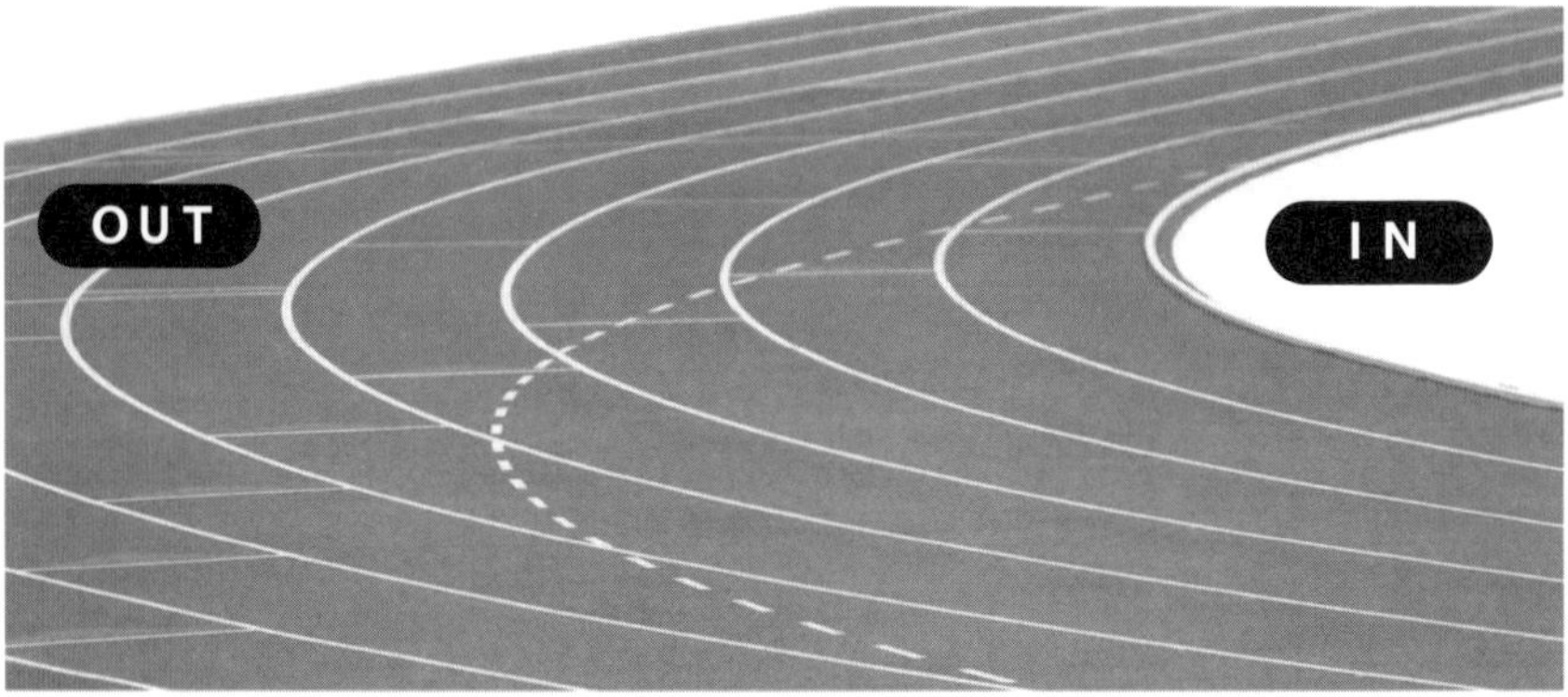

ということだ。

にもかかわらず、上位着順だった馬のほうが馬券的には売れるので、**大外を回して敗北した馬は強いのに人気にならない**という現象が発生する。

これを見抜くことができれば、わざわざ好走確率に確定オッズを掛けるといった計算をしなくても、期待値が高い馬を見つけることができるのだ。

「コーナーで外を回した馬にロスがあることはなんとなくわかっていた」

「だからといって、すべてのレースでVTRをチェックするは手間がかかりすぎる」

こういった問題点が生じるが、まったくもって心配は必要なし。

本書のタイトルにある通り、「レースVTRを見なくても、コーナーロスを数値化して儲ける方法」をみなさんにお伝えしていくからだ。

第1章

コーナーロスの基礎知識

各馬のコーナーロスを確認する方法

それでは、具体的にコーナーロスがあった馬を見つける方法を紹介していこう。

まず、〝インターネットを閲覧できるデバイス〟が必須となる。コーナーロスは、競馬新聞などのいわゆる〝出馬表〟には載っていない情報だからだ。

「え？　競馬新聞じゃダメなの？」

ガッカリされる方もいるかもしれないが、多くの競馬ファンが競馬新聞を活用して予想している以上、**競馬新聞に掲載されているファクターは、世の中に浸透している可能性が高い**と考えたほうがいい。

世の中に浸透しているということは、的中率と回収率が反比例の関係にあり、期待値が高い馬を見つけることが難しくなる。競馬新聞では得ることできない情報だからこそ価値があると認識していただきたい。

そうはいったものの、特別な情報を確認する必要はない。あくまでもＪＲＡの公式サイト（https://www.jra.go.jp/）にアクセスすれば簡単に得ることができる情報だ。コーナーロスは、ＪＲＡ公式サイトの**レース結果ページより〝コーナー通過順位〟を確認する**ことでわかる。

２０２２年9月25日に実施された菊花賞トライアルの中京11Ｒ神戸新聞杯（ＧⅡ、芝２２００ｍ）を例に説明していこう。

左下に示したコーナー通過順位（ＪＲＡホームページより）は、コーナーごとに各馬の順位を示すもので、逃げている馬から順番に左から馬番が記載されている。

また、（　）内は1馬身未満の差で併走している馬群を示し、「，」（以下、文中では「，」を同記号として扱う）は前にいる馬との差が1馬身以上2馬身未満、「－」は差が2馬身以上5馬身未満、「＝」は差が5馬身以上といった具合に記号を見れば、コーナーごとの馬群の状況がある程度わかるようになっている。

さらに、併走している馬群＝（　）**内はコーナーで内側の馬から順に記されている。**

つまり、（　）**内で右側に表記されている馬ほど馬群の外を走っている＝コーナーロスがある馬**だとわかる。

例えば、神戸新聞杯では3コーナーで、（4、14、13、15、17）という大きな馬群ができていた。イラストで表すと、次ページのようになる。

④番が馬群の内から1頭目を走り、⑭番が2頭目、⑬番が3頭目、⑮番が4頭目、⑰番が5頭目を通っていたことがわかるだろう。このように、わざわざレースVTRを確認しなくても、コーナーごとのロスを確認することが可能になるのだ。

このレースを勝利する⑦番ジャスティンパレスは1コーナーと3コーナ

2022年９月25日・中京11Ｒ（ＧⅡ、芝2200ｍ）のコーナー通過順位

1コーナー	1-3,8(7,12)9(4,14,15)(11,13,17)(6,5)-(2,10)16
2コーナー	1-(3,8)12,7,9(4,14,15)(11,13)17(6,5)-(2,10)-16
3コーナー	1(3,8)(7,9,12)10(4,14,13,15,17)(6,11,5,2)16
4コーナー	1,8(7,3,9,12)(4,14,13,10)(6,11)(5,15,17)(16,2)

（　）で括られた部分は1馬身未満差の併走を示し、左の馬番【内】→右の馬番【外】となる。ここでは、内から④⑭⑬⑮⑰の順となる。

2022年・神戸新聞杯の３コーナー
④⑭⑬⑮⑰番の併走状況

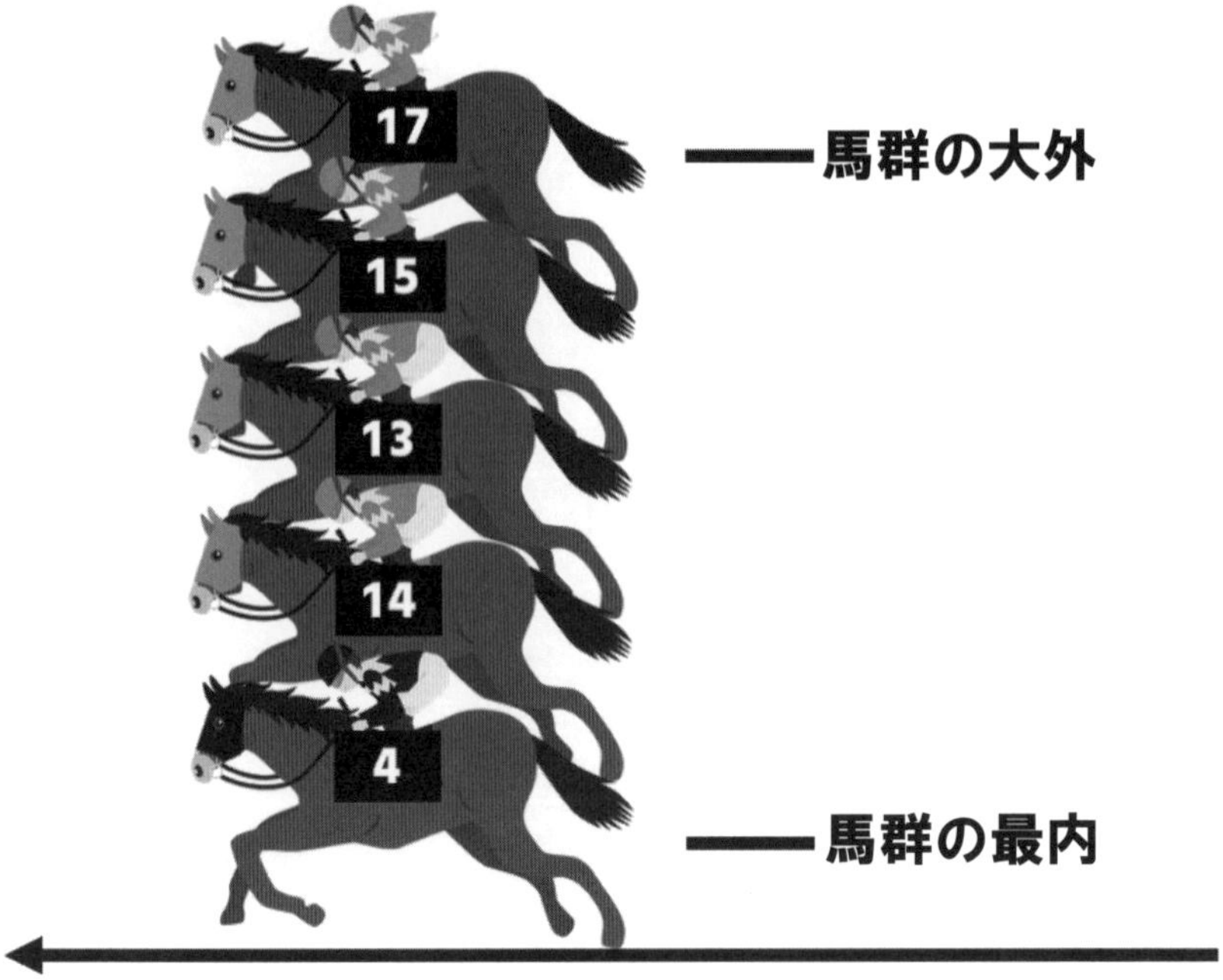

3コーナー	1(3,8)(7,9,12)10(4,14,13,15,17)(6,11,5,2)16

ー、4コーナーで併走しているが、いずれも最内を走っている。同様に2着馬の⑥番ヤマニンゼストも各コーナーで併走していたが、いずれのコーナーにおいても最内を通っていた。

一方、3着馬の②番ボルドグフーシュは1・2コーナーこそ馬群の最内を通っていたものの、3コーナーおよび4コーナーでは馬群の大外を通っての3着だった。

1着馬の⑦番ジャスティンパレスと3着馬の②番ボルドグフーシュは、着差でいうと0・7秒と決定的な差があり、2頭は次走の菊花賞でもジャスティンパレスが4番人気、ボルドグフーシュが7番人気という人気順になっていた。

しかし、結果はボルドグフーシュが2着、ジャスティンパレスが3着となり、本番の菊花賞ではボルドグフーシュが逆転に成功している。

もちろん、トライアルの神戸新聞杯と本番の菊花賞ではコースも違えばペースも異なるので、一概にコーナーロスだけが影響を与えたとはいいがたいが、少なくともジャスティンパレスとボルドグフーシュに0・7秒もの決定的な力差がないことだけは断言できる。

2022年９月25日・中京11R（GⅡ、芝2200m）のコーナー通過順位

1コーナー	1-3,8(**7**,12)9(4,14,15)(11,13,17)(**6**,5)-(**2**,10)16
2コーナー	1-(3,8)12,**7**,9(4,14,15)(11,13)17(**6**,5)-(**2**,10)-16
3コーナー	1(3,8)(**7**,9,12)10(4,14,13,15,17)(**6**,11,5,**2**)16
4コーナー	1,8(**7**,3,9,12)(4,14,13,10)(**6**,11)(5,15,17)(16,**2**)

1着⑦ジャスティンパレス
2着⑥ヤマニンゼスト
3着②ボルドグフーシュ

中京 11R WIN5④

発馬 15.35

第70回 神戸新聞杯（菊花賞トライアル）GII

牡・牝(指) 三才オープン・馬齢 芝 2200

	1 白1	2 白1	3 黒2	4 黒2	5 赤3	6 赤3	7 青4	8 青4	9 黄5	10 黄5
父	シルバーステート(マ中)	スクリーンヒーロー(長)	ハーツクライ(鶴)	エピファネイア(鶴)	エピファネイア(鶴)	シンボリクリスエス(鶴)	ディープインパクト(鶴)	ドゥラメンテ(鶴)	エピファネイア(鶴)	ドゥラメンテ(鶴)
馬名	リカンカブール	ボルドグフーシュ	ミスターホワイト	コントゥラット	ヴェローナシチー	ヤマニンゼスト	ジャスティンパレス	メイショウラナキラ	サトノヘリオス	レヴァンジル
母・実績	アンブラッセモワ 未勝(中)	ボルドグザグ 仏(マ)	ホワイトヴェール 3勝(中)	アスクデピュティ 5勝(中)	アモーレエテルノ 未勝(中)	ヤマニンバステト 2勝(中)	パレスルーマー 米(マ)	サンタローズ 2勝(中)	エアマグダラ 4勝(中)	トゥリフォー 愛(マ)
毛色・斤量	黒鹿 56 牡3	栗 56 牡3	芦 56 牡3	鹿 56 牡3	芦 56 牡3	鹿 56 牡3	青鹿 56 牡3	鹿 56 牡3	鹿 56 牡3	黒鹿 56 牡3
騎手	藤岡康	替 吉田隼	替 松若	替 北村友	替 団野	替 武豊	替 鮫島駿	替 秋山真	替 浜中	替 Mデムーロ
厩舎	栗 田中克	栗 宮本	栗 矢作	栗 吉岡	栗 佐々木晶	栗 千田	栗 杉山晴	栗 南井	栗 友道	美 堀
賞金	900	1500	400	400	1500	900	2300	900	900	900
総賞金	2400	4640	1182	650	5990	1420	4510	3161	4030	3360
馬主名	ラ・メール	社台ＲＨ	吉澤ＨＤ	牧埜幸一	友駿ＨＣ	土井肇	三木正浩	松本好雄	サトミホースC	サンデーＲ
牧場名	浦 辻牧場	田 社台Ｆ	日 下河辺牧場	白 白老Ｆ	新 カミイスタット	新 錦岡牧場	図 ノーザンF	浦 村下明博	田 社台Ｆ	図 ノーザンF
持木	◎	△	…	…	△	…	…	…	…	△
広田	△	注	…	…	…	…	…	…	△	△
加茂	…	◎	…	…	○	…	△	…	…	△
市場	…	△	…	…	注	…	◎	…	△	…
田崎	△	▲	…	…	…	…	…	△	…	注
本紙須藤	△	△	…	…	▲	…	△	…	…	△東
1800	阪 1504⑥	京 [illegible]③	京ダ 1554②	阪 1502⑪	小 1501③	阪 [illegible]③		札 1496③	福 1469③	新 1488③
2000	小 1576①	京 [illegible]③	小 1585④		京 2000②	京 [illegible]①	中 2[illegible]5⑨	阪 1591①	阪 1597①	中 2006①
2200	京 2102④	阪 [illegible]①	京 2125⑪	京 2145③	京 2096②			京 2110⑨		阪 2130②
2400							東 2[illegible]2⑨			東 2249⑤
上り最高	天 34.5⑥	33.3①	35.1①	34.7③	34.3③	34.4①	34.3①	天 33.8④	34.3①	天 33.5③
騎乗成績	2 0 0 2	初騎乗	初騎乗	初騎乗	1 0 2 0	初騎乗	初騎乗	1 0 0 2	初騎乗	1 1 0 0
クラス実績	0 0 0 1	0 0 1 0	0 0 0 1	0 0 0 0	0 3 2 0	0 0 0 0	0 1 0 2	0 0 1 2	0 0 2 2	0 1 0 1
当該条件	0 0 0 1	1 0 1 0	0 0 0 1	1 0 1 0	0 1 0 0	初コース	初コース	0 0 0 1	初コース	初コース

前走成績

	1 リカンカブール	2 ボルドグフーシュ	3 ミスターホワイト	4 コントゥラット	5 ヴェローナシチー
4走前	4阪 10月16日 ③ 6 / 新馬 4ト15頭 / 天外 1504 / 55 藤岡康 / S ⑦⑥⑧ / 472 人気5 / 中位差詰 4¼ / 365内345 / フォースクエア / 1497 0.7	1阪 3月12日 ⑨ ゆきやな 1 / 1勝 5ト8頭 / 外 2271 / 56 松田 / S ⑧⑧⑦ / 488 人気2 / 直線一気 1¼ / 384外333 / ディライトバロ / 2273 0.2	1阪 2月27日 ⑥ 5 / 未勝 5ト14頭 / ダ 1567 / 56 武豊 / S ⑧④④ / 502 人気1 / 伸一息 3½ / 395外394 / プラチナドリー / 1561 0.6	6阪 12月25日 ⑦ 11 / 新馬 9ト14頭 / 天外 1502 / 55 松山 / M ⑭⑭⑭ / 498 人気8 / 後方まま 9身 / 383外360 / ジャスティンカ / 1487 1.5	1阪 3月19日 ⑪ 2 / L 4ト10頭 / 内 2007 / 56 酒井 / S ⑤⑤⑤ / 502 人気4 / 中位伸 3身 / 376中351 / デシエルト / 2002 0.5
3走前	1小 2月5日 ⑦ 1 / 未勝 3ト14頭 / 2020 / 56 藤岡康 / S ⑦⑥⑥ / 480 人気4 / 中位差切 ½身 / 376中349 / プリマヴィータ / 2021 0.1	3中京 5月7日 ① 京都新聞 3 / GII 9ト12頭 / 2098 / 56 松田 / M ⑫⑫⑫ / 484 人気5 / 後方伸 1¾ / 353外350 / アスクワイルド / 2095R 0.3	2阪 4月24日 ⑩ 1 / 未勝 9ト16頭 / 内 2009 / 56 坂井 / S ②②② / 500 人気3 / 先行楽勝 6身 / 367中351 / ウォーターレク / 2019 1.0	2中京 3月12日 ① 3 / 未勝 4ト14頭 / 2145 / 55 泉谷 / S ⑥⑥⑦ / 486 人気8 / 中位伸 1身 / 364内347 / レッドバリエン / 2143 0.2	3中京 5月7日 ① 京都新聞 2 / GII 11ト12頭 / 2096 / 56 酒井 / M ⑪⑥③ / 500 人気7 / 漸進伸 ½身 / 350外354 / アスクワイルド / 2095R 0.1
2走前	3中京 5月7日 ① 京都新聞 4 / GII 2ト12頭 / 2102 / 56 藤岡康 / M ④③③ / 488 人気12 / 好位一息 4¼ / 343内361 / アスクワイルド / 2095R 0.7	4中京 6月5日 ② 1 / 2勝 7ト8頭 / 2116 / 53 松山 / S ⑦⑦⑦ / 490 人気1 / 後方一気 2身 / 371外348 / タガノカイ / 2119 0.3	3中京 5月7日 ① 京都新聞 11 / GII 5ト12頭 / 2125 / 56 吉田隼 / M ②②② / 506 人気6 / 先行一杯 18身 / 341中385 / アスクワイルド / 2095R 3.0	2中京 3月26日 ⑤ 1 / 未勝 6ト14頭 / 2159 / 56 斎藤 / S ③⑤③ / 482 人気2 / 好位抜出 4身 / 370中351 / ナリタイチモン / 2165 0.6	3中京 5月29日 ⑧ 2 / L 4ト7頭 / 2000 / 57 酒井 / S ⑤⑤③ / 498 人気1 / 中位伸 1¼ / 376中344 / フェーングロッ / 1598 0.2
前走	4小 8月20日 ③ 1 / 1勝 4ト11頭 / 1576 / 54 藤岡康 / H ④④③ / 488 人気1 / 漸抜出 ¾身 / 352中350 / サトノマジェス / 1578 0.2	3ヵ月半 放牧 / 乗込み5週間 / 仕上り○ / 連対体重 488～496 / 3ヵ月以上休 ①②③外 0 0 0 1	3小 7月3日 ② 4 / 1勝 10ト10頭 / 1585 / 54 福永 / M ③③③ / 506 人気3 / 好位一息 10¾ / 349中368 / ガイアフォース / 1568R 1.7	6ヵ月休 放牧 / 乗込み5週間 / 仕上り○ / 連対体重 482キロ / 3ヵ月以上休 ①②③外 0 0 0 1	4ヵ月休 放牧 / 乗込み3週間 / 仕上り○ / 連対体重 498～502 / 3ヵ月以上休 ①②③外 1 0 1 0

	6 ヤマニンゼスト	7 ジャスティンパレス	8 メイショウラナキラ	9 サトノヘリオス	10 レヴァンジル
4走前	2阪 4月24日 ⑩ 9 / 未勝 12ト16頭 / 内 2030 / 56 横山典 / S ⑫⑫⑫ / 494 人気2 / 外々回る 12身 / 385外359 / ミスターホワイ / 2009 2.1	5中 12月28日 ⑨ ホープフ 2 / GI 8ト15頭 / 内 2008 / 55 Cデムーロ / M ⑤⑤⑤ / 450 人気4 / 好位伸 1½ / 369中357 / キラーアビリテ / 2006 0.2	3中京 5月7日 ① 京都新聞 9 / GII 1ト12頭 / 2110 / 56 秋山真 / M ①①① / 438 人気4 / 逃一杯 8¾ / 340内371 / アスクワイルド / 2095R 1.5	5中 12月28日 ⑨ ホープフ 13 / GI 7ト15頭 / 内 2018 / 55 岩田望 / M ⑧⑧⑤ / 478 人気3 / 中位一杯 8身 / 371中365 / キラーアビリテ / 2006 1.2	1東 2月6日 ④ ゆりかも 1 / 1勝 10ト10頭 / 2273 / 56 Mデムーロ / S ④②③ / 482 人気1 / 好位差切 クビ / 382中340 / ボッドボレット / 2273 0.0
3走前	3中京 5月7日 ① 1 / 未勝 1ト11頭 / 2007 / 53 鷲頭 / S ⑦⑤⑤ / 490 人気4 / 中位差切 ハナ / 371中344 / サトノリーベ / 2007 0.0	3中 4月17日 ⑧ 9 / GI 10ト18頭 / 内 2005 / 57 Mデムーロ / S ⑰⑭⑫ / 458 人気9 / 出遅る 5¼ / 375外345 / ジオグリフ / 1597 0.8	1札 7月24日 ② HTB賞 5 / 2勝 4ト15頭 / 2028 / 54 池添 / S ⑥④④ / 458 人気2 / 伸一息 2身 / 373中367 / マジカルステー / 2024 0.4	2中 3月20日 ⑦ スプリン 3 / GII 3ト13頭 / 内 1486 / 56 岩田望 / S ⑦⑦⑥ / 474 人気6 / 中位伸 1¼ / 377内348 / ビーアストニッ / 1484 0.2	1阪 2月26日 ⑤ すみれS 2 / L 1ト8頭 / 内 2130 / 56 藤岡佑 / S ①①① / 476 人気2 / 逃粘る クビ / 359内345 / ボッドボレット / 2129 0.1
2走前	1札 7月24日 ② 三上オ上 1 / 1勝 3ト10頭 / 天 1503 / 51 鷲頭 / S ⑧⑩④ / 504 人気2 / 後方追込 2½ / 385外351 / ブリベアード / 1507 0.4	2東 5月29日 ⑫ ダービー 9 / GI 9ト18頭 / 2232 / 57 Mデムーロ / M ⑧⑧⑧ / 448 人気10 / 中位まま 8身 / 364外354 / ドウデュース / 2219 1.3	2札 8月14日 ② 4 / 2勝 3ト13頭 / 2029 / 54 池添 / S ③②② / 452 人気4 / 好位一息 2¾ / 373中360 / ドゥラドーレス / 2024 0.5	3中 4月17日 ⑧ 17 / GI 9ト18頭 / 内 2017 / 57 岩田望 / S ⑧⑧⑧ / 472 人気11 / 中位一杯 12¾ / 365中361 / ジオグリフ / 1597 2.0	2東 4月30日 ③ 5 / GII 11ト13頭 / 2249 / 56 レーン / H ④④④ / 478 人気1 / 外よれ 4¼ / 362中352 / プラダリア / 2242 0.7
前走	2札 8月14日 ② 6 / 2勝 5ト13頭 / 2031 / 54 鷲頭 / S ⑪⑪⑩ / 506 人気3 / 後方差詰 4身 / 392外354 / ドゥラドーレス / 2024 0.7	4ヵ月休 放牧 / 乗込み4週間 / 仕上り○ / 連対体重 444～450 / 3ヵ月以上休 ①②③外 1 0 0 1	2札 8月28日 ⑥ WA J4 3 / 2勝 3ト14頭 / 天 1496 / 56 川田 / S ①①① / 452 人気1 / 逃粘る 2身 / 377中356 / アインゲーブン / 1492 0.4	2福 7月3日 ② ラジオNIK 3 / GIII 1ト13頭 / 天 1469 / 55 岩田望 / M ⑧⑨⑦ / 460 人気2 / 後方伸 1身 / 365中353 / フェーングロッ / 1467 0.2	5ヵ月休 放牧 / 乗込み4週間 / 仕上り○ / 連対体重 470～488 / 3ヵ月以上休 ①②③外 0 1 1 0

810	ヴィスタ
540	54藤岡康

記号の説明

厩舎左側の㊫㊫は
㊫＝関東・美浦所属
㊫＝関西・栗東所属
賞金左の記号は重の巧拙を表します
◎…得意△…苦手

馬場表示

❶ ➊ ① ① 開催日の馬場状態
↓不良 ↓重馬場 ↓稍重 ↓良馬場

乗替り記号

替…ベスト10外の騎手からベスト10への乗替り
替…それ以外

開催場所・月日
開催日・着順
条件・枠・頭数
距離・タイム
斤量・騎手名
ペース・通過順
馬体重・人気
戦評・馬身差
前半・上り③F
①②着時計・秒

①～③着馬に「菊花賞」の優先出走権

●2022年９月25日・中京11Ｒ神戸新聞杯（ＧⅡ、芝2200m・良）

1着⑦ジャスティンパレス

（5番人気）

2：11.1

2着⑥ヤマニンゼスト

（12 番人気）

2：11.7（3 1/2）

3着②ボルドグフーシュ

（4番人気）

2：11.8（1/2）

単⑦ 1100 円
複⑦ 380 円
⑥ 1570 円
② 280 円
馬連⑥－⑦ 37540 円
馬単⑦→⑥ 63220 円
3連複②⑥⑦ 70330 円
3連単⑦→⑥→② 453670 円

次ページに次走・菊花賞の結果

17 桃8	16 桃8	15 桃8	14 橙7	13 橙7	12 緑6	11 緑6
ディープインパクト	キズナ	ディープインパクト	ディープインパクト	アメリカンペイトリオット	ワールドエース	キズナ
サンセットクラウド	アスクワイルドモア	アイキャンドウイッ	プラダリア	ビーアストニッシド	ジュンブロッサム	パラレルヴィジョン
ロードクロサイト 未勝	ラセレシオン 3勝	ビーコンターン 英	シャッセロール 3勝	マオリオ 未出	エンプレスティアラ 未勝	アールブリュット 4勝
芦 56 牡3	黒鹿 56 牡3	黒鹿 56 牡3	鹿 56 牡3	黒鹿 56 牡3	黒鹿 56 牡3	鹿 56 牡3
替 幸	岩田望	替 和田竜	池添	替 岩田康	替 坂井	ルメール
栗 矢作	栗 藤原英	栗 池江寿	栗 池添学	栗 飯田雄	栗 友道	美 国枝
400	3700	400	3100	3700	900	900
1243	8190	1270	8370	8990	3580	1290
前田晋二	廣崎利洋HD	吉澤HD	名古屋友豊	村中徹	河合純二	キャロットF
新 ノースヒルズ	千 社台F	ひ 岡田S	新 オリエント牧場	日 ヴェルサイユF	安 ノーザンF	安 ノーザンF
………	…注…	………	…▲…	………	…△…	…○…
………	…◎…	………	…▲…	…△…	…△…	…○…
………	…△…	………	…注…	…△…	………	…▲…
…△…	…△…	………	…○…	………	…△…	…▲…
………	…△…	………	…△…	………	…○…	…◎…
………	…注…	………	…◎…	………	…△…	…○ 東
阪 1476④ 阪 2014⑤ 芝 2392① 阪 2274②	札 1498② 芝 2007④ 芝 2095① 東 2240⑫	小 1478⑥ 芝 1359② 阪 2137③	芝 2027② 東 2228⑤	東 1483③ 中 2005① 芝 1344④ 東 2235⑩	新 1441① 東 1592① 芝 1329④	東 1580①
芝 34.5⑤ 初騎乗	芝 35.1④ 1 0 0 1	芝 34.8⑥ 初騎乗	芝 34.2① 2 2 0 1	芝 33.3① 2 1 1 1	芝 32.6④ 初騎乗	芝 33.5① 2 0 0 0
0 0 0 0 初コース	1 1 0 3 1 0 0 0	0 0 0 0 初コース	1 0 0 1 初コース	1 1 1 3 初コース	0 0 0 2 初コース	0 0 0 0 初コース
2中京 3月27日 ⑥ 牝 5 未勝 4ﾄ17頭 芝 2046 56 武豊 S ⑪⑦⑥ 442 人気1 中位差詰 5¼ 389外361 セントカメリア 2038 0.8	1中京 2月6日 ⑫ きさらぎ 4 GⅢ 4ﾄ11頭 芝 2007 56 武豊 S ⑨⑧⑦ 464 人気6 後方追上 1¾ 374中351 マテンロウレオ 2005 0.2	1小 2月6日 ⑧ 2 未勝 7ﾄ16頭 芝 1488 56 荻野極 M ③③③ 454 人気2 好位伸 1¾ 366中359 パフィリア 1485 0.3	1阪 3月19日 ⑪ 1 未勝 1ﾄ16頭 芝外 2290 56 池添 S ⑧⑦⑥ 454 人気1 楽抜出 7身 382外349 ニシノクレセン 2301 1.1	2中 3月20日 ⑦ スプリン 1 GⅡ 1ﾄ13頭 芝内 1484 56 岩田康 S ①①① 472 人気5 逃切る ハナ 367内353 アライバル 1484 0.0	1阪 3月6日 ⑧ アルメリ 2 1勝 1ﾄ7頭 芝外 1464 56 吉田隼 M ③③③ 472 人気1 好位伸 ¾身 355内347 ピースオブエイ 1463 0.1	近親 メートルダール 初仔
1福 4月16日 ① 6 未勝 4ﾄ16頭 芝 2033 55 亀田 M ⑩⑧⑥ 442 人気3 中位差詰 7½ 365中375 エリオトローピ 2021 1.2	3中京 5月7日 ① 京都新聞 1 GⅡ 3ﾄ12頭 芝 2095 56 岩田望 M ⑧⑨⑥ 462 人気8 直線一気 ½身 350中352 ヴェローナシチ 2096 0.1	2阪 4月17日 ⑧ 3 未勝 16ﾄ18頭 芝内 2137 56 秋山真 S ④⑤③ 454 人気4 好位粘る 3¾ 354中352 ディナースタ 2131 0.6	2東 4月30日 ③ 1 GⅡ 3ﾄ13頭 芝 2242 56 池添 H ⑤⑤⑤ 456 人気4 好位差切 ½身 365中342 ロードレゼル 2243 0.1	3中 4月17日 ⑧ 皐月 11 GⅠ 13ﾄ18頭 芝内 2005 57 和田竜 S ③④③ 468 人気13 好位一杯 5½ 358中352 ジオグリフ 1597 0.8	2阪 4月16日 ⑦ アーリン 4 GⅢ 12ﾄ18頭 芝外 1329 56 吉田隼 S ⑯⑯⑰ 466 人気2 後方追上 1身 355外333 ダノンスコーピ 1327 0.2	3中 4月9日 ⑤ 1 未勝 13ﾄ18頭 芝内 2008 56 ルメール H ⑨⑧③ 494 人気1 中位抜出 2½ 362中358 アクロビンジャ 2012 0.4
3阪 6月18日 ① 2 未勝 11ﾄ13頭 芝外 2274 56 坂井 S ⑦⑤③ 448 人気2 中位伸 1¼ 384外348 リッチブラック 2272 0.2	2東 5月29日 ⑫ ダービー 12 GⅠ 1ﾄ18頭 芝 2240 57 岩田望 M ⑧⑧⑧ 464 人気13 中位一杯 13身 365中362 ドウデュース 2219 2.1	1福 5月1日 ⑥ 1 未勝 13ﾄ13頭 芝 1501 56 荻野極 S ④④③ 452 人気1 好位抜出 3身 362中353 サルサロッサ 1506 0.5	2東 5月29日 ⑫ ダービー 5 GⅠ 6ﾄ18頭 芝 2228 57 池添 M ⑤⑥⑤ 458 人気5 中位差詰 5½ 362中352 ドウデュース 2219 0.9	2東 5月29日 ⑫ ダービー 10 GⅠ 8ﾄ18頭 芝 2235 57 和田竜 M ③③③ 462 人気17 好位一杯 9¾ 359中362 ドウデュース 2219 1.6	3中京 5月7日 ① 4 1勝 9ﾄ9頭 芝 1342 56 福永 S ⑧⑧⑤ 466 人気1 後方追上 1½ 372外326 タガノフィナー 1340 0.2	3東 6月19日 ⑥ 1 1勝 8ﾄ9頭 芝 1580 54 ルメール H ⑧⑧⑧ 506 人気1 直線一気 3身 364中335 エイカイマッケ 1585 0.5
3小 7月10日 ④ 1 未勝 14ﾄ16頭 芝 2392 56 川田 S ④②① 438 人気1 好位抜出 アタマ 376中353 ファベル 2392 0.0	4ヵ月休 放牧 乗込み3週間 仕上り○ 連対体重 456～462 3ヵ月以上休 ①②③外 1 1 0 1	3小 7月17日 ⑥ 6 1勝 7ﾄ11頭 芝 1478 54 荻野極 S ②②② 452 人気3 先行一息 4¾ 370中348 ストロングウィ 1470 0.8	4ヵ月休 放牧 乗込み3週間 仕上り○ 連対体重 452～458 3ヵ月以上休 ①②③外 0 1 0 0	4ヵ月休 放牧 乗込み4週間 仕上り○ 連対体重 464～472 3ヵ月以上休 ①②③外 0 0 1 0	2新 7月31日 ② 1 1勝 16ﾄ17頭 芝外 1441 54 川田 M ⑨⑥⑥ 460 人気1 中位差切 1½ 357中332 ケイアイセナ 1443 0.2	3ヵ月余 放牧 乗込み4週間 仕上り◎ 連対体重 494～506 3ヵ月以上休 ①②③外 1 0 0 0

阪神 11R

WIN5⑤

発馬 15.40

第83回 菊花賞 (GI)

牡・牝(指) 三才オープン・馬齢

	1	2	3	4	5	6	7	8	9	10	11
枠	白1	白1	黒2	黒2	赤3	赤3	青4	青4	黄5	黄5	6
父	キタサンブラック	ハービンジャー	ディープインパクト	スクリーンヒーロー	シンボリクリスエス	アメリカンペイトリオット	キズナ	オルフェーヴル	ブラックタイド	シルバーステート	ドゥラメンテ
馬名	ガイアフォース	シェルビーズアイ	プラダリア	ボルドグフーシュ	ヤマニンゼスト	ビーアストニッシド	アスクワイルドモア	マイネルトルファン	シホノスペランツァ	セイウンハーデス	ドゥラドーレス
母・馬実績	ナターレ 公	ポントマイコ 未勝	シャッセロール 3勝	ボルドグザグ 仏	ヤマニンパステト 2勝	マオリオ 未出	ラセレシオン 3勝	マイネテレジア 1勝	メジロスプレンダー 2勝	ハイノリッジ 未勝	ロカ 1勝
毛色・斤量	芦 57 牡3	黒鹿 57 牡3	鹿 57 牡3	栗 57 牡3	鹿 57 牡3	黒鹿 57 牡3	黒鹿 57 牡3	黒鹿 57 牡3	青鹿 57 牡3	黒鹿 57 牡3	鹿 57 牡3
騎手	松山	圏松田	池添	吉田隼	武豊	岩田康	岩田望	丹内	圏浜中	幸	横山武
厩舎	西杉山晴	西武英	西池添学	西宮本	西千田	西飯田雄	西藤原英	美高木	西寺島	西橋口慎	美宮田
賞金	3600	900	3100	1500	2000	3700	3700	900	900	1600	1500
総賞金	7680	2990	8370	6040	3620	8990	8190	2080	2600	4621	4620
馬主名	KRジャパン	桑田牧場	名古屋友豊	社台RH	土井肇	村中徹	廣崎利洋HD	ラフィアン	村瀬寛紀	西山茂行	吉田勝己
牧場名	追分F	桑田牧場	オリエント牧場	社台F	錦岡牧場	ヴェルサイユF	社台F	ビッグレッドF	レイクヴィラF	鮫川啓一	ノーザンF
持木	注	…	…	△	…	…	…	…	…	…	△
広田	○	…	△	◎	…	…	…	…	…	…	…
加茂	▲	…	△	○	…	…	…	…	…	…	△
市場	○	…	…	△	△	…	…	…	…	△	△
田崎	○	…	…	△	…	…	△	注	…	初	◎
本紙須藤	◎	…	▲	△	…	…	…	東	…	B	△ 東
芝 2000 / 2200 / 2400 / 3000	小1568① 中2118[1] 天1503②	中2013⑧ 阪2136⑤ 阪2296② 兵2399①	京2027② 京2122⑧ 東2228⑤	京 ③ 京 ③ 阪 ① 2	京2007① 京2117② 天1479[3]	中2005① 京2123⑨ 東2235⑩ 天1483[3]	京2007[4] 京2095① 東2240⑫ 天1498②	札2015②	小2017② 天1475④ 阪2277④ 兵2384①	東1590① 中2127[4] 東2239① 天1479[4]	東2015③ 天1457①
上り最高	天34.3②	33.7②	34.2①	33.3①	34.4①	天33.3①	35.0⑩	34.9①	34.2④	33.6[2]	33.0③
騎乗成績	3 2 0 0	1 1 1 3	2 2 0 2	0 0 1 0	0 1 0 0	2 1 1 2	1 0 0 2	2 1 0 0	1 2 0 3	2 1 0 4	1 0 0 0
クラス実績	1 0 0 0	0 0 0 3	1 0 0 2	0 0 2 0	0 1 0 0	1 1 1 4	1 1 0 4	0 0 0 0	0 0 0 1	1 0 0 3	0 0 1 0
当該条件	初コース	初コース	初コース	初コース	初コース	初コース	初コース	初コース	初コース	初コース	初コース
前走4	1阪 3月12日 ⑨ 3歳 1 未勝 15ト16頭 内2004 56 松山 S ④④④ 486 人気1 好位抜出 4身 365中348 ブラックシール 2011 0.7	2阪 4月2日 ③ アザレア 2 1勝 6ト8頭 外2296 56 松田 S ②③③ 468 人気3 好位伸 アタマ 386中337 インプレス 2296 0.0	1阪 3月19日 ⑪ 3歳 1 未勝 1ト16頭 外2290 56 池添 S ⑧⑦⑥ 454 人気1 楽抜出 7身 382外349 ニシノクレセン 2301 1.1	1阪 3月12日 ⑨ ゆきやな 1 1勝 5ト8頭 外2271 56 松田 S ⑧⑧⑦ 488 人気2 直線一気 1¾ 384外333 ディライトバロ 2273 0.2	3中京 5月7日 ① 3歳 1 未勝 1ト11頭 2007 53 鷲頭 S ⑦⑤⑤ 490 人気4 中位差切 ハナ 371中344 サトノリーベ 2007 0.0	2中 3月20日 ⑦ スプリン 1 GII 1ト13頭 内1484 56 岩田康 S [1]①① 472 人気5 逃切る ハナ 367内353 アライバル 1484 0.0	1中京 2月6日 ⑫ きさらぎ 4 GIII 4ト11頭 2007 56 武豊 S [9]⑧⑦ 464 人気6 後方追上 1¾ 374中351 マテンロウレオ 2005 0.2	兄弟 ユーバーレーベン (現) マイネルファンロン (現)	1阪 3月12日 ⑨ ゆきやな 4 1勝 7ト8頭 外2277 56 浜中 S [5]③③ 482 人気5 G前伸欠 4身 378中342 ボルドグフーシ 2271 0.6	2阪 3月26日 [1] 毎日杯 4 GIII 3ト10頭 外1479 56 幸 M ③④⑤ 476 人気7 好位一息 2½ 362中356 ピースオブエイ 1475 0.4	1東 1月30日 ② セントポ 1 1勝 7ト8頭 天1457 56 戸崎圭 M [6]⑥④ 492 人気2 中位抜出 3身 358外350 ウィズグレイス 1462 0.5
前走3	3中京 5月14日 ❸ あずさ賞 2 1勝 6ト9頭 1598 56 松山 S ②②② 488 人気1 二位付粘 1½ 367中344 セントカメリア 1596 0.2	1函 6月11日 ① [illegible] 1 1勝 3ト11頭 2399 53 松田 S ⑤④④ 470 人気2 中位差切 クビ 375中354 マケルナマサム 2400 0.1	2東 4月30日 ③ 青葉賞 1 GII 3ト13頭 2242 56 池添 H ⑤⑤⑤ 456 人気4 好位差切 ½身 365中342 ロードレゼル 2243 0.1	3中京 5月7日 ① 京都新聞 3 GII 9ト12頭 2098 56 松田 M ⑫⑫⑫ 484 人気5 後方伸 1¾ 353外350 アスクワイルド 2095 R 0.3	1札 7月24日 ② 三才上 1 1勝 3ト10頭 天1503 51 鷲頭 S ⑧⑩④ 504 人気2 後方追込 2½ 385外351 ブリベアード 1507 0.4	3中 4月17日 ⑧ 皐月賞 11 GI 13ト18頭 内2005 57 和田竜 S ③④③ 468 人気13 好位一杯 5½ 358中352 ジオグリフ 1597 0.8	3中京 5月7日 ① 京都新聞 1 GII 3ト12頭 2095 56 岩田望 M ⑧⑨⑥ 462 人気8 直線一気 ½身 350中352 ヴェローナシチ 2096 0.1	5中 12月5日 ② 2歳 1 新馬 7ト8頭 内2050 55 丹内 S [2]②② 484 人気5 G前差す アタマ 387中349 ミラキュラスラ 2050 0.0	3中京 5月7日 ① 3歳 8 1勝 4ト10頭 ダ1550 56 浜中 S [9]④④ 474 人気4 追上一杯 12身 395外394 トウセツ 1530 2.0	2東 5月7日 ⑤ プリンシ 1 L 8ト15頭 1590 56 幸 S ④⑤③ 468 人気6 好位抜出 ½身 366中345 キングズパレス 1591 0.1	2阪 3月26日 [1] 毎日杯 3 GIII 1ト10頭 外1477 56 戸崎圭 M [7]⑥⑦ 492 人気1 中位伸 1¼ 369中352 ピースオブエイ 1475 0.2
前走2	3小 7月3日 ② [illegible] 1 1勝 2ト10頭 1568 54 松山 M ②②① 490 人気1 4角先頭 7身 346中354 サクセスドレー 1579 1.1	1函 7月10日 ⑩ [illegible] 3 2勝 12ト13頭 2422 53 松田 S ⑪⑨⑥ 468 人気3 後方伸 3身 400外357 アスティ 2417 0.5	2東 5月29日 ⑫ ダービー 5 GI 6ト18頭 2228 57 池添 M ⑤⑥⑤ 458 人気5 中位差詰 5½ 362中352 ドウデュース 2219 0.9	4中京 6月5日 ② [illegible] 1 2勝 7ト8頭 2116 53 松山 S [7]⑦⑦ 490 人気1 後方一気 2身 371外348 タガノカイ 2119 0.3	2札 8月14日 [2] [illegible] 6 2勝 5ト13頭 2031 54 鷲頭 S ⑪⑪⑩ 506 人気3 後方差詰 4身 392外354 ドゥラドーレス 2024 0.7	2東 5月29日 ⑫ ダービー 10 GI 8ト18頭 2235 57 和田竜 M ③③③ 462 人気17 好位一杯 9¾ 359中362 ドウデュース 2219 1.6	2東 5月29日 ⑫ ダービー 12 GI 1ト18頭 2240 57 岩田望 M ⑧⑧⑧ 464 人気13 中位一杯 13身 365中362 ドウデュース 2219 2.1	1札 7月31日 ④ 三才上 2 1勝 3ト14頭 2015 54 丹内 M ③③② 490 人気2 好位伸 クビ 366中363 ウインチェレス 2015 0.0	1新 5月21日 ⑤ [illegible] 4 1勝 9ト10頭 外1475 56 荻野極 S ⑤②② 472 人気5 好位一息 1½ 371外345 ルミネイト 1472 0.3	2東 5月29日 ⑫ ダービー 11 GI 2ト18頭 2239 57 幸 M ⑦④⑤ 472 人気16 中位一杯 12¼ 363内364 ドウデュース 2219 2.0	3東 6月5日 ② ホンコン 3 2勝 6ト7頭 2015 54 福永 S [4]④④ 498 人気1 中位伸 ¾身 397外330 ピュアブレンド 2013 0.2
前走	4中 9月19日 [5] セントラ 1 GII 9ト13頭 外2118 56 松山 S ⑥⑤④ 498 人気3 直線競勝 アタマ 363外347 アスクビクター 2118 0.0	1札 7月30日 ③ [illegible] 4 2勝 9ト14頭 2419 54 武豊 S ⑧⑦⑥ 468 人気2 中位差詰 4¾ 400外351 マリノアズラ 2411 0.8	5中京 9月25日 ⑦ 神戸新聞 8 GII 14ト17頭 2122 56 池添 S ⑦⑧⑦ 456 人気2 中位まま 6½ 357中352 ジャスティンパ 2111 1.1	5中京 9月25日 ⑦ 神戸新聞 3 GII 2ト17頭 2118 56 吉田隼 S ⑮⑬⑯ 496 人気4 後方伸 4身 366外343 ジャスティンパ 2111 0.7	5中京 9月25日 ⑦ 神戸新聞 2 GII 6ト17頭 2117 56 武豊 S ⑬⑬⑪ 494 人気12 内つき伸 3½ 361内345 ジャスティンパ 2111 0.6	5中京 9月25日 ⑦ 神戸新聞 9 GII 13ト17頭 2123 56 岩田康 S ⑩⑧[7] 456 人気10 中位まま 7¼ 359中352 ジャスティンパ 2111 1.2	5中京 9月25日 ⑦ 神戸新聞 10 GII 16ト17頭 2125 56 岩田望 S ⑰⑰⑯ 464 人気7 後直だけ 8身 368中350 ジャスティンパ 2111 1.4	2札 8月20日 [3] [illegible] 1 1勝 8ト11頭 2049 54 丹内 H ⑤④③ 492 人気1 中位差切 クビ 370中373 ティグル 2049 0.0	4小 9月4日 ⑧ 三才上 1 1勝 15ト15頭 2384 54 松山 S ⑩⑥④ 478 人気2 漸抜出 3½ 381中356 エイカイファン 2390 0.6	4中 9月19日 [5] セントラ 4 GII 5ト13頭 外2127 56 幸 S ②②② 474 人気7 先行一息 5½ 357中360 ガイアフォース 2118 0.9	2札 8月14日 [2] [illegible] 1 2勝 1ト13頭 2024 54 横山武 S [8]⑦⑦ 494 人気1 中位抜出 2½ 381中351 エルディアブロ 2028 0.4

2,300 / 1,500 トップロード 59渡辺

記号の説明

厩舎左側の㊮㊯は ㊮＝関東・美浦所属 ㊯＝関西・栗東所属

賞金左の記号は重の巧拙を表します ◎…得意△…苦手

馬場表示

❶ ❶ [1] ① 開催日の馬場状態 ↓不良 ↓重馬場 ↓稍重 ↓良馬場

乗替り記号

圏…ベスト10外の騎手からベスト10への乗替り 圏…それ以外

開催場所・月日 開催日・着順 条件・枠・頭数 距離・タイム 斤量・騎手名 ペース・通過順 馬体重・人気 戦評・馬身差 前半・上り③F ①②着時計・秒

開催場所・月日 開催日・着順 条件・枠・頭数 距離・タイム 斤量・騎手名 ペース・通過順 馬体重・人気 戦評・馬身差 前半・上り③F ①②着時計・秒

●2022年10月23日・阪神11Ｒ菊花賞(ＧⅠ、芝3000m・良)

1着⑭アスクビクターモア

（2番人気）

３：02.4

2着④ボルドグフーシュ

（7番人気）

３：02.4（ハナ）

3着⑰ジャスティンパレス

（4番人気）

３：02.5（1/2）

単⑭ 410 円

複⑭ 160 円

④ 290 円

⑰ 330 円

馬連④－⑭ 2030 円

馬単⑭→④ 3370 円

3連複④⑭⑰ 6440 円

3連単⑭→④→⑰ 30010 円

18 桃8	17 桃8	16	15 橙7	14 橙7	13	12 緑
ハーツクライ㊕	ディープインパクト㊕	ブラックタイド㊥	ジャスタウェイ㊥	ディープインパクト㊕	ドゥラメンテ㊕	エピファネイア㊕
セレシオン	ジャスティンパレス	フェーングロッテン	ポッドボレット	アスクビクターモア	ディナースタ	ヴェローナシチー
クルソラ亜㊥	パレスルーマー米㋮	ピクシーホロウ3勝㊥	シーエスシルク米㋮	カルティカ英㊥	ラヴァリーノ米㋮	アモーレエテルノ未勝㊥
黒鹿 57 牡3	青鹿 57 牡3	鹿 57 牡3	鹿 57 牡3	鹿 57 牡3	栗 57 牡3	芦 57 牡3
福永	鮫島駿	松若	㊙坂井	田辺	横山和	㊙川田
栗友道	栗杉山晴	栗宮本	栗辻野	美田村	栗辻野	栗佐々木晶
1500	5000	3600	1600	4700	1500	1500
3540	9910	8250	3800	15,970	3326	6530
キャロットF	三木正浩	サンデーR	小川眞査雄	廣崎利洋HD	ノルマンディーTR	友駿HC
安ノーザンF	安ノーザンF	安ノーザンF	千社台F	千社台F	日クラウン日高牧場	新カミイスタット
△ 注 … △ ▲ B△	▲ △ △ ◎ … 注	… △ 注 … … B△	… … … … … …	○ ▲ △ 注 △ ○東	◎ … … … … …	△ △ ◎ ▲ … △
東 1597⑦ 新 2116①	中 ⑨ 京 ① 東 ⑨ 3	新 1593③ 京 2156❸ 天 1467①	京 1594⑥ 阪 2129① 東 2272⑩ 天 1469①	中 1⑤ 中 8② 東 2③ 天 1 5③ 1	東 2006⑫ 阪 2131① 天 1480⑧ 天 2412①	京 2000② 京 2096② 天 1501③
三 34.0① 1 0 0 0	二 34.3① 1 0 0 0	二 33.9③ 2 0 1 0	天 34.1① 初騎乗	天 33.8③ 2 1 1 1	二 33.9⑤ 3 0 0 1	三 34.3③ 初騎乗
0 0 0 2 初コース	1 1 0 2 初コース	2 0 1 0 初コース	1 0 0 2 初コース	1 1 2 1 初コース	0 0 0 1 初コース	0 3 2 1 初コース
1中京 1月16日 ⑥ [illegible] 1 1勝 5ト4頭 三 2157 56 川田 S ③③③ 476 人気1 G前差す アタマ 384 中 340 トゥデイイズザ 2157 0.0	5中 12月28日 ⑨ ホープフ 2 GI 8ト15頭 二内 2008 55 Cデムーロ M ⑤⑤⑤ 450 人気 4 好位伸 1½ 369 中 357 キラーアビリテ 2006 0.2	2中京 3月27日 ❻ [illegible] 3 1勝 2ト8頭 三 2156 56 福永 M ④④② 478 B 人気 4 中位伸 8¾ 359 中 379 ブラックブロッ 2141 1.5	1阪 2月26日 ⑤ すみれS 1 L 4ト8頭 三内 2129 56 福永 S ②②② 502 人気 5 先行競勝 クビ 361 中 344 レヴァンジル 2130 0.1	2中 3月6日 ④ [illegible] 1 GII 10ト11頭 二内 2005 56 田辺 S ②②② 474 人気3 先行抜出 クビ 364 中 352 ドウデュース 2005 0.0	2阪 4月17日 ⑧ [illegible] 1 未勝 15ト18頭 三内 2131 56 横山和 S ⑬②② 462 人気3 向正一気 2½ 366 中 347 ゲーテローズ 2135 0.4	1阪 3月19日 11 [illegible] 2 L 4ト10頭 二内 2007 56 酒井 S ⑤⑤⑤ 502 人気 4 中位伸 3身 376 中 351 アシエルト 2002 0.5
1阪 2月26日 ⑤ すみれS 4 L 5ト8頭 三内 2133 56 和田竜 S ⑥⑤⑦ 470 人気3 後方追上 2¼ 372 中 343 ポッドボレット 2129 0.4	3中 4月17日 ⑧ [illegible] 9 GI 10ト18頭 二内 2005 57 Mデムーロ S 17⑭⑫ 458 人気 9 出遅る 5¼ 375 外 345 ジオグリフ 1597 0.8	3中京 5月29日 ⑧ [illegible] 1 L 7ト7頭 二 1598 56 松若 S ①①① 470 B 人気 5 逃切る 1¼ 361 内 347 ヴェローナシチ 2000 0.2	3中京 5月7日 ① 京都新聞 12 GII 12ト12頭 三 2137 56 福永 M ⑤⑤⑥ 502 人気2 中位バテ 大差 343 外 394 アスクワイルド 2095 R 4.2	3中 4月17日 ⑧ [illegible] 5 GI 2ト18頭 二内 2001 57 田辺 S ①①① 474 人気 6 逃一息 2¾ 352 中 353 ジオグリフ 1597 0.4	2東 5月7日 ⑤ プリンシ 12 L 16ト15頭 二 2006 56 横山和 S 14②② 462 人気11 向正進出 9½ 372 中 363 セイウンハーデ 1590 1.6	3中京 5月7日 ① 京都新聞 2 GII 11ト12頭 三 2096 56 酒井 M ⑪⑥③ 500 人気 7 漸進伸 ½身 350 外 354 アスクワイルド 2095 R 0.1
2東 5月7日 ⑤ プリンシ 7 L 14ト15頭 二 1597 56 和田竜 S 12⑩⑩ 466 B 人気2 外々回る 4¼ 372 外 348 セイウンハーデ 1590 0.7	2東 5月29日 ⑫ ダービー 9 GI 9ト18頭 四 2232 57 Mデムーロ M ⑧⑧⑧ 448 人気10 中位まま 8身 364 外 354 ドウデュース 2219 1.3	2福 7月3日 ② ラジオNIK 1 GIII 3ト13頭 天 1467 55 松若 M ⑤④③ 466 B 人気3 内つき伸 ¾身 360 内 354 ショウナンマグ 1469 0.2	3東 6月11日 ③ ジューンS 10 3勝 8ト15頭 四 2272 53 吉田豊 S ⑥⑥⑧ 492 人気 5 引掛る 9¼ 391 中 353 ヴェラアズール 2257 1.5	2東 5月29日 ⑫ ダービー 3 GI 3ト18頭 四 2222 57 田辺 M ②②② 472 人気 7 一旦先頭 2¼ 354 中 353 ドウデュース 2219 0.3	1札 7月31日 ④ [illegible] 1 1勝 10ト10頭 天 2412 54 横山和 S 9②① 466 人気1 向正進出 2½ 392 中 358 マケルナマサム 2416 0.4	3中京 5月29日 ⑧ [illegible] 2 L 4ト7頭 二 2000 57 酒井 S ⑤⑤③ 498 人気1 中位伸 1¼ 376 中 344 フェーングロッ 1598 0.2
3新 8月21日 ④ [illegible] 1 2勝 5ト9頭 三内 2116 54 福永 M ③②② 474 B 人気1 好位抜出 3½ 362 中 348 シルブロン 2122 0.6	5中京 9月25日 ⑦ 神戸新聞 1 GII 7ト17頭 三 2111 56 鮫島駿 S ⑤④③ 452 人気 5 好位抜出 3½ 352 内 344 ヤマニンゼスト 2117 0.6	3新 9月4日 ⑧ 新潟記念 3 GIII 18ト18頭 二外 1593 53 松若 S ②③③ 472 B 人気3 好位粘る 2½ 368 中 339 カラテ 1589 0.4	5中京 10月1日 ⑧ 関ケ原S 6 3勝 10ト17頭 二 1594 55 菱田 S ②②② 510 人気 7 先行一息 2¼ 366 中 354 サンテローズ 1590 0.4	4中 9月19日 5 セントラ 2 GII 7ト13頭 三外 2118 56 田辺 S ③③② 476 人気1 先行粘る アタマ 358 中 350 ガイアフォース 2118 0.0	2札 8月20日 3 札幌日刊 1 2勝 13ト14頭 天 2444 53 横山和 H 9①① 458 人気1 マクる 1½ 400 内 379 ナムアミダブツ 2446 0.2	5中京 9月25日 ⑦ 神戸新聞 5 GII 5ト17頭 三 2119 56 団野 S ⑬⑬⑬ 498 人気3 後方追上 4½ 361 中 346 ジャスティンパ 2111 0.8

このように、コーナーロスのあった馬が、コーナーロスなく好走した馬に対し、次走で逆転するという現象は頻発している。それにもかかわらず、コーナーロスがあって敗北した馬は人気にならないケースが多いので、期待値が高い馬を見つけることが可能となるわけだ。

ちなみに、ボルドグフーシュは菊花賞だけでなく、その後の有馬記念でも6番人気ながら2着に好走している。神戸新聞杯で大きなコーナーロスがありながらも上位入線したボルドグフーシュのパフォーマンスは、改めて本物だったといえるだろう。

なお、コーナー通過順位に関してはJRA公式サイト以外に

・netkeiba（https://www.netkeiba.com/）
・スポーツナビ（https://sports.yahoo.co.jp/keiba/）
・ウマニティ（https://umanity.jp/）

といった無料サイトでも閲覧できる。

コーナーの呼び名は競馬場ごとに固定されている

コーナーロスの具体的な攻略法を紹介する前に、コーナーの名称に関して説明していこう。

まず、日本の競馬ではコーナーごとに1コーナー～4コーナーという名称が割り振られている。

ゴール板を基点に1周するコースの場合、

・最初に迎えるカーブを「1コーナー」
・続くカーブを「2コーナー」
・バックストレッチからホームストレッチに戻る際に回るカーブを、それぞれ順番に「3コーナー」「4コーナー」
と呼んでいる。

なお、半周しかしない距離のコース（ワンターンコース）の場合でも、「3コーナー」「4コーナー」の呼称は変わらない。

つまり、レースで通過する順番に「1コーナー」「2コーナー」と呼ぶのではなく、それぞれのコーナーの呼び名は、競馬場ごとに固定されたものになる。

東京競馬場の芝コースを例に説明していこう。

レースが芝、ダートともに1600mの場合はワンターンコースで、1・2コーナーは通過せずに3・4コーナーのみを通過する。

一方、芝2400mの場合はコースを1周するため、1〜4コーナーの順番に通過していく。

そして、芝2000mの場合は特殊な位置からスタートしており、スタート後すぐに2コーナーを通過し、3・4コーナーを通過することになる。

したがって、通過順位を確認すると、「どのコーナー位置でロスがあったか＝外を回したか」がわかるようになっているのだ。

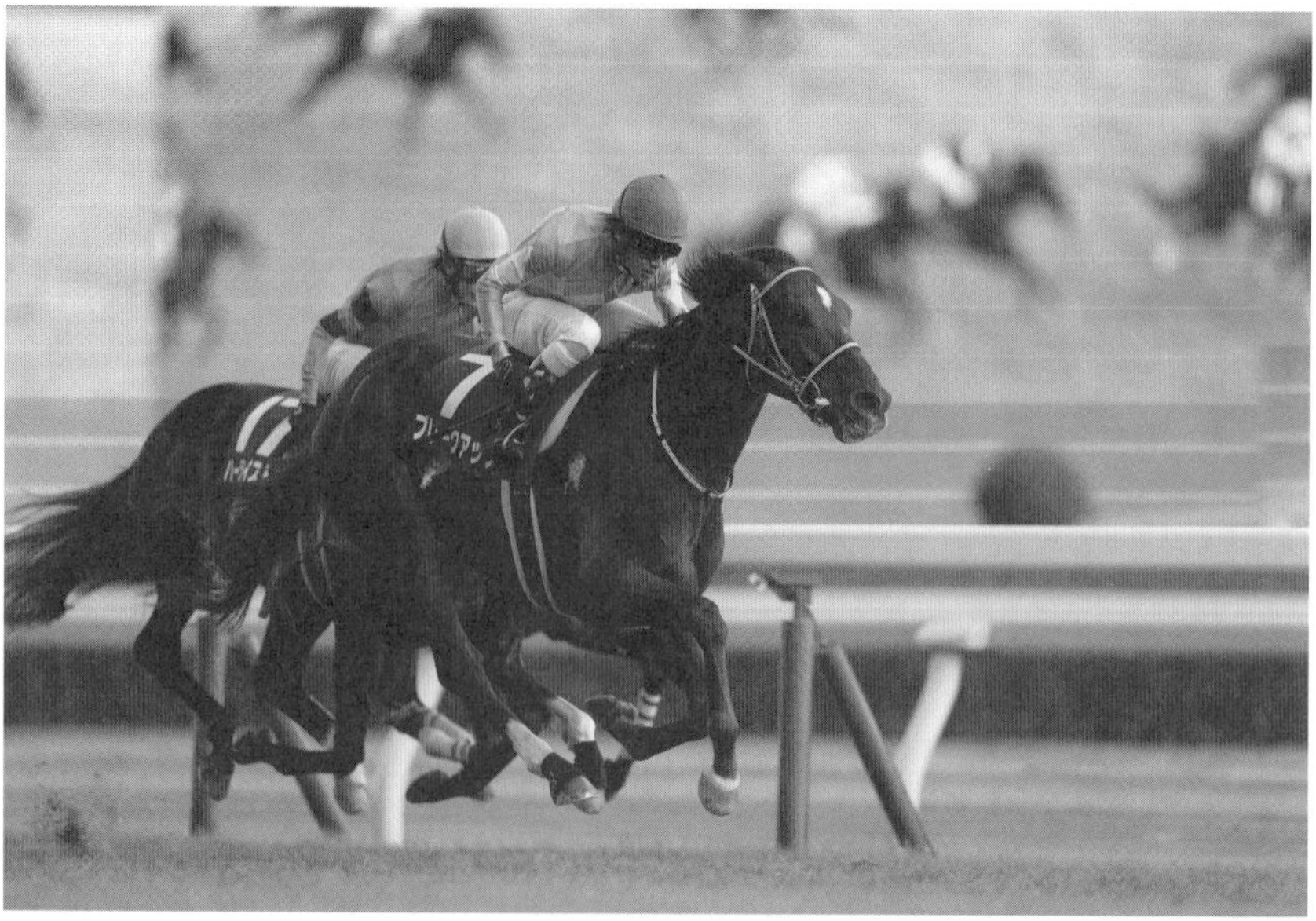

東京競馬場の芝コース

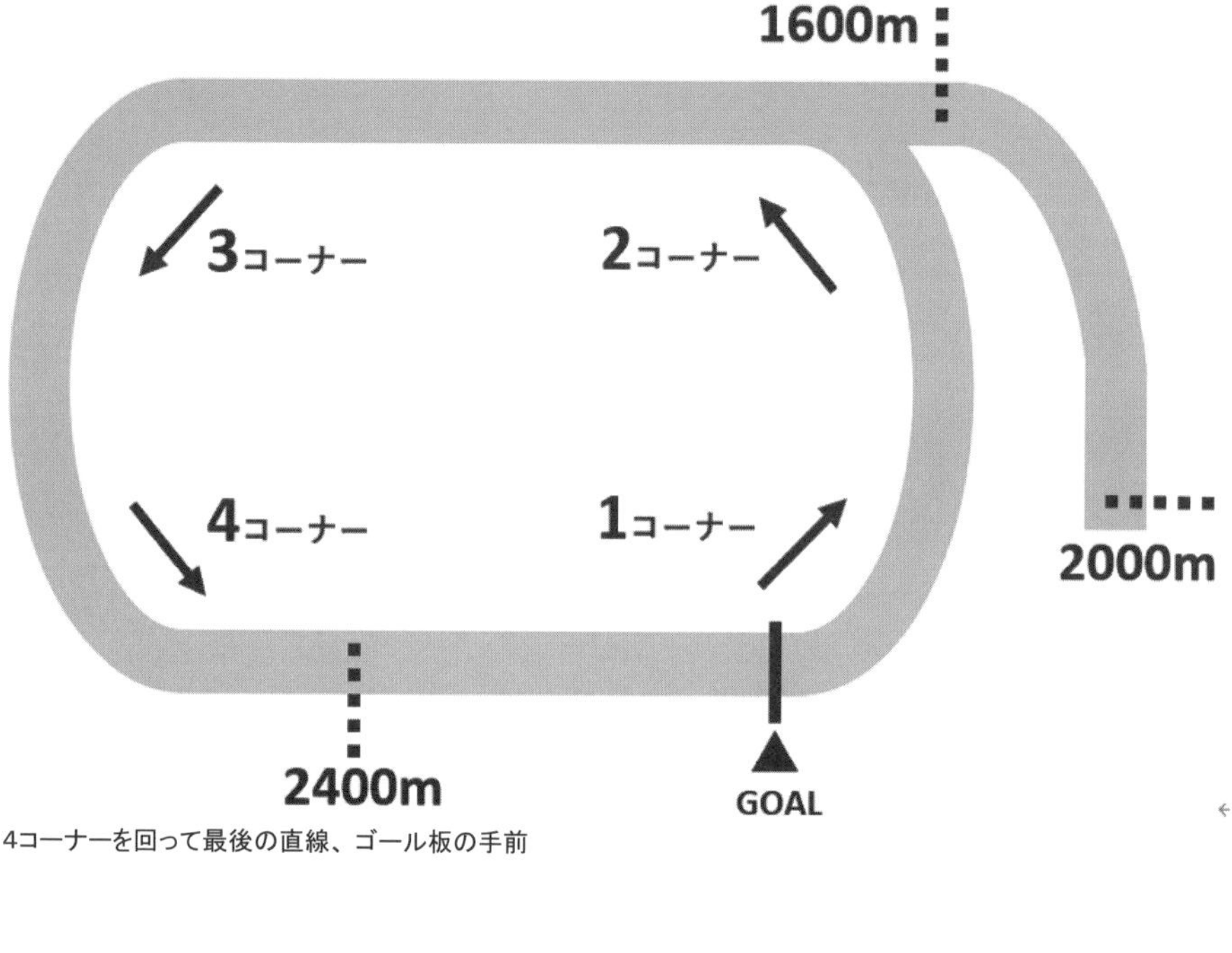

4コーナーを回って最後の直線、ゴール板の手前

そもそも有効な競馬ファクターとは⁉

続いて、「コーナーロスという競馬ファクターは本当に有効なのか？」ということについて説明していきたいと思うが、その前に、「そもそも有効な競馬ファクターとはどういうものなのか？」について解説していこう。

序章でも述べたように、競馬予想とはレース結果を予測する作業であり、レース結果に大きな影響を与えるファクターを活用することが大切になる。

そのうえで、馬券で利益を出したいと考えるのであれば、期待値が高いファクターを見つけ出さなければならない。

つまり、該当するファクターを活用することによって「的中率」「回収率」の向上が見込めるということだ。

それに加えて、**該当するファクターが、レース結果に大きな影響を与える〝根拠〟**が重要となる。

例えば、サイコロで「1」が出る確率は6分の1。しかし、サイコロを120回振った場合に「1の目がちょうど20回出るか？」といえば、そんなことはありえない。1の目が30回出ることもあれば、10回しか出ないこともあるように、偶然の偏りが必ず生じてくる。

仮に使っているサイコロが非常に古いもので部分的に欠けており、「1の目が出やすくなっている」

という根拠があるのなら、1の目が多く出ることは必然だろう。

偶然と必然を分けるためにも〝根拠〟に関しては徹底的に精査すべきだ。

競馬界でも偶然の偏りというものは多く存在する。JRA所属のトップジョッキーのひとりであるC・ルメール騎手は毎年好成績を収めているが、コアな競馬ファンのあいだでは「年明けは不調で、スロースターターだ」と囁かれている。

そこで、実際に2016年以降のルメール騎手の成績を月別に分類してみた（左の表1、2）。

確かに年明けは的中率や回収率が低く、年末にかけて回収率が向上していく傾向が見て取れる。とくに1月は非常に低い回収率を記録しているので、このデータだけを見ると「ルメール騎手はスロースターターだ」と判断したくなってしまうのだろう。

しかし、スロースターターである根拠を考えてみていただきたい。

「外国人だから」「そういう性格だから」などは、かなり都合の良い解釈だ。

実際、著しく低い回収率を記録している1月の年度別成績を調べてみると、近年は成績が上昇傾向にあることがわかる。

もしかしたら、ルメール騎手は本当にスロースターターなのかもしれない。

しかし、仮にそうだとしても、結果論でしか判断することができず、**明確な根拠がないファクターは再現性がないので活用すべきでない**――これが私の基本的な考え方になる。

表１■C・ルメール騎手の月別成績（集計期間：いずれも2016～22年）

月	勝率	連対率	複勝率	単回値	複回値	総データ数
1月	21.7%	40.5%	50.1%	63	77	447
2月	22.8%	38.3%	54.6%	70	82	447
3月	23.7%	38.6%	52.3%	62	77	342
4月	19.5%	34.6%	48.3%	67	78	451
5月	25.1%	43.7%	54.6%	81	91	423
6月	24.3%	40.2%	53.3%	76	80	383
7月	21.5%	38.5%	50.9%	61	72	340
8月	24.3%	43.2%	53.9%	77	80	477
9月	30.1%	45.2%	56.2%	94	85	418
10月	30.2%	47.4%	58.3%	89	87	496
11月	26.9%	42.7%	54.5%	77	80	501
12月	24.7%	42.1%	52.5%	81	81	442

表２■同騎手の【１月】年度別成績

年	勝率	連対率	複勝率	単回値	複回値	総データ数
2022年	24.2%	43.5%	53.2%	88	77	62
2021年	28.2%	46.2%	50.0%	84	75	78
2020年	23.6%	36.4%	47.3%	74	72	55
2019年	18.6%	40.7%	54.2%	42	75	59
2018年	25.6%	51.3%	56.4%	55	81	39
2017年	12.9%	28.6%	41.4%	33	71	70
2016年	20.2%	40.5%	51.2%	64	88	84

データ分析の罠～その数値で公平性は保たれているのか

最近では、「TARGET frontier JV」などのデータ分析ソフトを活用して、さまざまなファクターを検証する人が増えてきた。的中率・回収率ともに向上するデータがいろいろ見つかると思うが、その多くは根拠に乏しく再現性がないものだ。

また、根拠があるように見えて、実はそうではない――そんなケースも多数ある。

例えば、次のようなプロセスでデータを検証していくとする。

①札幌競馬場や函館競馬場は直線が短いから先行馬が有利だろう

②直線が長い東京競馬場や新潟競馬場と比較すれば成績に差が出るはず

ということで、前走4コーナー通過順位3番手以内の馬の成績を「札幌・函館vs東京・新潟」で見ていきたい。

データを確認すると、確かに直線が短い札幌と函館のほうが前走4コーナー3番手以内の馬の好走率で優勢を誇っている。データの検証母数も申し分ない数字だ（左の表3）。

しかし、このデータはある部分において公平性が保たれていない。それは、〝出走頭数〟の違いである。

東京・新潟のフルゲートは18頭だが、対して札幌・函館は16頭。出走頭数が異なれば好走率は変化する。当然ながら、出走頭数が少ないデータのほうが好走率は高くなる。

実際に出走頭数を12〜14頭に絞ってみると、東京・新潟の好走率は向上し、競馬場の直線距離による優位性はほとんどなくなった（下の表4）。

競馬雑誌やメディアを見ていて、「●●の理論は札幌・函館で狙い目！」といった記述をよく見かけるが、その多くは出走頭数の違いによるものに過ぎない。

データは切り取り方次第でよく見えるものだ。ある角度から見れば好成績に見えても、別の角度から検証すると成績が悪いということがよくある。

これは競馬以外……例えば、新薬の実験などにおいても同様だ。

グループAとグループBで性別や年齢、生活習慣に偏りがあったとすれば、片方のグループの結果が良かったからといって、そのデータを信頼することはできない。都合の良い部分だけを切り取って好結果と示されているデータは、信頼するに値しないので気をつけたほうがいい。

表3■前走4コーナー順位3番手以内の競馬場別成績

場所	勝率	連対率	複勝率	単回値	複回値	総データ数
札幌	10.9%	20.7%	29.6%	74	71	4440
函館	12.2%	22.1%	31.1%	85	77	4030
新潟	10.6%	19.9%	28.4%	74	72	9184
東京	10.1%	19.3%	27.3%	75	76	13235

（集計期間：いずれも2015〜22年）

表4■前走4コーナー順位3番手以内の競馬場別成績（出走頭数12〜14頭）

場所	勝率	連対率	複勝率	単回値	複回値	総データ数
札幌	10.6%	19.9%	28.9%	68	71	2845
函館	12.3%	22.4%	31.1%	90	76	2145
新潟	12.0%	21.8%	31.3%	80	71	2150
東京	10.8%	21.2%	30.0%	79	76	2517

本編の内容からは少し逸れてしまったが、今後あなたの競馬予想に導入するか検討しているファクターがある場合は参考にしていただきたい。

ファクター「コーナーロス」の有効性

それでは、「コーナーロス」の競馬ファクターとしての有効性の件に話を戻そう。

①ファクターが有効だという明確な根拠がある
②ファクターを活用することで的中率・回収率ともに向上する
※加えて、的中率・回収率を確認する際には検証の公平性が大切

まず、根拠についてだが「コーナーで外を回した馬にはロスがある」ということに関して異論を唱える人は、ほとんどいないのではないだろうか。

陸上競技のトラックでスタート位置が異なるように、**外を回したほうが走る距離は長くなる＝距離ロスがあるということは、すでに証明されている事柄だ。**

この根拠に関してダラダラと説明する必要はないだろう。

一応、ざっくりとした計算式を提示すれば、1頭分の外を回る場合の距離ロスは「外側の円周－内側の円周」で計算することが可能だ。外を走る馬が内を走る馬の1m外を走ると仮定した場合、次のよう

な計算式で概算値を出すことができる。

（コーナー半径＋1m）×円周率×2－（コーナー半径）×円周率×2

結論からいえば、**1周コースの場合、各コーナーで1頭分外を回していると、内の馬よりも約6m長く走ることになる。**これを着差に換算すると**「2・5馬身ほど」**だ。

例えば、これが1頭分ではなく、2頭分、3頭分……となっていけば、かなり大きなロスになることを理解できるはず。ハナ差やアタマ差で決着することが多い競馬においては、かなりの不利を被《こうむ》っているといえるだろう。

続いて、「的中率・回収率ともに向上するのか？」という点についてだが、前走1〜3コーナーごとの馬群の位置別成績をまとめてみた。

おさらいになるが、（4、14、13、15、17）という馬群があれば、④番が内から1頭目、⑭番が内から2頭目、⑬番が内から3頭目、⑮番が内から4頭目、⑰番内から5頭目を意味している。

次ページの表5からもコーナーロスが大きい馬ほど的中率・回収率ともに向上傾向にあることがわかると思う。とくに、よりゴールに近い3コーナーでロスが大きかった馬（内から4頭目以降）はベタ買いでも、単勝回収率が100％を超えている。

表5■前走1～3コーナーロス別成績

前走1角	勝率	連対率	複勝率	単回値	複回値	総データ数
内から3頭目～	8.4%	16.7%	25.3%	86	84	3406
内から2頭目	8.1%	16.7%	25.2%	75	79	17584
内から1頭目	7.8%	15.7%	23.8%	74	76	90735

前走2角	勝率	連対率	複勝率	単回値	複回値	総データ数
内から3頭目～	9.0%	17.3%	25.3%	84	80	5942
内から2頭目	8.4%	17.2%	25.9%	76	81	31877
内から1頭目	7.6%	15.2%	23.0%	73	74	102043

前走3角	勝率	連対率	複勝率	単回値	複回値	総データ数
内から4頭目～	8.5%	17.3%	25.2%	110	89	2929
内から3頭目	8.2%	16.6%	24.5%	80	78	20199
内から2頭目	8.1%	16.2%	24.2%	75	77	76112
内から1頭目	7.4%	14.8%	22.2%	70	72	191494

（集計期間：いずれも2015～2022年　前走と今走が同トラックに限定・障害レースを除く）

1・2コーナーのロスに関しては、物足りない数値に感じる方もいるかもしれないが、的中率の向上に加えて、複勝回収率で最大で約10%の向上と、成績を向上させるにはじゅうぶんに有益なファクターであるといえるだろう。

また、検証の公平性という観点においても、都合の良いように競馬場や距離などで絞ったものではなく、極めてフェアな状態での成績比較だ。

もちろん、このデータには馬個体の強さはまったく加味されていない。明らかに実力不足の馬をカットするだけでも成績は飛躍的に向上する。

例えば、機械的に人気薄の馬（＝単勝50・0倍以上の馬）をカットするだけでも、次ページの表6のように成績が伸びる。

だが、そういった難しいことを考えなくても、「ベタ買いで単勝回収率が100%を超えるだけの影響度が高い」かつ「世の中に浸透していない美味しい競馬ファクター」であることを理解いただけるのではないだろうか。

なお、4コーナーのロスに関しては3コーナーのロスに内包されることが多く、なおかつ3コーナーまでは内目を回りながら直線手前のギリギリのところで外に出したロスの少ない馬が含まれてしまうので考慮していない。

実際にデータを見ても、コーナーロスがなかった馬よりもコーナーロスがあった馬のほうが成績は向

表6■前走1～2コーナーロス別成績(単勝50.0倍未満)

前走1角	勝率	連対率	複勝率	単回値	複回値	総データ数
内から3頭目～	11.8%	23.3%	34.7%	80	89	2358
内から2頭目	11.2%	22.9%	34.2%	75	83	12323
内から1頭目	10.8%	21.5%	32.1%	78	80	64072

前走2角	勝率	連対率	複勝率	単回値	複回値	総データ数
内から3頭目～	12.5%	23.6%	33.9%	96	86	4196
内から2頭目	11.6%	23.3%	34.6%	77	84	22687
内から1頭目	10.7%	21.2%	31.5%	78	79	70521

表7■前走4コーナーロス別成績

前走4角	勝率	連対率	複勝率	単回値	複回値	総データ数
内から4頭目～	8.0%	16.5%	25.5%	71	77	3972
内から3頭目	8.4%	16.5%	24.9%	73	79	22677
内から2頭目	8.0%	16.2%	24.1%	76	77	77579
内から1頭目	7.4%	14.7%	22.1%	71	72	186506

（集計期間:いずれも2015～2022年　前走と今走が同トラックに限定・障害レースを除く）

4コーナーのロスは、じつはあまり重要ではないのだ。

上しているものの、1～3コーナーほどの威力はなかった（右の表7）。

補助的に4コーナーのロスを見ることはあっても、基本は1～3コーナーのロスを確認することが大切と覚えておいていただきたい。

外差し馬場――走破タイムの損失を見極める

競馬に詳しい方であれば、「外を回した馬が恵まれるケースに関してはどうなのか？」と感じたことだろう。

確かに、芝のレースにおいて、内側の芝が荒れていて、外側の芝がきれいで走りやすいこともある。

さらにマニアックな話になるが、ダートの不良馬場のレースにおいて、雨がやんで陽がさせばコースの内側から乾くことがあり、「内側は重馬場だけど、外側は不良馬場」といった状態になり、外側のほうが走りやすい（ダートの場合は、重より不良のほうが走りやすい）ことがある。

そのほか、ハイペースで先行した馬が全滅した場合は、内側にいる馬は前が詰まってしまい、スムーズに追い出せる外を通った馬が上位を独占する――俗にいう「外差し決着」になることもある。

こうしたケースでは、外を回したほうが有利に感じるが、正しくは**内を回した馬も外も回した馬もロスがあったと考えるのが正解**だ。

1つ目のパターンは、内を回った馬は走りにくい馬場を通ったロスがあり、外を回った馬は距離を損したロスがある。

2つ目のパターンは、内を回った馬は前が詰まるロスがあり、外を回した馬は距離を損したロスがある。

いずれの馬も**走破タイムに損失があった**点は変わらない。この〝走破タイムの損失〟という考え方は、期待値が高い馬を見つけるうえで非常に重要だ。

というのも、新馬戦などを除けば、過去の走破タイムが優秀な馬ほど人気になるのが現代競馬の基本。走破タイムが優秀な馬の好走率は非常に高いが、ほとんどのケースで人気も背負うことになる。

つまり、**「走破タイムが遅く見える馬のなかから、じつは強い馬を探す」ことが、期待値が高い馬を見つけるうえで大切**ということだ。

内側を通った馬が恵まれたレースで外側を通った馬のほうが次走の成績が良くなることは事実だが、「外を回したから有利だった」ということはなく、いずれにしても「走破タイムの損失があった」と考えておいたほうがいい。

なお、こういった事象は、3・4コーナー区間において発生することが多く、1・2コーナー区間では生じにくい。1・2コーナーは距離が長いレースでしか使われないため芝の傷み具合が3・4コーナーよりはマシで、ペースも上がる前なので前が詰まることも少ないからだ。

したがって、1・2コーナーのロスに関しては、外差し馬場や外差し決着の場合でも有効（外を回す不利が大きい）なケースが多い。

コーナーロスがあった馬を効率的に見つける方法

ここまでの説明で、コーナーロスのあった馬が狙い目であることは理解いただけたと思う。しかし、購入したいレースで全馬の前走を確認して……というのは面倒と感じる方もいるだろう。

そこで、コーナーロスがあった馬を効率的に見つけるためにオススメしたいのが**復習重視型の競馬予想スタイル**だ。

レース前日にコーナーロスがあった馬を探すのではなく、毎週末すべてのレースが終わったらコーナーロスの大きかった馬をストックしていく。そして、ストックのなかから出走する馬がいれば馬券の購入可否を判断する、という方法だ。

コーナーロスを馬券に活かす具体的なノウハウはこれから説明していくが、すべてのレースでコーナーロスの大きかった馬がいるわけではない。むしろ、コーナーロスが大きかった馬がいるレースのほうが圧倒的に少ない。

さらに、見るべきポイントも限定的だ。慣れてくれば30分もかからずに36レース×2日分のチェックが完了する。

そして、この毎週貯めていく**ストックこそが、あなたが馬券で勝つための大きな武器となっていく**。

レースVTRを見るメリットとデメリット

コーナー通過順からコーナーロスを見抜く方法はとても有効的だが、決してコーナーロスがあった馬を100％の確率で見抜けるものではない。

コーナー通過順は先述したように、他馬と併走している場合に（　）で括ってくれるが、併走していなければ（　）で括られないからだ。

すなわち、次ページ上の⑰番のように単走で外を回している馬がいる場合は、レースVTRを確認しなければわからない。

この場合のコーナー通過順位は「(4、14、13) 15、17」と表記される。

したがって、レースVTRを確認したほうが、より正確にコーナーロスを把握できるのは間違いないのだが、デメリットもある。

例えば、この例の⑰番の場合、まともな騎手が騎乗していればコーナーをロスなく回りたいので、次ページ下のような進路を選択するはずだ。

それにもかかわらず、外を回しているということは、揉まれ弱かったり、ヨレる癖があったり、ストライドが大きいために外をゆったりと回したかったり……などなど、それなりの理由がある公算が大きい。

そのため、外を回さなければならない理由がある馬は、次走でも同様にコーナーロスのある進路を選

単走で外を回している、(　　)で括られない馬は……

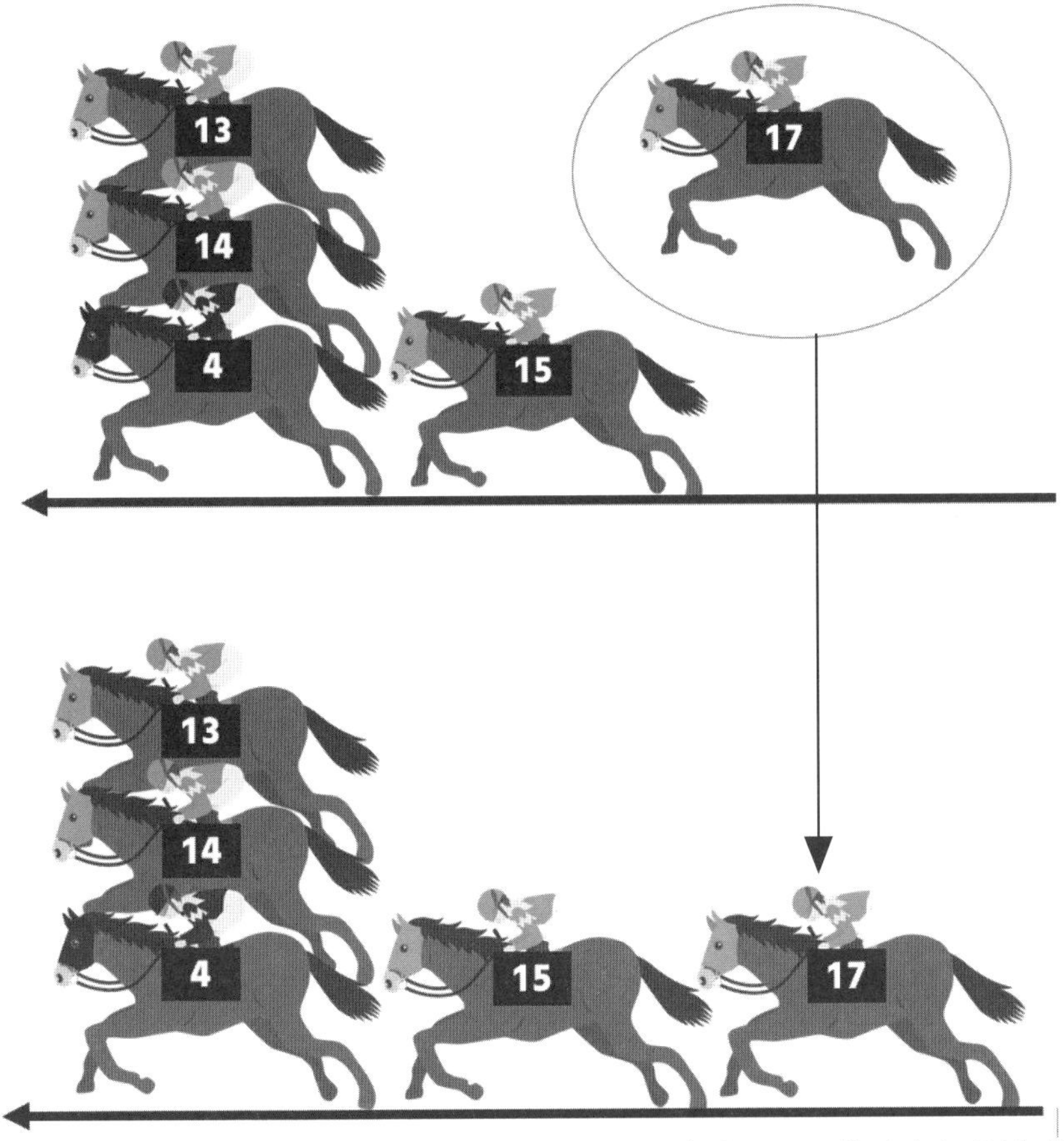

本来なら⑰番もこのようにロスなくコーナーを回りたいはずだが、それができないのは“それなりの理由”があると思われる。

択する可能性が高いので狙うべきではない。そういった理由もなく、ただ外を回しているだけであれば、それは騎手のコーナリング技術不足なので乗り替わりを待つ必要がある。

レースＶＴＲを見て細かい事例を判別するには一定以上のテクニックと経験が必要で、不要な馬まで選出してしまう可能性がある。

レースＶＴＲを見なくても、コーナー通過順位だけでじゅうぶんにコーナーロスがある馬は把握できるので、まずは通過順位を活用することに集中していただきたい。

第2章

コーナーロスで儲ける方法

川田式コーナーロス分析法

それでは、具体的にコーナーロスから狙い馬を選定する方法を紹介していこう。

1章で述べた通り、4コーナーのロスは基本的にチェック不要だ。

そして1~3コーナーにおいては、「1・2コーナー＝前半コーナー」と「3コーナー＝後半コーナー」を分けて活用していく。

前半と後半で分類する理由は、ペースの違いによる。

一般的に、レース序盤の1・2コーナーではペースは速くならず、3コーナーから最後の直線にかけてペースが上がっていく。そのため、ペースが速い状態でのコーナーロスと、ペースが遅い状態でのコーナーロスでは、ロスの価値が異なるのだ。

競走馬も人間も同様だが、走っているスピードを徐々に上げていくと乳酸が急に多く発生するポイントがある。スポーツ経験者やふだん運動をしている方であれば、なんとなくイメージできるだろう。

疲労が一気に蓄積するのは有酸素運動時よりも無酸素運動時だ。これは無酸素運動によって乳酸が大量に発生することに起因する。

ゆっくり走っているタイミングで距離ロスがあるのと、スピードが上がって乳

●コーナー分析の分類

1コーナー・2コーナー	前半コーナー
3コーナー	後半コーナー
4コーナー	不使用

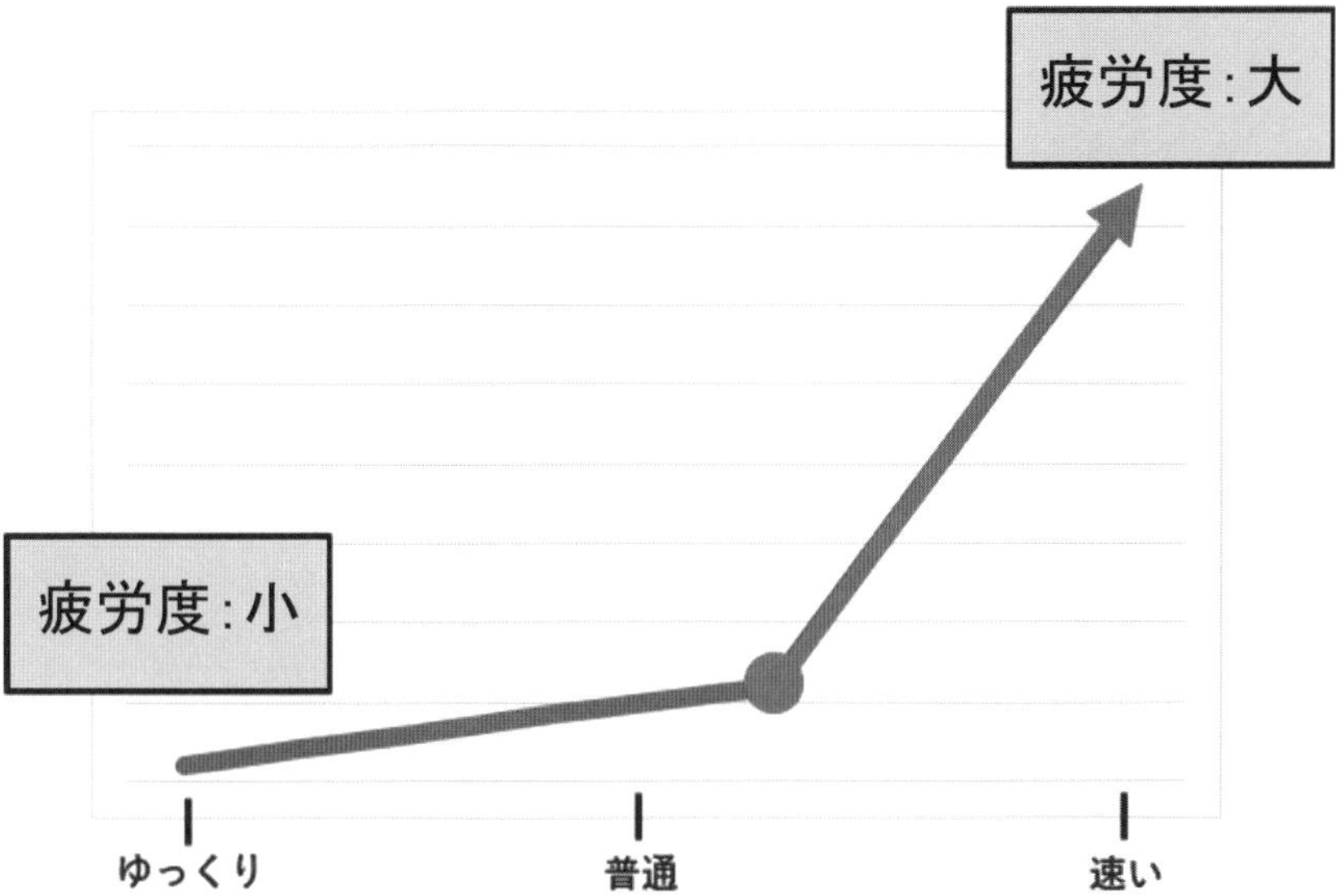

酸が発生しやすいポイントでの距離ロスとでは、同じ距離だけのロスであったとしても、疲労の蓄積度合いが大きく変わってくる。

つまり、ペースが速くなる後半コーナー（3コーナー）のロスのほうが負荷は強くなるということ。それゆえに前述したデータ（P36）でも、3コーナーでロスがあった馬の期待値が非常に高い結果となっている。

「上がり3F順位」と「1着馬とのタイム差」を活用する

続いて、今回のコーナーロスを活用するうえで役に立つ補助ファクターについて説明していこう。

前半コーナー（1・2コーナー）ロスの補助ファクターとして**「上がり3F順位」**を、後半コーナー（3コーナー）ロスの補助ファクターとして**「1着馬とのタイム差」**を活用する。

上がり3F順位とは、JRAが発表している各馬の上がり3ハロンタイムが速い順に順位化したものだ（「上がり3ハロン」はゴールから逆算して3ハロン=約600mのことを指す）。

２０２２年６月11日・東京11Ｒジューン S（３歳上３勝クラス、芝２４００ｍハンデ）を具体例に説明していく。

ジューンＳのレース結果と上がり３Ｆタイムは、左の表１のようになっていた。そして、これを上がり３Ｆタイムが速い順に並べ替える。

下の表２の順位が「上がり３Ｆ順位」になる。

表１■2022年６月11日・東京11Ｒジューン S

着順	馬番	馬番	上がり3F タイム
1着	9	ヴェラアズール	33.9
3着	7	レッドヴェロシティ	34.2
5着	3	ボーンジーニアス	34.4
2着	12	ブレークアップ	34.6
8着	1	アイブランコ	34.7
4着	6	プリュムドール	34.8
9着	2	テンカハル	34.9
6着	14	サペラヴィ	35.1
7着	11	タイセイシリウス	35.2
10着	8	ポッドボレット	35.3
12着	13	サトノラディウス	35.3
13着	4	スペシャルドラマ	35.3
11着	10	モクレレ	35.4
15着	15	ノーチカルチャート	36.1
14着	5	レイオブウォーター	36.2

表２■ジューン S の上がり３ハロン順位

着順	馬番	馬番	上がり3F タイム	上がり3F 順位
1着	9	ヴェラアズール	33.9	1位
3着	7	レッドヴェロシティ	34.2	2位
5着	3	ボーンジーニアス	34.4	3位
2着	12	ブレークアップ	34.6	4位
8着	1	アイブランコ	34.7	5位
4着	6	プリュムドール	34.8	6位
9着	2	テンカハル	34.9	7位
6着	14	サペラヴィ	35.1	8位
7着	11	タイセイシリウス	35.2	9位
10着	8	ポッドボレット	35.3	10位
12着	13	サトノラディウス	35.3	10位
13着	4	スペシャルドラマ	35.3	10位
11着	10	モクレレ	35.4	13位
15着	15	ノーチカルチャート	36.1	14位
14着	5	レイオブウォーター	36.2	15位

今回はわかりやすいように全馬の上がり3F順位を掲載しているが、実際には上がり3F1～8位が重要になってくるため、下位まで細かく順位をつける必要はない。

1着馬とのタイム差は、次の式で計算できる

「該当馬の走破タイム－1着馬の走破タイム（秒単位）」（参考：左の表3）

コーナーロス分析法では、この2つのファクターを補助的に活用していく。

前半コーナーロス×上がり3F順位

前半コーナーでロスがあった馬のなかでは、上がり3F上位の馬が狙い目になる。

前述した通り、レースの前半部分ではゆっくりと走っているため乳酸の発生が抑えられ、疲労度もそこまで大きいものではない。よって、挽回することが可能で、勝利争いにまだ参加することができる。

ただし、**疲労度が大きくない＝レース結果に影響がないわけではない。**

再三強調しているように、ハナ差やアタマ差で決着することが多い競馬において、1・2コーナー区

表3■ジューンS・1着馬とのタイム差

着順	馬番	馬番	走破タイム	1着馬とのタイム差
1着	9	ヴェラアズール	2.25.7	0.0
2着	12	ブレークアップ	2.26.0	0.3
3着	7	レッドヴェロシティ	2.26.2	0.5
4着	6	プリュムドール	2.26.5	0.8
5着	3	ボーンジーニアス	2.26.6	0.9
6着	14	サペラヴィ	2.26.6	0.9
7着	11	タイセイシリウス	2.26.7	1.0
8着	1	アイブランコ	2.26.8	1.1
9着	2	テンカハル	2.26.9	1.2
10着	8	ポッドボレット	2.27.2	1.5
11着	10	モクレレ	2.27.2	1.5
12着	13	サトノラディウス	2.27.3	1.6
13着	4	スペシャルドラマ	2.27.5	1.8
14着	5	レイオブウォーター	2.27.8	2.1
15着	15	ノーチカルチャート	2.28.5	2.8

間における数メートルのロスがレース結果へ与える影響は非常に大きい。

それゆえに、データでも1・2コーナーでロスがあった馬と、ロスがなかった馬とでは成績に差が生じているのだ。


一方で、3コーナーのロスの場合は、**乳酸が大量発生→疲労度がMAX→急失速→レースが終了**……こういったパターンが往々にして発生する。3・4コーナーで外を回しながら、騎手が押して、押して、追い上げていった馬が、最後の直線に入って急失速する光景をみなさんも見たことがあるだろう。その背景には、こういった理由が存在しているのだ。


ここで1・2コーナーの話に戻したい。

1・2コーナーで外を回すのは、距離ロスはあれどもレースに参加することは可能。そして、1・2コーナーでロスがありながらも最後の直線でしっかりと脚を使った（＝上がり3Fが速い）ということは、強い競馬をした証明にもなる。

1コーナーからロスなく内を回ってきて上がり3Fが速かった馬と、1・2コーナーから外を回して他馬よりも長い距離を走りながら上がり3Fが速かった馬とでは、後者のほうが圧倒的に強い競馬をしたといえるのだ。

実際に、前走1コーナーもしくは2コーナーのいずれかで、内から3頭目以降を走った馬の上がり3F順位別成績（表4）をご覧いただこう。

表４■前走前半コーナーで内から３頭目以降を走った馬×前走上がり順位別成績

上がり順位	勝率	連対率	複勝率	単回値	複回値	総データ数
1位	19.3%	33.3%	44.4%	101	94	543
2位	18.5%	30.4%	43.2%	108	89	588
3位	15.4%	27.5%	39.2%	98	84	589
4位	12.5%	23.0%	33.9%	85	80	608
5位	9.8%	21.4%	31.7%	109	94	612
6位	8.3%	17.1%	25.5%	127	82	651
7位	6.9%	16.0%	23.5%	80	83	625
8位	8.4%	18.0%	25.5%	80	103	595
9位	6.9%	13.3%	19.9%	77	67	562
10位～	3.5%	8.3%	13.6%	68	74	2871

表５■同・人気順グループ別成績

上がり順位	勝率	連対率	複勝率	単回値	複回値	総データ数
1～3位	17.7%	30.3%	42.2%	102	89	1720
4～5位	11.1%	22.2%	32.8%	97	87	1220
6～8位	7.9%	17.0%	24.9%	96	89	1871
9位～	4.1%	9.1%	14.7%	69	73	3433

（集計期間：いずれも2015～2022年　前走と今走が同トラックに限定・障害レースを除く）

上がり3F順位が上位になるほど、的中率・回収率が向上していく様子が見て取れる。これをわかりやすく分類すると表5のようになる。

上がり3F1~8位は複勝率が高く狙い目で、とりわけ1~3位は非常に優秀な成績ゆえに特注の評価を与えるといいだろう。

逆に、上がり3F順位が9位以降の馬は、1・2コーナーの距離ロスによって敗戦したわけではなく、シンプルに実力が不足していたなど、別の理由で負けた可能性が高いのでストックからは除外する。

なお、上がり3F順位が3位よりも2位、2位よりも1位と上位にいくほど成績が良いので、ストックする際は上がり3F順位も一緒にメモしておくと、あとで活用しやすい。

後半コーナーロス×1着馬とのタイム差

後半コーナーロスでは「1着馬とのタイム差」を補助ファクターとして活用する。

前述の通り、レース全体のペースが上がってきている3コーナーでのロスは想像以上に大きなもの。最後の直線を向くころには体力の大半を使い果たしてしまうことも決して珍しくないため、前半コーナーロスのように上がり3F順位では価値を測ることができない。

むしろ、強い負荷があった馬ほど最後の直線で急失速するため、後半コーナーロスが大きくて負けた馬は巻き返しにこそ注目すべきといえる。

実際に、前走3コーナーで内から4頭目以降を走るロスがあった馬の1着馬とのタイム差別成績を見ていただこう。

これをわかりやすく分類すると、下の表6のようになる。

タイム差の価値はレース距離やペースによって異なってくるが、ひとつの基準として1着馬から1・0〜2・9秒差で敗戦した馬が狙い目になっている。

これは後半コーナーで外を回して大きな負荷を受け失速した馬を狙うかたちだが、負けすぎている馬はコーナーロスとは関係なく敗北した可能性が高いので除外する。

実際には「タイム差が0・9秒だからダメ」「3・0秒だからダメ」というわけではないので、1・0秒あるいは2・9秒近辺の馬はタイム差とともに一緒にメモし、ストックしておくと活用しやすい。

なお、次のようにトラック、馬場、距離、ペースによってタイム差の勝ちが変わってくるので、条件を考慮する必要がある。

表6■前走後半コーナーで内から4頭目移行を走った馬×前走1着馬とのタイム差別成績

着差	勝率	連対率	複勝率	単回値	複回値	総データ数
勝	11.6%	21.3%	29.6%	114	73	216
負0.0〜0.4	15.4%	30.7%	41.8%	78	81	584
負0.5〜0.9	8.5%	18.9%	28.4%	71	82	668
負1.0〜1.4	7.0%	15.3%	22.4%	148	116	575
負1.5〜1.9	4.8%	8.8%	14.4%	113	78	374
負2.0〜2.4	4.7%	8.4%	13.5%	238	96	215
負2.5〜2.9	5.7%	9.8%	16.4%	126	143	122
負3.0〜	0.6%	3.0%	4.8%	56	61	168

↓

着差	勝率	連対率	複勝率	単回値	複回値	総データ数
勝	11.6%	21.3%	29.6%	114	73	216
負0.0〜0.9	11.7%	24.4%	34.7%	75	81	1252
負1.0〜2.9	5.8%	11.7%	18.0%	151	104	1286
負3.0〜	0.6%	3.0%	4.8%	56	61	168

（集計期間：いずれも2015〜2022年　前走と今走が同トラックに限定・障害レースを除く）

●トラック：芝よりもダート、よりパワーが必要な条件でタイム差が出やすい
●馬場：芝は良よりも重馬場、ダートは重よりも良馬場、よりパワーが必要な条件でタイム差が出やすい
●距離：距離が長くなるほど競走馬の疲労度が大きくタイム差が出やすい
●ペース：ペースが速いほど競走馬の疲労度が大きくタイム差が出やすい

応用的なアプローチになってくるが、「タイム差が出やすい条件では2・9秒を上回っていてもストックしておこう」「タイム差が出にくい条件では1・0秒を下回っていても残しておこう」というように判断すべきということだ。

その注目馬は軸馬向きか？それとも穴馬向きか？

前半コーナーロスの注目馬は高的中率、後半コーナーロスの注目馬は高回収率なので、軸馬を見つけるには前半コーナーロスが、穴馬を見つけるには後半コーナーロスが向いているといえる。

また、これまでのデータで示した通り、注目馬の基準を満たさない馬でも、コーナーロスがあった馬はそれだけで成績が向上する。ヒモ馬探しや自身のファクターを併用させる場合には、基準を満たさないコーナーロス馬も狙えるので、ピックアップしておくと有効的に活用できる。

なお、本理論で選出する注目馬は、今走と前走のトラックが同一（前走が芝→今走も芝、前走がダー

ト→今走もダート）の場合に限る。トラック変化の場合にもコーナーロスは有効だが、それ以上に異なるトラックへの適性面のほうが重要になってくるため、対象からは除外する。

ほか、コースを2周以上する障害レースでは正確なロスがわかりづらいため、こちらも対象から除外している。

コーナーロス馬ストック実践例①

●2022年6月11日・東京11RジューンS

1コーナーで馬群になっていたのは、（6、14）・（2、5）・（3、9、10）・（1、13、15）の4カ所。⑭番・⑤番・⑨番・⑬番が内から2頭目、⑩番・⑮番が内から3頭目を走っていたことになる。

2コーナーで馬群になっていたのは、（6、5）・（8、10）・（2、4、9）・（3、15）・（1、13）の5カ所。⑤番・⑩番・④番・⑮番・⑬番が内から2頭目、⑨番が内から3頭目を走っていたことになる。

3コーナーで馬群になっていたのは、（6、14、15）・（8、10）・（2、9、13）・（3、1、15、7）の4カ所。⑭番・⑩番・⑨番・①番が内から2頭目、⑮番・⑬番・⑮番が内から3頭目、⑦番が内から4頭目を走っていたことになる。

良）

東京11R　ジューンステークス

発馬 15.45

混 三才上3勝クラス・ハンデ

	白1 1	黒2 2	黒2 3	赤3 4	赤3 5	青4 6	青4 7	5 8
父	ケープブランコ	キングカメハメハ	ナカヤマフェスタ	エピファネイア	ディープインパクト	ゴールドシップ	ワールドエース	ジャスタウェイ(中)
馬名	アイブランコ	テンカハル	ボーンジーニアス	スペシャルドラマ	レイオブウォーター	プリュムドール	レッドヴェロシティ	ポッドボレット
母	クリスコンフリクト(マ)	ジンジャーパンチ(中)	キズナII(中)	アドマイヤキュート(中)	ノーブルジュエリー(マ)	シュヴァリエ(マ)	トップモーション(中)	シーエスシルク(マ)
毛色	栗毛	栗毛	鹿毛	鹿毛	青鹿	栗毛	黒鹿	鹿毛
斤量	54 -3 牝5	55 -2 牝4	54 -3 牝4	54 -3 牝4	55 -2 牝4	53 -2 牝4	56 -1 牝4	53 ±0 牝3
騎手	替松岡	替レーン	替田辺	菅原明	替津村	替石橋脩	Mデムーロ	替吉田豊
厩舎	美中野栄	栗矢作	美小西	美宮田	栗友道	栗奥村豊	美木村	栗辻野
賞金	1500	1500	1500	1500	1500	1500	1500	1600
総賞金	6468	5150	4000	3211	4504	3671	6433	3800
馬主名	ライフENT	ライオンRH	和泉憲一	大塚亮一	大塚亮一	ノルマンディーTR	東京HR	小川眞査雄
牧場名	JRA日高育成	ノーザンF	北洋牧場	ノーザンF	社台F	岡田S	ノーザンF	社台F
佐藤直	……	△	△	▲	△	△	○	注
小野智	……	△	△	▲	△	注	○	△
久光	△	注	……	……	……	▲	△	◎
西田	△	注	△	△	……	△	◎	▲
中田	△	◎	……	……	△	△	▲	注
本紙武井	……	△西	△	▲	△西	△西	B○	注西
1800	中1499⑩	東1465⑬		新1482①	阪1477②	阪1469③	福1519⑦	阪1469①
芝2000	東1598①	東2005②	新2030②	東1599⑥	阪2015①	東1585⑦	中[illegible]⑤	阪2036④
2200	京2185❸	京2149⑨	新2143①	1357⑪	新2140③	阪2133①	中[illegible]⑧	阪2129①
2400	東2236②	阪2266③	東2255⑥		新2244①	阪2285②	東[illegible]③	東2273②
上り最高	33.4②	33.7②	34.2③	34.2⑥	33.3②	33.4①	34.3③	34.1①
騎乗成績	初騎乗	初騎乗	1001	1000	初騎乗	初騎乗	2211	初騎乗
クラス実績	0000	0002	0001	0000	0003	0012	0000	0000
当該条件	0133	0001	0011	初コース	1102	1000	1110	0100
前走	1東 2月12日 ⑤ 箱根 3 2勝 7ト10頭 2257 57内田博 S ⑧⑨⑨ 530 人気7 後方伸 2¼ 386中341 トゥーフェイス 2253 0.4	2阪 3月27日 ② 御堂 4 3勝 8ト11頭 外2273 56藤岡佑 S ①①① 502 人気6 逃一息 1¾ 369内356 ダンディズム 2270 0.3	1中 1月15日 ⑤ 四才上 2 2勝 10ト11頭 外2169 56丸山 S ⑨⑤③ 462 人気1 後方伸 1¼ 397中350 ブレークアップ 2167 0.2	1福 7月4日 ② ラジオNIK 13 GIII 9ト16頭 1491 53戸崎圭 S ⑦⑨⑨ 514 人気10 直線接触 6½ 364中358 ヴァイスメテオ 1480 1.1	1東 2月5日 ③ 早春 6 3勝 13ト14頭 2262 55丸山 S ②②② 504 人気6 先行一息 6½ 375中351 ハーツイストワ 2251 1.1	1中京 1月30日 ⑩ 美濃 6 3勝 11ト11頭 2152 54池添 S ⑥⑥⑤ 468 人気2 中位まま 3¾ 379外344 パトリック 2146 0.6	5中 12月26日 ⑧ グッドラ 2 2勝 7ト16頭 内2355 56Mデムーロ S ⑨④② 542 人気1 漸進伸 ¾身 388中361 コーストライン 2354 0.1	1東 2月6日 ④ ゆりかも 2 1勝 9ト10頭 2273 56ルメール S ①①① 508 人気2 逃惜敗 クビ 373内343 レヴァンジル 2273 0.0
2走前	2中 3月5日 ③ 潮来 3 2勝 1ト8頭 内2348 56内田博 S ⑥⑥⑤ 522 人気2 後方伸 3¼ 397中342 ホウオウリアリ 2343 0.5	2阪 4月10日 ⑥ 大阪ハン 2 オープン 2ト10頭 外2372 52坂井 S ③④③ 494 人気2 一旦先頭 ¾身 371中348 ディアマンミノ 2371 0.1	1福 4月16日 ① 奥の細道 1 2勝 6ト12頭 2442 57丸山 S ⑪⑥① 462 人気1 漸抜出 ¾身 400中376 トーホウバロン 2443 0.1	5中 12月25日 ⑦ クリスマスC 11 2勝 11ト16頭 外1357 56丸山 M ⑭⑭⑫ 516 人気11 後方まま 9½ 368外353 ソウルラッシュ 1341 1.6	2阪 3月27日 ② 御堂 6 3勝 4ト11頭 外2277 56吉田隼 S ⑤⑤⑤ 502 人気3 中位まま 3¾ 377内355 ダンディズム 2270 0.7	1阪 2月27日 ⑥ 松籟 3 3勝 7ト10頭 内3206 52武豊 S ⑤④③ 466 人気2 中位伸 1¼ 394内351 ベスビアナイト 3204 0.2	1東 2月12日 ⑤ 箱根 2 2勝 1ト10頭 2256 56Mデムーロ S ⑩②② 540 人気1 マクるも 1¾ 392中346 トゥーフェイス 2253 0.3	1阪 2月26日 ⑤ すみれS 1 L 4ト8頭 内2129 56福永 S ②②② 502 人気5 先行競勝 クビ 361中344 レヴァンジル 2130 0.1
3走前	3中 4月2日 ③ 寿 1 2勝 7ト8頭 内2358 57内田博 S ④④④ 518 人気1 中位抜出 1¼ 394外344 マベルロンジュ 2360 0.2	2東 5月29日 ⑫ むらさき 13 3勝 12ト17頭 1465 55藤岡佑 S ⑨⑩⑧ 496 人気9 中位一杯 6½ 373外343 ヒルノダカール 1454 1.1	2東 5月14日 ⑦ 緑風 6 3勝 9ト12頭 2255 57横山和 S ③④④ 462 人気5 好位一息 7½ 373中354 アルビージャ 2243 1.2	2東 5月7日 ⑤ 秩父 1 2勝 7ト8頭 2004 57菅原明 S ⑤③③ 520 人気4 中位抜出 クビ 379外344 サトノフォーチ 2005 0.1	2東 5月14日 ⑦ 緑風 5 3勝 12ト12頭 2253 57池添 S ①①① 504 人気8 逃一息 6¼ 363内361 アルビージャ 2243 1.0	2東 4月30日 ③ 府中 7 3勝 7ト18頭 1585 55岩田望 M ⑧⑦⑦ 464 人気6 中位差詰 2½ 371中346 バジオウ 1581 0.4	2東 5月1日 ④ 陣馬 1 2勝 2ト12頭 2273 57Mデムーロ H ⑫⑪⑧ 538B 人気1 後方一気 クビ 391外362 プレイリードリ 2273 0.0	3中京 5月7日 ① 京都新聞 12 GII 12ト12頭 2137 56福永 M ⑤⑤⑥ 502 人気2 中位バテ 大差 343外394 アスクワイルド 2095 R 4.2

開催日の馬場状態：❶→不良　❶→重馬場　①→稍重　①→良馬場

乗替り記号
替…ベスト10外の騎手からベスト10への乗替り
替…それ以外

開催場所・月日／開催日・着順／条件・枠・頭数／距離・タイム／斤量・騎手名／ペース・通過順／馬体重・人気／戦評・馬身差／前半・上り③F／①②着時計・秒

3

●2022年6月11日・東京11Rジューン S（3勝クラス、芝2400mハンデ・

1着⑨ヴェラアズール

（1番人気）

2：25.7

2着⑫ブレークアップ

（6番人気）

2：26.0（1 3/4）

3着⑦レッドヴェロシティ

（2番人気）

2：26.2（1 1/4）

単⑨ 250円

複⑨ 130円

⑫ 320円

⑦ 160円

馬連⑨－⑫ 1840円

馬単⑨→⑫ 2860円

3連複⑦⑨⑫ 3840円

3連単⑨→⑫→⑦ .18020円

15 桃8	14	13 橙7	12	11 緑6	10	9 黄
ジャスタウェイ㊥	ローズキングダム(帳)	ディープインパクト(帳)	ノヴェリスト(帳)	エピファネイア(帳)	ディープインパクト(帳)	エイシンフラッシュ㊥
ノーチカルチャート	サペラヴィ	サトノラディウス	ブレークアップ	タイセイシリウス	モクレレ	ヴェラアズール
ヘヴンリークルーズ(マ)	セミニョン(長)	アーヴェイ㊥	リトルジュン㊥	スマッシュハート(マ)	アパパネ㊥	ヴェラブランカ㊥
青鹿	鹿毛	鹿毛	栗毛	鹿毛	黒鹿	青毛
54 -3 牡6	54 -3 牡5	55 -2 騸6	55 -2 牡4	53 -4 牡5	54 -3 騸8	56 -1 牡5
替石川	替永野	替川島	替戸崎圭	替三浦	替内田博	替ルメール
栗奥村豊	美相沢	栗新谷	美黒岩	栗高野	美国枝	栗渡辺
1500	1500	1500	1500	1500	1550	1500
4696	5174	8250	4110	3662	7610	5870
社台RH	伊達敏明	サトミホースC	阿部東亜子	田中成奉	金子真人HD	キャロットF
千社台F	日サンシャイン牧場	千社台F	新谷川牧場	新酒井牧場	安ノーザンF	白白老F
……… ……… ……… ……… ……… ……西	……… ……… ……… ……… ……… B……	……… …△… …△… ……… ……… ……西	…△… ……… …○… ……… ……… …△…	……… ……… ……… ……… ……… ……西	……… ……… ……… ……… …△… ………	…◎… …◎… …△… …○… …○… …◎西
函1510⑩ 小2023⑥ 宗2128⑦ 阪2274⑤	東1458⑭ 東1585① 宗2128⑤ 東2268⑬	芸2340② 中1598③ 中2122❼ 東2244④	宗[illegible]② 宗[illegible]⑪ 芸2330②	阪1470⑪ 阪1594⑧ 宗2106⑨ 宍2398①	中1472④ 新1573① 新2138① 新2378❽	阪ダ1[illegible]❸ 芸23[illegible]③ 宍23[illegible]① 東2244③
芸34.3① 初騎乗	芊34.1⑤ 初騎乗	芊33.4① 初騎乗	三34.6① 0100	三35.1⑨ 初騎乗	芊33.3① 1112	西33.8③ 0012
0004 初コース	01010 0001	02110 1026	0102 初コース	0005 初コース	0004 初コース	00.20 0010
5中京 9月11日 ① ムーンラ 7 3勝12ト13頭 三2128 55藤岡康 S ⑧⑧⑨ 482 人気9 中位差詰 4身 369外348 フライライクバ 2121 0.7	1中京 1月8日 ② 寿 9 3勝10ト10頭 芊2010 57泉谷 S ⑧⑧⑧ 476 人気8 後方まま 9身 387中353 シュヴァリエロ 1595 1.5	1中 1月10日 ④ 習春 4 3勝15ト15頭 三外2151 57横山和 S ⑥⑥⑤ 496 人気7 中位差詰 2¼ 390中351 スマイル 2147 0.4	2中 3月6日 ④ 湾岸 10 3勝11ト16頭 三外2131 56武豊 H ⑦⑥⑥ 496 人気8 1角不利 4¼ 375中361 キングオブドラ 2124 0.7	1阪 3月12日 ⑨ 飛鳥 11 3勝4ト16頭 千八外1470 54鮫島駿 S ①①① 496 人気13 逃一杯 6¾ 347内358 ヤマニンサンパ 1458 1.2	5東 11月28日 ⑧ ウェルカ 10 3勝16ト16頭 芊1599 57菅原明 S ⑫⑫⑭ 504 人気12 後直だけ 8¾ 377外345 ジャックドール 1584 1.5	1阪 3月19日 ⑪ 淡路 1 2勝1ト9頭 六外2384 55岩田望 S ⑦⑦⑥ 516 人気4 内鋭く ½身 363内348 プレイリードリ 2385 0.1
2阪 3月27日 ② 御堂 5 3勝9ト11頭 西外2274 57藤岡康 S ②②② 494 人気10 先行一息 2¼ 372中357 ダンディズム 2270 0.4	1東 2月5日 ③ 早春 13 3勝3ト14頭 西2268 54津村 S ⑥⑥⑧ 486 人気13 中位一杯 10¼ 382外351 ハーツイストワ 2251 1.7	2中 3月6日 ④ 湾岸 7 3勝6ト16頭 三外2129 57三浦 H ⑩⑪⑧ 488 B 人気9 中位まま 2¾ 378中356 キングオブドラ 2124 0.5	3中 4月17日 ⑧ サンシャ 2 3勝12ト13頭 五内2330 54戸崎圭 H ②②① 494 人気6 4角先頭 1¼ 365中350 パラダイスリー 2328 0.2	2阪 4月9日 ⑤ 京橋 8 3勝5ト11頭 芊内1594 54松若 S ⑤⑤⑤ 492 人気9 好位一杯 6¾ 360中351 ブログノーシス 1583 1.1	5中 12月12日 ④ 常総 9 3勝12ト13頭 千八内1490 54菅原明 S ⑪④④ 502 人気7 向正進出 4身 391中351 シングフォーユ 1484 0.6	3中 4月17日 ⑧ サンシャ 3 3勝7ト13頭 五内2332 55岩田望 H ⑫⑫⑦ 514 人気❸ 後方伸 2½ 391外340 パラダイスリー 2328 0.4
3中 4月17日 ⑧ サンシャ 11 3勝2ト13頭 五内2346 55大野 H ⑤⑤⑤ 494 人気10 中位一杯 11身 376中359 パラダイスリー 2328 1.8	2東 4月30日 ③ 府中 13 3勝15ト18頭 芊1594 57鮫島駿 M ⑦⑦⑦ 482 B 人気15 中位一杯 8身 366中355 バジオウ 1581 1.3	3中 4月17日 ⑧ サンシャ 8 3勝5ト13頭 五内2344 56三浦 H ⑪⑧⑪ 484 B 人気7 後直だけ 9¼ 387外354 パラダイスリー 2328 1.6	3中京 5月8日 ② 芳 11 3勝9ト14頭 三2114 55斎藤 H ②②② 488 人気5 先行一杯 14¼ 338中379 プリマヴィスタ 2090 R 2.4	3中京 5月8日 ② 芳 9 3勝10ト14頭 三2106 54国分恭 H ⑪⑧⑫ 492 人気7 追上一杯 9¼ 355内362 プリマヴィスタ 2090 R 1.6	2中 3月20日 ⑦ スピカS 9 3勝10ト16頭 千八内1487 57津村 S ⑬⑭⑫ 508 人気13 後直だけ 6身 382中353 ホウオウエミー 1478 0.9	2東 5月14日 ⑦ 緑風 3 3勝11ト12頭 西2244 57戸崎圭 S ⑪⑪⑪ 512 人気4 内つき伸 ¾身 383内338 アルビージャ 2243 0.1

●川田式コーナーロス攻略法のまとめ

前半コーナーロスの注目馬	
1コーナーor2コーナー	内から3頭目以降
上がり3F順位	1～8位（1～3位は特注）

後半コーナーロスの注目馬	
3コーナー	内から4頭目以降
1着馬とのタイム差	1.0～2.9秒（負け）

2022年・ジューンSのコーナー通過順位	
1コーナー	12,11(6,14)8(2,5)4(3,9,10)-(1,13,15)7
2コーナー	12,11,14(6,5)(8,10)(2,4,9)(3,15)(1,13)7
3コーナー	12,11(6,14,5)(8,10)(2,9,13)4(3,1,15,7)
4コーナー	(*12,11,14)(6,5)(9,10)(2,8,7,13)1(3,4)15

表7■2022年ジューンS・上がり3F順位と1着馬とのタイム差

着順	馬番	馬名	コーナー別ロス			上がり3F	1着馬との
			1コーナー	2コーナー	3コーナー	順位	タイム差
1着	9	ヴェラアズール	2頭目	**3頭目**	2頭目	1位	0.0
2着	12	ブレークアップ	1頭目	1頭目	1頭目	4位	0.3
3着	7	レッドヴェロシティ	1頭目	1頭目	**4頭目**	2位	0.5
4着	6	プリュムドール	1頭目	1頭目	1頭目	6位	0.8
5着	3	ボーンジーニアス	1頭目	1頭目	1頭目	3位	0.9
6着	14	サペラヴィ	2頭目	1頭目	2頭目	8位	0.9
7着	11	タイセイシリウス	1頭目	1頭目	1頭目	9位	1.0
8着	1	アイブランコ	1頭目	1頭目	2頭目	5位	1.1
9着	2	テンカハル	1頭目	1頭目	1頭目	7位	1.2
10着	8	ポッドボレット	1頭目	1頭目	1頭目	10位	1.5
11着	10	モクレレ	**3頭目**	2頭目	2頭目	13位	1.5
12着	13	サトノラディウス	2頭目	2頭目	3頭目	10位	1.6
13着	4	スペシャルドラマ	1頭目	2頭目	1頭目	10位	1.8
14着	5	レイオブウォーター	2頭目	2頭目	3頭目	15位	2.1
15着	15	ノーチカルチャート	**3頭目**	2頭目	3頭目	14位	2.8

4コーナーに関してはチェック不要で、上がり3F順位、1着馬とのタイム差をともにまとめると、右下の表7のようになる。

注目馬に該当したのは⑨番ヴェラアズール（2コーナーで内から3頭目かつ上がり3F順位1位）の1頭のみだった。

⑦番レッドヴェロシティは3コーナーで内から4頭目に該当したものの、1着馬とのタイム差が0・5秒で対象外に。⑩番モクレレと⑮番ノーチカルチャートは、それぞれ1コーナーで内から3頭目を回しているが、上がり3F順位がいずれも二桁順位なので対象外となる。

⑨番ヴェラアズールは2コーナーで大きなロスがあり、さらに1・3コーナーでもロスがあったように、外々を回しながらも上がり3F順位1位で差しきって勝っていたので、非常に強い内容を示した一戦だった。したがって、ストックにはヴェラアズールを加えておく。

なお、ヴェラアズールの次走は京都大賞典。これは自身にとって初めての重賞挑戦となったが、そこでも見事に1着でゴールして勝利を飾ってみせた。

このヴェラアズールの話は本書前身の電子書籍『コーナーロス革命』の発売時（2022年11月18日）に例として取り上げたものだが、ヴェラアズールは京都大賞典を勝ったのちにジャパンカップをも制している。

コーナーロスがありながらも上位入線した馬は、本物の力を持っていることを改めて示してくれる格好となった。

コーナーロス馬ストック実践例②

●2022年9月25日・中京11R神戸新聞杯

続いて、第2章でも紹介した神戸新聞杯について改めて見ていこう（馬柱はP22～23）。

1コーナーで馬群になっていたのは、（7、12）・（4、14、15）・（11、13、17）・（6、5）・（2、10）の5カ所。⑫番・⑭番・⑬番・⑤番・⑩番が内から2頭目、⑮番・⑰番が内から3頭目を走っていたことになる。

2コーナーで馬群になっていたのは、（3、8）・（4、14、15）・（11、13）・（6、5）・（2、10）の5カ所。⑧番・⑭番・⑬番・⑤番・⑩番が内から2頭目、⑮番が内から3頭目を走っていたことになる。

3コーナーで馬群になっていたのは、（3、8）・（7、9、12）・（4、14、13、15、17）・（6、11、5、2）の4カ所。⑧番・⑨番・⑭番・⑪番が内から2頭目、⑫番・⑬番・⑤番が内から3頭目、⑮番・②番が内から4頭目、⑰番が内から5頭目を走っていたことになる。

4コーナーに関してはチェック不要で、上がり3F順位、1着馬とのタイム差をともにまとめると表8のようになる。

2022年９月25日・中京11Ｒ神戸新聞杯（ＧⅡ、芝2200ｍ）のコーナー通過順位

1コーナー	1-3,8(7,12)9(4,14,15)(11,13,17)(6,5)-(2,10)16
2コーナー	1-(3,8)12,7,9(4,14,15)(11,13)17(6,5)-(2,10)-16
3コーナー	1(3,8)(7,9,12)10(4,14,13,15,17)(6,11,5,2)16
4コーナー	1,8(7,3,9,12)(4,14,13,10)(6,11)(5,15,17)(16,2)

表８■2022年神戸新聞杯・上がり３Ｆ順位と１着馬とのタイム差

着順	馬番	馬番	コーナー別ロス			上がり3F	1着馬との
			1コーナー	2コーナー	3コーナー	順位	タイム差
1着	7	ジャスティンパレス	1頭目	1頭目	1頭目	2位	0.0
2着	6	ヤマニンゼスト	1頭目	1頭目	1頭目	3位	0.6
3着	2	ボルドグフーシュ	1頭目	1頭目	**4頭目**	1位	0.7
4着	12	ジュンブロッサム	2頭目	1頭目	3頭目	7位	0.7
5着	5	ヴェローナシチー	2頭目	2頭目	3頭目	4位	0.8
6着	1	リカンカブール	1頭目	1頭目	1頭目	13位	0.9
7着	11	パラレルヴィジョン	1頭目	1頭目	2頭目	5位	1.1
8着	14	プラダリア	2頭目	2頭目	2頭目	8位	1.1
9着	13	ビーアストニッシド	2頭目	2頭目	3頭目	8位	1.2
10着	16	アスクワイルドモア	1頭目	1頭目	1頭目	5位	1.4
11着	10	レヴァンジル	2頭目	2頭目	1頭目	11位	1.4
12着	4	コントゥラット	1頭目	1頭目	1頭目	11位	1.4
13着	17	サンセットクラウド	**3頭目**	1頭目	**5頭目**	10位	1.5
14着	8	メイショウラナキラ	1頭目	2頭目	1頭目	14位	1.9
15着	9	サトノヘリオス	1頭目	1頭目	1頭目	16位	2.4
16着	15	アイキャンドウイッ	**3頭目**	**3頭目**	**4頭目**	15位	2.8
17着	3	ミスターホワイト	1頭目	1頭目	1頭目	17位	9.4

注目馬に該当したのは⑰番サンセットクラウド（3コーナーで内から5頭目かつ1着馬とのタイム差1・5秒）と⑮番アイキャンドウイッ（3コーナーで内から4頭目かつ1着馬とのタイム差2・8秒）の2頭だった。

前項で解説したジューンステークスのレッドヴェロシティと同様に、②番ボルドグフーシュは3コーナーで外を回すも上位入線したので注目馬からは除外となる。

ただし、3コーナーでロスの大きい馬はベタ買いでも単勝回収率100％を超えているため、その条件下で上位入線を果たした馬は強い馬である可能性が高い。注目馬としてストックしないまでも、メモとして残しておくことをオススメする。

⑮番アイキャンドウイッは次走も1~3コーナーすべてでロスがあったため結果を残せなかったが、⑰番サンセットクラウドは次走でしっかりと勝利を収めている。また、3コーナーでロスのあったレッドヴェロシティやボルドグフーシュも次走で馬券になっている。

なお、神戸新聞杯を勝利した⑦番ジャスティンパレスは各コーナーでロスなく回っての勝利だったが、前走の日本ダービーではコーナーロスがある競馬で敗戦していた（左の表9）。つまり、神戸新聞杯では積極的に買える馬だったということだ。

ジャスティンパレス以外のダービー組を見ていくと、⑰番ロードドレゼルは原稿執筆時点で次走を終えていないが、⑫番ダノンベルーガは天皇賞（秋）を4番人気で3着、⑯番キラーアビリティは2走後の

表９■2022年日本ダービー・上がり３Ｆ順位と１着馬とのタイム差

着順	馬番	馬番	コーナー別ロス			上がり3F順位	1着馬とのタイム差
			1コーナー	2コーナー	3コーナー		
1着	13	ドウデュース	2頭目	1頭目	1頭目	2位	0.0
2着	18	イクイノックス	1頭目	1頭目	1頭目	1位	0.0
3着	3	アスクビクターモア	1頭目	1頭目	1頭目	8位	0.3
4着	12	ダノンベルーガ	1頭目	**3頭目**	2頭目	3位	0.4
5着	6	プラダリア	1頭目	1頭目	1頭目	7位	0.9
6着	16	キラーアビリティ	**3頭目**	1頭目	1頭目	4位	1.0
7着	15	ジオグリフ	1頭目	**4頭目**	3頭目	5位	1.0
8着	7	オニャンコポン	1頭目	2頭目	1頭目	6位	1.1
9着	9	ジャスティンパレス	**3頭目**	2頭目	3頭目	9位	1.3
10着	8	ビーアストニッシド	1頭目	1頭目	1頭目	11位	1.6
11着	2	セイウンハーデス	1頭目	1頭目	1頭目	14位	2.0
12着	1	アスクワイルドモア	1頭目	1頭目	2頭目	11位	2.1
13着	4	マテンロウレオ	1頭目	1頭目	1頭目	11位	2.1
14着	17	ロードレゼル	**4頭目**	2頭目	2頭目	15位	2.1
15着	14	デシエルト	1頭目	1頭目	1頭目	17位	2.1
16着	11	ジャスティンロック	1頭目	1頭目	1頭目	10位	2.8
17着	10	マテンロウオリオン	1頭目	1頭目	2頭目	16位	4.0
18着	5	ピースオブエイト	1頭目	2頭目	2頭目	18位	7.2

中日新聞杯で5番人気1着と、それぞれ人気を上回る好走を見せている。

このように、コーナーロスがあった馬が次走以降で巻き返す現象は、くり返し発生しているのだ。

コーナーロス馬を探す一日の流れ

●2022年10月30日@東京競馬場

コーナーロスを活用して儲けるノウハウについて紹介してきたが、全レースの通過順位を確認して、上がり3F順位を調べて、1着馬とのタイム差を調べて……といった作業は「大変そうだ」と気を落とす方もいるだろう。

しかし、コーナーロスが大きい馬はすべてのレースでいるわけではない。むしろ少数派と表現してもいいくらいだ。


実際に2022年10月30日の東京競馬場で行なわれたレースを例に見ていこう。

4コーナーは見る必要がないので、ワンターンコースの場合は3コーナーのみをチェックする。そして、後半コーナーロスは、内から4頭目以降の馬と1着馬とのタイム差を確認していく。

1Rの場合、内から4頭目以降に該当するのは⑬番オールマキシマムのみ。しかし、同馬は3着に好走しており、1着馬とのタイム差も0・3秒なので次走注目馬には該当しない。

2022年10月30日・東京１Ｒのコーナー通過順位	
3コーナー	(＊1,7)−8,**5**(4,6)(3,10,14)−2(9,12,11,13)
4コーナー	(＊1,7)8−**5**−4(3,6)(2,14,13)10(9,12,11)

コーナー通過順位内の
太字番号は1着馬

着順	馬番	馬名	コーナー別ロス			上がり3F順位	1着馬とのタイム差
			1コーナー	2コーナー	3コーナー		
1着	5	マホロバ			1頭目	2	0
2着	7	ハクサンパイオニア			2頭目	3	0.1
3着	13	オールマキシマム			**4頭目**	1	0.3
4着	8	カイザーブリッツ			1頭目	6	0.8
5着	4	エコロジョイアー			1頭目	7	1.8
6着	2	キングダラス			1頭目	4	1.9
7着	11	ピンポイントドロー			3頭目	4	2.3
8着	1	メダルラッシュ			1頭目	10	2.4
9着	3	ツインビスケッツ			1頭目	9	2.8
10着	12	ジェド			2頭目	8	2.9
11着	6	マツリダパーチェ			2頭目	13	4.2
12着	10	ニシノサキュバス			2頭目	11	4.3
13着	14	ビッグリュウオー			3頭目	13	4.4
14着	9	リアルガチ			1頭目	11	4.4

2022年10月30日・東京２Ｒのコーナー通過順位	
3コーナー	10(8,9)(5,7)(2,4,**6**)3,1
4コーナー	10,9(8,7)(5,**6**)(2,4)(1,3)

2022年10月30日・東京３Ｒのコーナー通過順位	
2コーナー	4,**6**−(10,3)1(5,8)7,2,9
3コーナー	4=**6**−3,5,10(1,8)(2,7)−9
4コーナー	4−**6**−3(10,5)(1,8)7,2,9

2022年10月30日・東京４Ｒのコーナー通過順位	
3コーナー	(＊**5**,7)9(2,4)11−(14,10)−(1,15)6,13−3,12−8
4コーナー	(＊**5**,7)9(2,4)11,14,10,1(6,15)=13,12−8−3

慣れてくるとコーナー通過順位を見た瞬間に「⑬番をチェックすべきだ」とわかるようになってくる。

さらに、この馬は好走してしまっているので、「次走注目馬としてストックする必要はない」とすぐに判断できる。

なお、このオールマキシマムは次走注目馬には該当しないが、コーナーロスがあった馬としてメモしておくのは良いだろう。

続いて、2Rを見ていく。前半コーナー（1・2コーナー）で内から3頭目以降、後半コーナー（3コーナー）で内から4頭以降の馬はいないのでスキップ。

3Rは、前半コーナー（1・2コーナー）で内から3頭目以降、後半コーナー（3コーナー）で内から4頭以降の馬はいないのでスキップ。

4Rは、前半コーナー（1・2コーナー）で内から3頭目以降、後半コーナー（3コーナー）で内から4頭以降の馬はいないのでスキップ。※いずれも前ページにコーナー通過順位

5Rの該当馬は、前半の2コーナーで内から3頭目以降に該当する⑭番・⑫番の2頭。

前半コーナーの場合は上がり3Fタイムを見ていく。⑫番サラサビーザベストは上がり3F10位、⑭番シェットランドは上がり3F6位となり、後者のみが次走注目馬の対象になる。

6Rの該当馬は、後半の3コーナーで内から4頭目以降の⑬番1頭。

2022年10月30日・東京５Ｒのコーナー通過順位	
2コーナー	1(9,13)(5,10,14)(4,**8**)11,6(2,7,12)3
3コーナー	1,9(5,13,14)(4,10)(6,**8**)(2,11)(3,7)12
4コーナー	1(9,13,14)5(4,10,**8**)(2,6)11(3,7,12)

着順	馬番	馬名	コーナー別ロス			上がり3F	1着馬との
			1コーナー	2コーナー	3コーナー	順位	タイム差
1着	8	エメリヨン		2頭目	2頭目	2位	0.0
2着	6	ココクレーター		1頭目	1頭目	1位	0.0
3着	4	セイウンパシュート		1頭目	1頭目	4位	0.1
4着	11	プレサージオ		1頭目	2頭目	2位	0.3
5着	14	シェットランド		**3頭目**	3頭目	6位	0.4
6着	5	ノルドヴェスト		1頭目	1頭目	6位	0.5
7着	2	オーヴァルブルーム		1頭目	1頭目	5位	0.6
8着	10	スタニング		2頭目	2頭目	8位	0.9
9着	1	アルファホール		1頭目	1頭目	12位	1.2
10着	7	シンボリタイプ		2頭目	2頭目	8位	1.4
11着	13	グレイトインディ		2頭目	2頭目	12位	1.5
12着	3	ロイヤルワラント		1頭目	1頭目	10位	1.6
13着	12	サラサビーザベスト		**3頭目**	1頭目	10位	1.7
14着	9	ウィッチハット		1頭目	1頭目	14位	4.5

2022年10月30日・東京６Ｒのコーナー通過順位	
3コーナー	(*3,10)(1,6,15)(**2**,14,16)(5,7)(4,9,11,13)12,8
4コーナー	(*3,10,15)(1,6,16)(**2**,14)(5,11,7)(4,9,13)12,8

着順	馬番	馬名	コーナー別ロス			上がり3F	1着馬との
			1コーナー	2コーナー	3コーナー	順位	タイム差
1着	2	エターナルタイム			1頭目	1位	0.0
2着	3	サイルーン			1頭目	6位	0.2
3着	1	ヴルカーノ			1頭目	2位	0.2
4着	7	ダイバリオン			2頭目	2位	0.5
5着	14	ヴェールアンレーヴ			2頭目	7位	0.6
6着	11	コスモノート			3頭目	2位	0.6
7着	16	セキテイオー			3頭目	10位	0.6
8着	4	エンブレムコード			1頭目	2位	0.7
9着	10	リュクスフレンド			2頭目	13位	0.8
10着	15	ニシノタマユラ			3頭目	13位	0.9
11着	6	ヒドゥンキング			2頭目	11位	0.9
12着	13	モメントグスタール			**4頭目**	7位	1.0
13着	12	ローブエリタージュ			1頭目	7位	1.1
14着	5	クオンタム			1頭目	16位	1.4
15着	9	ニシノメグレス			2頭目	13位	1.5
16着	8	ガトーフレーズ			1頭目	11位	1.6

⑬番モメントグスタールは1着馬とのタイム差が1・0～2・9秒の範囲内なので、注目馬に該当。したがって、同馬を次走注目馬としてストックする。

なお、上位3頭は馬番が①～③番かつ3コーナーでロスがなかった馬たちだった。内を回した馬が恵まれたレースだったと推察できるので、このレースで外を回した馬は次走以降に注目できる。

7Rは、前半コーナー（1・2コーナー）で内から3頭目以降、後半コーナー（3コーナー）で内から4頭以降の馬はいないのでスキップ。

8R本栖湖特別の該当馬は、前半の1コーナーで内から3頭目以降に該当する⑪番1頭。⑪番ボーンディスウェイは、上がり3F順位7位なので次走注目馬となる。

9Rレジェンドトレーナー C は、前半コーナー（1・2コーナー）で内から3頭目以降、後半コーナー（3コーナー）で内から4頭以降の馬はいないのでスキップ。

10Rペルセウス S は、前半コーナー（1・2コーナー）で内から3頭目以降、後半コーナー（3コーナー）で内から4頭以降の馬はいないのでスキップ。

11R天皇賞（秋）は、前半コーナー（1・2コーナー）で内から3頭目以降、後半コーナー（3コーナー）で内から4頭以降の馬はいないのでスキップ。

12R秋嶺 S は、前半コーナー（1・2コーナー）で内から3頭目以降、後半コーナー（3コーナー）で内から4頭以降の馬はいないのでスキップ。

※いずれもP70にコーナー通過順位

2022年10月30日・東京７Ｒのコーナー通過順位	
3コーナー	3,10,5(1,8)(6,2,7)**4**-9
4コーナー	3,10,5(1,8)(2,7)(6,**4**)9

2022年10月30日・東京８Ｒのコーナー通過順位	
1コーナー	2-10-(1,3)(**5**,6,11)(9,7)8,4
2コーナー	2=10(1,3)(**5**,6)(9,11)7(8,4)
3コーナー	2=(1,10)3(**5**,6)(9,11)(8,7,4)
4コーナー	2(1,10)(**5**,3)6(9,11)(7,4)8

着順	馬番	馬名	コーナー別ロス			上がり3F	1着馬との
			1コーナー	2コーナー	3コーナー	順位	タイム差
1着	5	シルブロン	1頭目	1頭目	1頭目	1位	0.0
2着	1	エイカイマッケンロ	1頭目	1頭目	1頭目	7位	0.0
3着	3	シーグラス	2頭目	2頭目	1頭目	3位	0.2
4着	9	エクセレントタイム	1頭目	1頭目	1頭目	2位	0.3
5着	6	キャルレイ	2頭目	2頭目	2頭目	3位	0.4
6着	11	ボーンディスウェイ	**3頭目**	2頭目	2頭目	7位	0.6
7着	4	ポッドヴァイン	1頭目	2頭目	3頭目	3位	0.8
8着	8	エンドロール	1頭目	1頭目	1頭目	3位	0.9
9着	7	ジャスティンヴェル	2頭目	1頭目	1頭目	9位	1.2
10着	2	インディゴブラック	1頭目	1頭目	1頭目	10位	1.4
11着	10	レベランス	1頭目	1頭目	2頭目	11位	1.6

2022年10月30日・東京９Ｒのコーナー通過順位	
3コーナー	2,1,13(3,11)-(4,7)(9,**12**)(5,8)(6,10)
4コーナー	(*2,1)13(3,11)(4,7)(9,**12**)(6,5,8)10

2022年10月30日・東京10Ｒのコーナー通過順位	
3コーナー	(1,*3)6(8,10,**13**)16(2,9)14,11,12(4,5)-15,7
4コーナー	(1,*3)6(8,**13**)(10,16)(2,9)(11,14)(4,5)-(15,12)-7

2022年10月30日・東京11Ｒのコーナー通過順位	
2コーナー	3(10,12)(1,9)(6,8)(2,13)**7**,5,4-11-14-15
3コーナー	3=12-10,9(1,8)(2,6,13**7**(4,5)(11,14)15
4コーナー	3=12(10,9)(8,13)(1,6)(2,**7**)(4,5,14)(11,15)

2022年10月30日・東京12Ｒのコーナー通過順位	
3コーナー	(*6,14)15,13(10,**12**)9(1,16)(2,3,11)(4,8)(5,7)
4コーナー	6(14,15)13(10,**12**)(9,1,3,11)(4,16)(2,8)(5,7)

表10■2022年10月30日・東京開催のコーナーロスチェック総括

東京01R：大きなコーナーロスあり（メモのみ）
東京02R：スキップ
東京03R：スキップ
東京04R：スキップ
東京05R：大きなコーナーロスあり（次走注目馬発掘）
東京06R：大きなコーナーロスあり（次走注目馬発掘）
東京07R：スキップ
東京08R：大きなコーナーロスあり（次走注目馬発掘）
東京09R：スキップ
東京10R：スキップ
東京11R：スキップ
東京12R：スキップ

応用的な内容も含めたので少し複雑に感じた方もいるかもしれないが、12レースのうち8レースは、コーナーロスの大きい馬がいなかったためにスキップとなった（右下の表10）。同様に、同日の阪神競馬場ではコーナーロスの大きい馬がいたのは0レース、新潟競馬場では3レースだったように、コーナーロスのチェックは、おそらくみなさんが考えているほど大変なものではない。

さらに、コーナーロスの大きな馬でも、注目馬には明らかに該当しないことがわかるケースも大半で、実際に細かく確認していく必要があるのは毎週数レースのみとなる。

このようにして、毎週数レースのなかから選出される数頭こそが、競馬で勝つための大きな武器となるのだ。

以上が、コーナーロスの大きな馬を次走注目馬としてストックしていく流れになる。あとはストックしている馬たちが出走するのを楽しみに待つのみである。

第3章

コーナーロス馬の精度を高める方法

「内回し上位独占レース」を見つけよう

本章では、コーナーロスを使って選出する馬の精度（的中率・回収率）をさらに高めていく方法を紹介していく。

どんな状況であれ、コーナーロスがあった馬には走破タイムの損失という絶対的な事実がある。

しかし、外を回した馬により大きな負荷が掛かったレースを厳選することで、さらに収支を向上させることが可能。そこを目指していきたい。

外を回した馬の負荷を左右する要素は「コース形態」「ペース」「トラック（芝・ダート）」「風」など複数のものが存在する。それぞれの要素は複雑に関係し合っているため、一概に「こうだから、こうなる！」と断言することは難しい。

したがって、ひとつひとつを詳細に分析していくよりも、結果論ベースで分析したほうが簡単で、そのうえ正確である。

上位入線馬に内を回した馬が多ければ多かったときほど、内を回した馬が恵まれており、外を回した馬には大きな負荷が掛かっていた可能性が高くなる。

要するに、「内回し上位独占レースを見つけよう」ということだ。

また、**上位人気馬が外を回して凡走し、人気薄の馬が内を回して好走**していれば、なおのこと良い。

というのも、上位入線馬に外を回した馬が多かったとしても、外を回した馬の負荷が少なかったと判断するのはやや早計だからだ。

上位人気馬であれば、レベルの違いで上位入線を果たした可能性があり、決して外を回した馬の負荷が少なかったとは限らない。

まとめると、外を回した馬の負荷が大きなレースとは次のようになる。

①上位入線馬に各コーナーで内を回した馬が多数
②人気薄の馬が内を回して激走
③上位人気馬が外を回して凡走

すべて揃えば文句なしだが、3つのうち2つ該当するだけでもじゅうぶんだ。

実際に2022年9月4日・小倉6Rを例に見ていこう。

このレースは、⑬番シャンバラが、後半の3コーナーで内から4頭目を回して、1着とのタイム差が1・7秒となるので次走注目馬に該当する。

レースの内訳を見ていくと、上位入線した5頭すべてが各コーナーで内から1頭目を回しており、まさに〝内回し上位独占レース〟だった。

また、1番人気の⑬番シャンバラ、3番人気の③番ドンシャークは外を回して惨敗。さらに、⑤番グローレジェンド、⑧番ミステリーボックス、②番ウインヴェルデの3頭が、人気薄ながら内を回して好

2022年９月４日・小倉６Ｒ（３歳未勝利、ダ1700m）

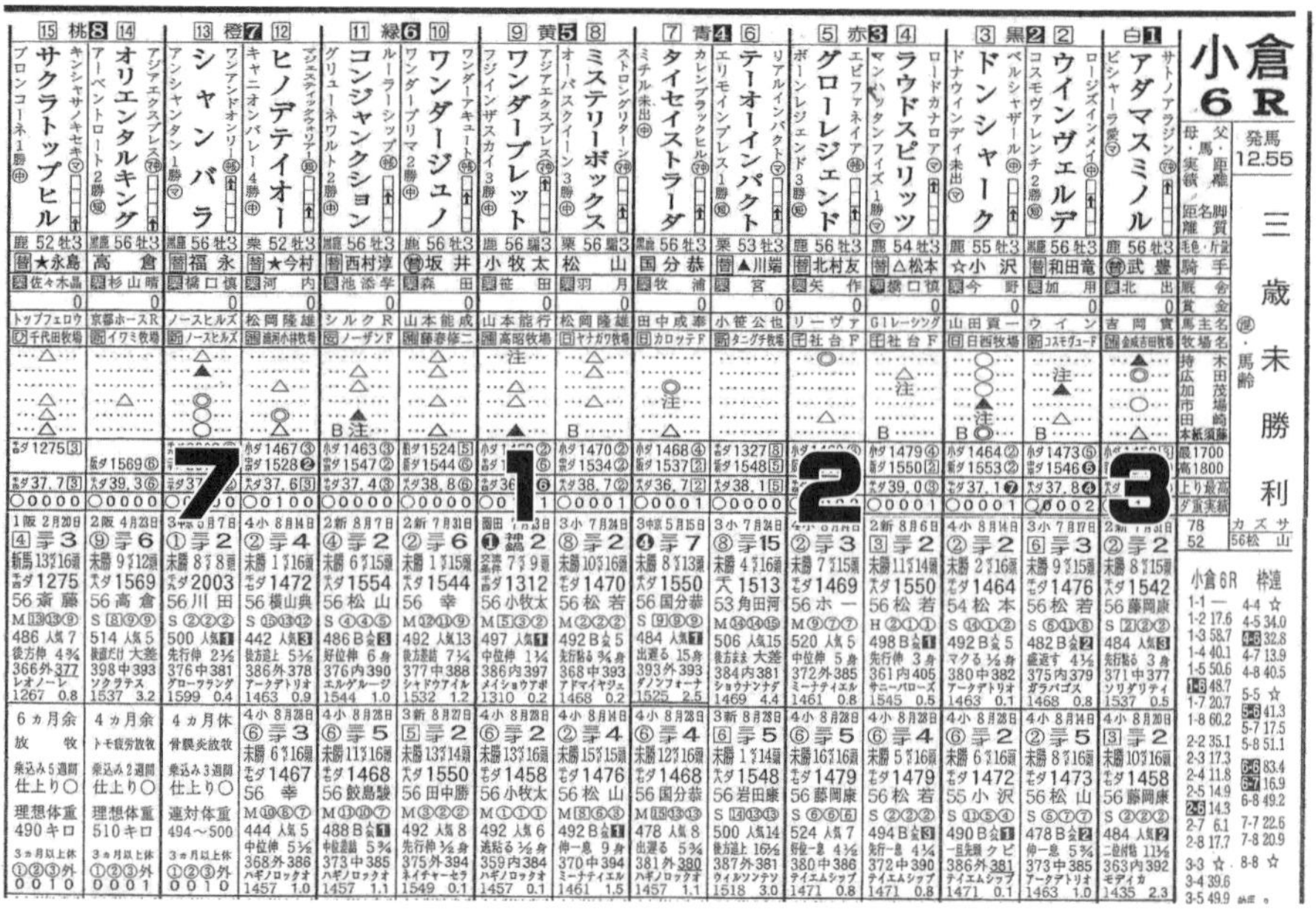

着順	馬番	馬名	コーナー別ロス			上がり3F順位	1着馬とのタイム差	人気
			1コーナー	2コーナー	3コーナー			
1着	9	ワンダーブレット	2頭目	1頭目	2頭目	2位	0.0	2
2着	5	グローレジェンド	1頭目	1頭目	1頭目	1位	0.8	13
3着	1	アダマスミノル	1頭目	1頭目	1頭目	4位	0.9	5
4着	8	ミステリーボックス	1頭目	1頭目	1頭目	8位	1.0	10
5着	2	ウインヴェルデ	1頭目	1頭目	1頭目	4位	1.1	9
6着	11	コンジャンクション	1頭目	1頭目	2頭目	7位	1.1	8
7着	13	シャンバラ	2頭目	2頭目	**4頭目**	10位	1.7	1
8着	14	オリエンタルキング	2頭目	1頭目	2頭目	9位	1.7	14
9着	10	ワンダージュノ	2頭目	2頭目	3頭目	11位	1.8	11
10着	7	タイセイストラーダ	1頭目	1頭目	1頭目	4位	1.8	7
11着	3	ドンシャーク	2頭目	2頭目	1頭目	11位	2.0	3
12着	6	テーオーインパクト	1頭目	1頭目	1頭目	3位	2.1	15
13着	12	ヒノデテイオー	2頭目	2頭目	2頭目	13位	2.4	4
14着	15	サクラトップヒル	1頭目	1頭目	3頭目	14位	3.3	6
15着	4	ラウドスピリッツ	1頭目	1頭目	2頭目	15位	4.5	12

走している。

つまり、外を回した馬に対する負荷が大きかったレースだったと判断できるので、⑬番シャンバラはストック馬のなかでも〝特注馬〟として取り扱うべき。実際に、同馬は本レースでは1着とは1・7秒差と大きく負けているが、次走では事もなげに快勝している。

なお、同一トラック（芝またはダート）において、一日を通して内を回した馬が上位に来ている傾向が強い場合は、その日は終日の傾向として内を回した馬が恵まれていた可能性が高いと考えられる。

一日単位でレースを振り返っていくと、「今日は内を回した馬が恵まれたな」「外を回した馬もけっこう来ていたな」といったことが感覚的にわかってくるようになるだろう。そういう意味でも、復習型の競馬予想に切り替える価値は大きいのだ。

外回しロスの連続で勝った馬は昇級しても要注意！

コーナーで外を回した馬のなかでも、「単一のコーナーのみで外を回した馬」と「最初から最後まで一貫して外を回し続けた馬」がいたとしよう。当然ながら、より注目すべきは後者ということになる。

第2章で例に挙げた2022年6月11日・東京11RジューンSの勝ち馬ヴェラアズールは、2コーナーで大きなロス、1・3コーナーでも外を回し続けた〝終始外回し馬〟だった。一貫して外を回しながら余裕を持って勝利した内容は、3勝クラスではレベルが違うことの証明になる。

2022年6月11日・東京11Rジューンステークス(3勝クラス、芝2400mハンデ)

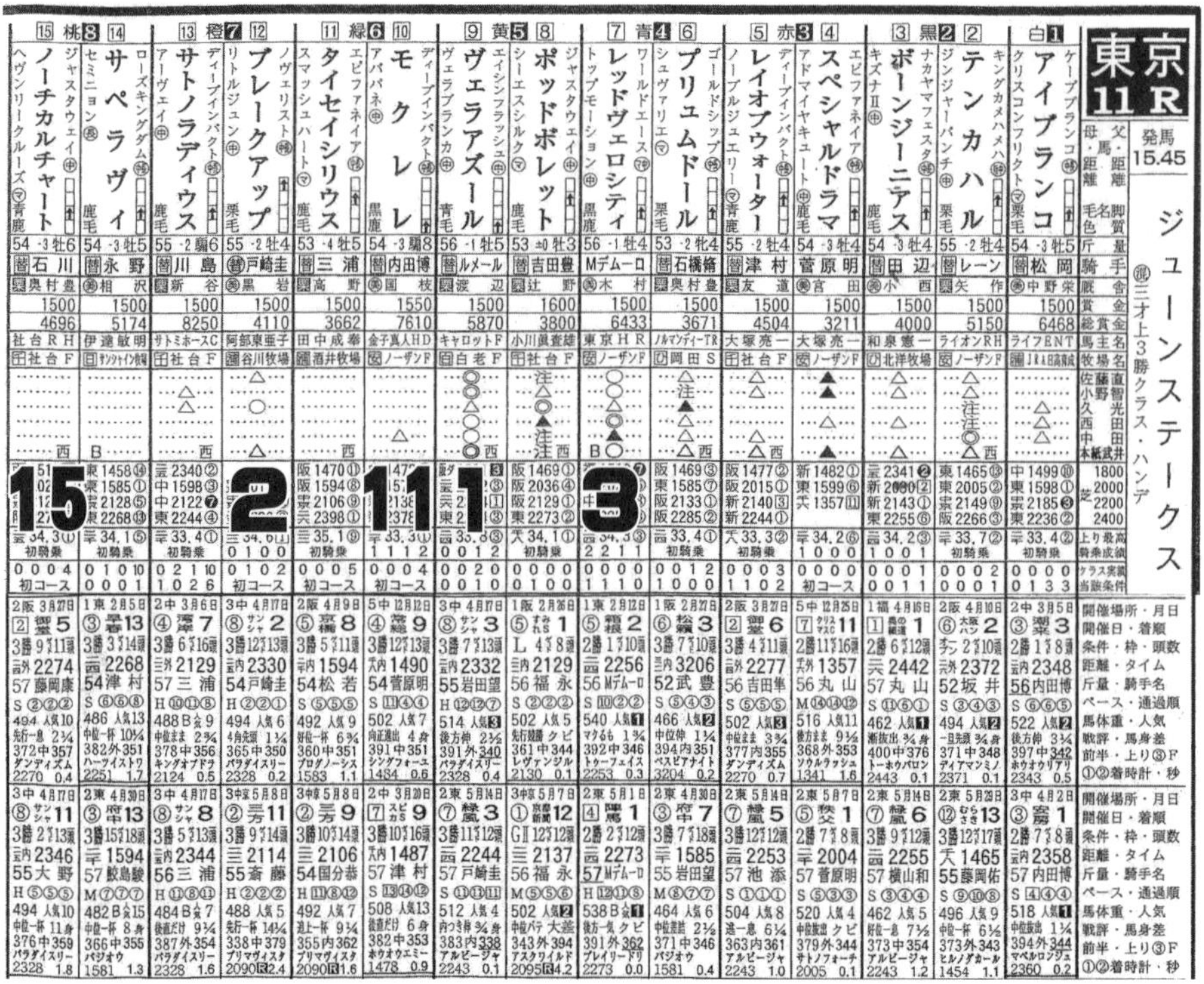

東京11R 発馬15.45 ジューンステークス ㊐三才上3勝クラス・ハンデ

馬番	馬名	父	母	斤量・性齢	騎手	厩舎
1	アイブランコ	ケープブランコ	クリスコンフリクト	54 -3 牡5	松岡	中野栄
2	テンカハル	キングカメハメハ	ジンジャー・パンチ	55 -2 牡4	レーン	矢作
3	ボーンジーニアス	エピファネイア	キズナII	54 -3 牡4	田辺	小西
4	スペシャルドラマ	ディープインパクト	アドマイヤキュート	54 -3 牡4	菅原明	宮田
5	レイオブウォーター	ディープインパクト	ノーブルジュエリー	55 -2 牡4	津村	友道
6	プリュムドール	ゴールドシップ	シュヴァリエ	53 -2 牝4	石橋脩	奥村豊
7	レッドヴェロシティ	ワールドエース	トップモーション	56 -1 牡4	Mデムーロ	木村
8	ポッドボレット	ジャスタウェイ	シーエスシルク	53 ±0 牡3	吉田豊	辻野
9	ヴェラアズール	エイシンフラッシュ	ヴェラブランカ	56 -1 牡5	ルメール	渡辺
10	モクレレ	ディープインパクト	アバーブネ	54 -3 騸8	内田博	国枝
11	タイセイシリウス	エピファネイア	スマッシュハート	53 -4 牡5	三浦	高野
12	ブレークアップ	ノヴェリスト	リトルジュン	55 -2 牡4	戸崎圭	黒岩
13	サトノラディウス	ディープインパクト	アーヴェイ	55 -2 騸6	川島	新谷
14	サペラヴィ	ローズキングダム	セミニョン	54 -3 牡5	永野	相沢
15	ノーチカルチャート	ジャスタウェイ	ヘヴンリークルーズ	54 -3 牡6	石川	奥村豊

着順	馬番	馬名	コーナー別ロス			上がり3F順位	1着馬とのタイム差
			1コーナー	2コーナー	3コーナー		
1着	9	ヴェラアズール	2頭目	**3頭目**	2頭目	1位	0.0
2着	12	ブレークアップ	1頭目	1頭目	1頭目	4位	0.3
3着	7	レッドヴェロシティ	1頭目	1頭目	**4頭目**	2位	0.5
4着	6	プリュムドール	1頭目	1頭目	1頭目	6位	0.8
5着	3	ボーンジーニアス	1頭目	1頭目	1頭目	3位	0.9
6着	14	サペラヴィ	2頭目	1頭目	2頭目	8位	0.9
7着	11	タイセイシリウス	1頭目	1頭目	1頭目	9位	1.0
8着	1	アイブランコ	1頭目	1頭目	2頭目	5位	1.1
9着	2	テンカハル	1頭目	1頭目	1頭目	7位	1.2
10着	8	ポッドボレット	1頭目	1頭目	1頭目	10位	1.5
11着	10	モクレレ	**3頭目**	2頭目	2頭目	13位	1.5
12着	13	サトノラディウス	2頭目	2頭目	3頭目	10位	1.6
13着	4	スペシャルドラマ	1頭目	2頭目	1頭目	10位	1.8
14着	5	レイオブウォーター	2頭目	2頭目	3頭目	15位	2.1
15着	15	ノーチカルチャート	**3頭目**	2頭目	3頭目	14位	2.8

なお、ヴェラアズールは3勝クラスを勝ち上がったばかりの身でありながら、次走はGⅡの京都大賞典を選択。「いきなり重賞では荷が重いのでは？」と訝《いぶか》しむ人もいたが、同馬は難なく快勝してみせた。

ここにも儲けるチャンス！危険な人気馬をストックせよ

期待値が高い馬を狙うことの重要性を再三述べてきているが、まず期待値とは相対的なものであることを念頭に置くようにしたい。

コーナーロスが大きい馬を狙い続ければマクロ視点（長期間単位）では回収率100％以上を記録しているが、ミクロ視点（1レース単位）では必ずしも回収率が100％を超えるとは限らない。

例えば、上位人気馬が信頼できるレースでは期待値も低下する。序章で触れた通り、パリミチュエル方式が採用されている日本の競馬では的中者で配当を分け合うかたちになるため、的中者が少ないとき＝上位人気馬が負けたときこそが大きく儲けるチャンスとなる。

つまり、上位人気馬が信頼できないレースこそが狙い目になるのだ。

そうなると、「どうやって上位人気馬の信頼度を確認すればいいのか？」といった疑問が生まれてくるが、ここでも「コーナーロス」の理論がおおいに活躍する。

コーナーロスに起因して負けた馬が次走で巻き返す。それはすなわち、裏を返せば**コーナーロスなく勝利した馬は次走で危険な人気馬になりやすい**ということでもある。したがって、コーナーロスは上位人気馬の信頼度判定にも役立てることができるのだ。

では、実際にどれほどの精度で信頼度を判別できるのか。下の表1では単勝1～3番人気に支持された馬のコーナー位置別成績を掲載している。

このようにコーナーロスがあった馬とコーナーロスがなかった馬とでは、その成績に大きな差異が生じている。

次走注目できるストック馬は「注」、とくに注目できる場合は「特」、押さえておきたい馬は「押」、危険な人気馬は「危」といった自分なりのマークをつけてストックしていくとわかりやすいだろう。

そうしておくことにより、自身のストックのなかから「危険な人気馬」と「注目馬」が同時に出走するレースがあれば、迷うことなく「勝負する！」といった選択ができるようになる。

逆に上位人気馬が信頼できる場合は、「注目馬との組み合わせ馬券を買う」といった工夫をするのもいいだろう。

狙い馬が次走で凡走しても見限れない3つのパターン

表1■今走1～3人気馬の前走コーナーロス位置別成績

前半コーナー	勝率	連対率	複勝率	単回値	複回値	総データ数
内から3頭目～	24.9%	44.3%	57.7%	92	92	1983
内から2頭目	22.7%	41.7%	56.3%	80	86	9246
内から1頭目	21.4%	38.5%	52.7%	76	81	22183

後半コーナー	勝率	連対率	複勝率	単回値	複回値	総データ数
内から4頭目～	21.9%	42.7%	57.0%	84	90	679
内から3頭目	21.9%	41.0%	54.6%	79	86	4864
内から2頭目	22.5%	40.5%	54.5%	82	85	18280
内から1頭目	21.3%	38.2%	51.7%	77	81	44096

（集計期間：いずれも2015～2022年　前走と今走が同トラックに限定・障害レースを除く）

本書ではおもにコーナーロスがあった馬の「次走」に注目していくことを主眼に置いているが、次走で走らなかったからといって、すぐにストックから外す必要はない。

一度でも強い競馬を見せた馬は、その後に敗北が続いたとしても、明確な敗戦理由がある場合は狙い続けるべき。なかでもとくに大きな条件変化があった馬は、絶対に残しておく必要がある。

具体的に、次走で負けたとしてもストックに残しておきたい3つのパターンを紹介していこう。

①トラック変化による敗北

前々走：中山芝2000mで大きなコーナーロスがあり凡走→注目馬ストックに追加

前走：中山ダ1800mで凡走

今走：中山芝2000mに出走

このようなトラック変化（芝→ダート、ダート→芝）があった場合は、凡走したとしてもストックに残しておくことをオススメする。

②距離変化による敗北

前々走：中山芝1200mで大きなコーナーロスがあり凡走→注目馬ストックに追加

前走：中山芝1600mで凡走

今走：中山芝1200mに出走

このような大きな距離変化があった場合は、凡走したとしてもストックとして残しておくべき。具体的には400m以上の距離変化をひとつの目安にしていただきたい。

③競馬場変化による敗北
前々走：中山芝1600mで大きなコーナーロスがあり凡走→注目馬ストックに追加
前走：東京芝1600mで凡走
今走：中山芝1600mに出走

このような競馬場変化があった場合は、凡走したとしてもストックとして残しておこう。とくに関東馬だと「東京・新潟」⇕「中山・福島」替わり、関西馬だと「阪神・中京」⇕「小倉・京都」替わりは凡走したとしてもストックから外すべきではない（※京都に関しては2023年の新装オープンで傾向が変化する可能性あり）。

そのほかにも、**明確な不利を受けた馬や休み明けで明らかに調子が悪かった馬**などは参考外なのでストックに残しておく。

むしろ、一度敗戦を挟んだほうがさらに人気も下がるので期待値は高くなる。一発回答ですぐに儲けるのもいいが、何戦か敗戦を挟んで人気が下がったときにドカンと儲けるのもじつに痛快。1頭の馬を追いかけ続けられるのも復習型の競馬予想の利点といえる。

なお、前述した危険な人気馬探しにも、復習型の競馬予想が役に立つ。

前々走：中山芝1600mでコーナーロスがなく好走→危険な人気馬ストックに追加
前走：中山芝1600mでコーナーロスがなく好走
今走：中山芝1600mに出走

危険な人気馬ストックに入れた馬が、仮に次走好走してしまったとしても、再度ロスがなく回ってきたのであれば、そのままストックに残しておこう。今度はさらに人気を集めて負けてくれるはずだ。

レースVTRの確認～ロスの状況を〝見る〟ことで精度アップ

第1章で述べたように、レースVTRを見ることにはデメリットもあるのだが、ここでは簡単にできて、なおかつ有効的なレースVTRの確認方法を紹介したい。

レースVTRで確認していくのは、コーナー通過順を確認して大きなロスがあった馬のみでOK。その際にチェックするのはおもに次の3つだ。

①内ラチから何頭目を走っているか

例えば、先団のコーナー通過順が（4、14）（15、13、17）となっていた場合、次のような隊列が予

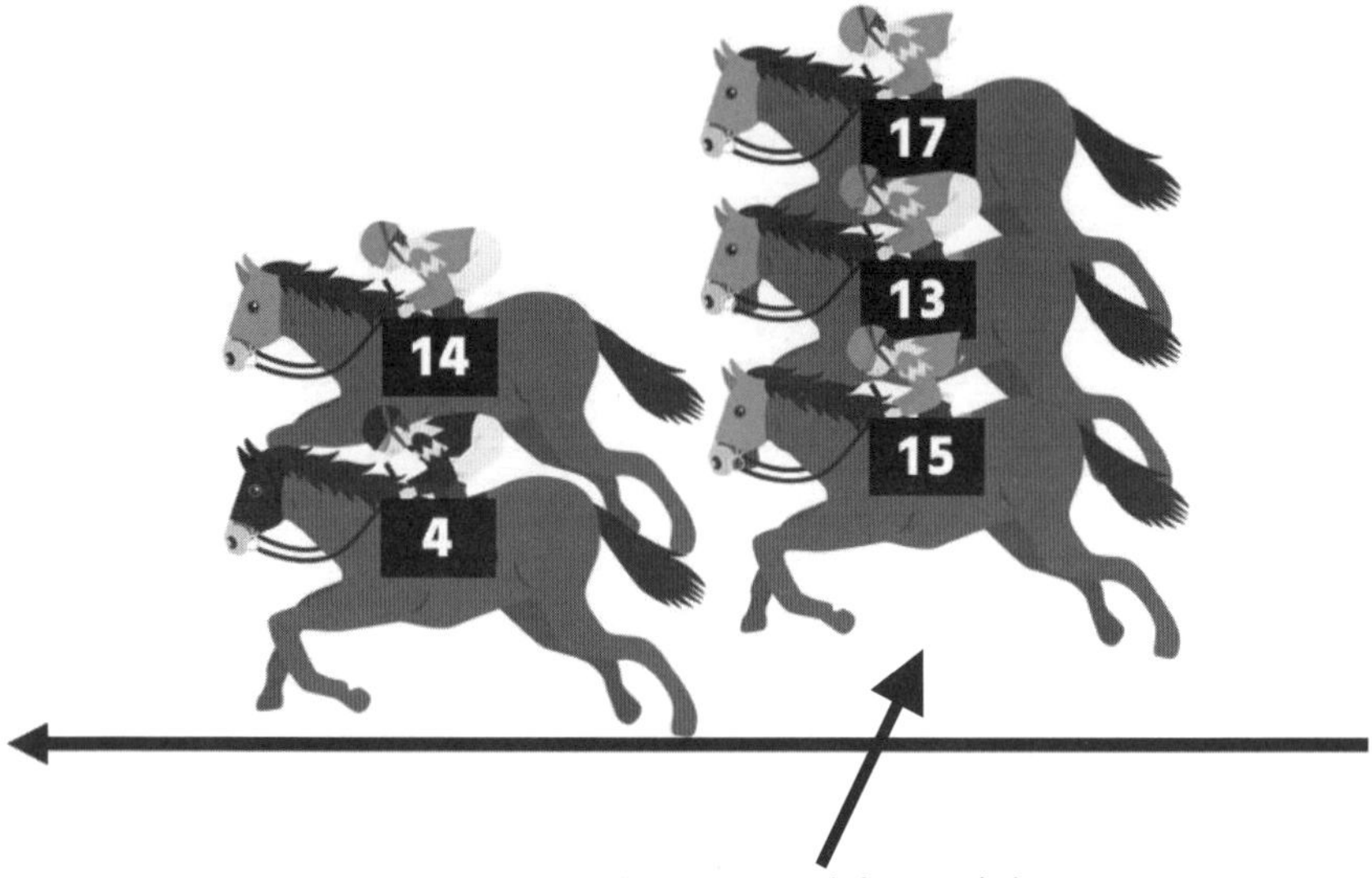

1頭分のスペースをあけて追走

測できる（右上のイラスト）。しかし、実際には（　）内の最内の馬が内ラチ沿いを走っているとは限らず、下のイラストのように内ラチから1頭分のスペースをあけて追走している可能性もある。

より大きなコーナーロスがあったのは、いうまでもなく後者のケースだ。コーナー通過順からは「馬群の内から何頭目を走った」ということがわかっても、内ラチから何頭目を走っていたかまでは判断できないので、その点をレースVTRで確認することでさらに精度が向上する。

②騎手が追っているかどうか

次に確認したいのが、コーナーロスがあった地点で騎手が追っているかどうかだ。

もし追っていたのであれば競走馬に対する負荷は絶大。理由は第2章で話した通りで、加速時に乳酸が大量発生し、疲労が一気に蓄積するからだ。新人騎手などでよく見かける光景なので、発見した場合は次走で騎手が乗り替わっているかどうかも確認したほうがいいだろう。

③スタートで出遅れたかどうか

最後に、スタートで出遅れたかどうかを確認していただきたい。

表2■前走前半コーナーで内から3頭目以降を走った馬×前走出遅れ

勝率	連対率	複勝率	単回値	複回値	総データ数
7.8%	15.8%	22.2%	131	83	729

表3■前走前半コーナーで内から4頭目以降を走った馬×前走出遅れ

勝率	連対率	複勝率	単回値	複回値	総データ数
6.5%	14.5%	21.3%	204	119	324

（集計期間：いずれも2015～2022年　前走と今走が同トラックに限定・障害レースを除く）

出遅れたうえにコーナーロスがあった馬は、非常に大きな負荷が掛かっており、次走で穴をあけることが往々にしてある。実際に、出遅れた馬はベタ買いでも大幅なプラス回収率を示しているほどだ（前ページの表2、3）。

なお、出遅れの程度については問わないので、それが半馬身ほどであったとしても出遅れとしてカウントしていい。

馬券の買い方・川田の流儀①〜馬連もしくは枠連の〝総流し馬券〟

本書では、これまで馬券の買い方に関しては言及してこなかった。なぜなら、私自身が馬券の買い方をあまり重要視する必要がないと考えているからだ。

そういってしまうと誤解を招くかもしれない。でも、実際のところ**「ファクターの精度＞＞＞馬券の買い方」**と認識している。

馬券の買い方を考えている暇があれば、「ファクターの精度を高める努力をすべきだ」というのが私の持論。自分なりのルールで選出する馬の単複回収率が１００％を超えていれば、馬券の買い方など気にする必要はまったくない。

確かに「単勝で狙ったほうがいい馬」や「複勝で狙ったほうがいい馬」などは存在する。そして、買い方の工夫で成績が向上することも理解している。しかし、それはあくまでもファクターの精度が高いという前提ありきの話になる。

馬券の買い方についてあれこれ考えるくらいなら、その時間を地道にコーナーロスがあった馬をストックしていく作業に充てるべき。そのほうが、よりいっそうの馬券収支の向上につながるだろう。

ひとつだけ、工夫といえるようなものではないが、私には周りの友人から「変わっているね」と言われる馬券の買い方がある。

それは、馬連もしくは枠連の〝総流し馬券〟を頻繁に購入することだ。

基本は馬連の総流しだが、枠連のほうがオッズ的に期待できる場合は、枠連を買っている。そして、どの買い目が的中しても払戻額が均等になるように設定していることもポイントだ。

あるレースで⑥番の馬を軸に総流しをした場合の例（購入金額の割り振り）をまとめたので、参考にしていただきたい（次ページの表4）。

ただし、購入すべき馬が絞れている場合は、馬連やワイドの1点買いを採用することもある。

「なぜ、こんな買い方をするのか？」というと、**単勝の保険**として買っているからだ。

一般的には、単勝の保険として複勝の馬券を買う人が多いと思う。しかし、1着になる可能性が高いと判断している馬が3着になった場合、それは自分の予想精度が低かったと考えている。「せめて2着には来るだろう」ということで、保険として馬連（もしくは枠連）の総流し馬券を購入するのだ。

日本の競馬には1着の馬を当てる馬券が「単勝」、3着以内の馬を当てる馬券が「複勝」ということで、2着以内の単一馬を当てる馬券がない。そのため、若干の手間はかかるが、総流し馬券を活用している。

表4■⑥番からの馬連総流し例

券種	買い目	オッズ	購入金額	的中時払戻
馬連	①－⑥	1503.8倍	100円	150,380円
馬連	②－⑥	267.2倍	600円	160,320円
馬連	③－⑥	191.2倍	800円	152,960円
馬連	④－⑥	79.9倍	1,900円	151,810円
馬連	⑤－⑥	13.3倍	10,900円	144,970円
馬連	⑥－⑦	104.3倍	1,400円	146,020円
馬連	⑥－⑧	45.3倍	3,200円	144,960円
馬連	⑥－⑨	13.8倍	10,500円	144,900円
馬連	⑥－⑩	254.2倍	600円	152,520円

↓

■同・買い目を１点削ったケース

券種	買い目	オッズ	購入金額	的中時払戻
馬連	①－⑥	1503.8倍		
馬連	②－⑥	267.2倍	600円	160,320円
馬連	③－⑥	191.2倍	800円	152,960円
馬連	④－⑥	79.9倍	1,900円	151,810円
馬連	⑤－⑥	13.3倍	10,900円	144,970円
馬連	⑥－⑦	104.3倍	1,400円	146,020円
馬連	⑥－⑧	45.3倍	3,200円	144,960円
馬連	⑥－⑨	13.8倍	10,600円	146,280円
馬連	⑥－⑩	254.2倍	600円	152,520円

↓

■同・買い目を３点削ったケース

券種	買い目	オッズ	購入金額	的中時払戻
馬連	①－⑥	1503.8倍		
馬連	②－⑥	267.2倍		
馬連	③－⑥	191.2倍	800円	152,960円
馬連	④－⑥	79.9倍	1,900円	151,810円
馬連	⑤－⑥	13.3倍	11,400円	151,620円
馬連	⑥－⑦	104.3倍	1,500円	156,450円
馬連	⑥－⑧	45.3倍	3,400円	154,020円
馬連	⑥－⑨	13.8倍	11,000円	151,800円
馬連	⑥－⑩	254.2倍		

また、穴馬などで「勝つ可能性は低いけれども2着はある」というケースであれば、馬連（もしくは枠連）総流しに加えて、保険として複勝の馬券を購入することもある。

同様の買い方をしている人はなかなかいないが、1着の馬券の保険として2着の馬券を、2着の馬券の保険として3着の馬券を……と考えるのは自然なことだろう。

なお、総流しとなると単勝100倍を超えるような馬もいるので、「馬券圏内に来る可能性が低そうな場合は切ってしまってもいいのでは?」と思う方も多いだろう。

しかし、そういった馬との組み合わせは間違いなく配当が100倍以上つくので、馬券から外したところでほかの馬券の回収率はわずかしか向上しない。右ページの表をご覧になればわかるように、先ほどの買い目から1点を削ったとしても、的中時の払戻額にほとんど変わりはないのだ。

もう少し買い目を削った場合は、若干回収金額が向上する。

ただし、このレースの的中買い目が「⑥－⑩」だったとすると、削った結果不的中になってしまうし、削ったところで回収金額もそこまで変わらない。

そうであれば、万が一に激走した場合に備えて、**すべての買い目を100円だけでも買っておいたほうがいいと考えている**。

これもファクターの精度に絶対的な自信を持っており、選出される馬の期待値が高いからこそ実践できる手法だ。

選出される馬の回収率が80％前後しかないのであれば、連勝馬券で相手馬を工夫しなければ利益を出すことはできないが、ファクターの精度が高ければ買い方が大雑把でも問題ないのである。

馬券の買い方・川田の流儀②～回収率より回収額に着目を

馬券が上手いかどうかを示す指標として年間回収率を気にする方が多いと思うが、回収率が100％を超えているのであれば、110％だろうが、150％だろうが、その数値の大きさは重要ではない。

むしろ、大切なのは回収率ではなく「回収額」だ。

例えば、年間回収率が150％ということは、すなわち回収率110％や120％の儲かる買い目を

投資額	的中率	オッズ	回収率
1,000円	5%	30.0倍	150%
1,000円	10%	14.0倍	140%
1,000円	20%	6.5倍	130%
1,000円	30%	4.0倍	120%
1,000円	40%	2.8倍	112%

投資額	的中率	オッズ	回収率	10連敗率	20連敗率
200円	5%	30.0倍	150%	**59.9%**	**35.8%**
600円	10%	14.0倍	140%	**34.9%**	12.2%
1,200円	20%	6.5倍	130%	10.7%	10.7%
1,400円	30%	4.0倍	120%	2.8%	1.2%
1,500円	40%	2.8倍	112%	0.6%	0.1%

投資額	的中率	回収率	100レース投資時		
			総購入額	総払戻額	回収額
200円	5%	150%	2万円	3.0万円	約1.0万円
600円	10%	140%	6万円	8.4万円	約2.4万円
1,200円	20%	130%	12万円	15.6万円	約3.6万円
1,400円	30%	120%	14万円	16.8万円	約2.8万円
1,500円	40%	112%	15万円	16.8万円	約1.8万円

排除していることになる（上の表）。利幅が少ないとしても、儲かる買い目は必ず購入しておくべきである。

また、一概にはいえないが、基本的に回収率の高い買い目になればなるほど、反比例して的中率は低下していく傾向にある。

そして、的中率が低下していけばいくほど、連敗確率が高まるため、それに備えて投資額を下げなければならない。

このように、的中率５〜10％の買い目は連敗確率が高いので投資額を下げる。逆に的中率が高い買い目は連敗確率が低いので投資額を増やす。

その結果、回収率１５０％の買い目よりも回収率１１２％の買い目のほうが回収額は高くなるのだ。

大切なことは**「年間を通して、どれだけお**

金を増やせたか」なので、回収率よりも回収額を重視していただきたい。

コーナーロス分析法が持つ優位性とは

ＡＩを活用した総合的な競馬予想が盛んな現代において、コーナーロスという単一のファクターで黒字収支化を目指せることは、冒頭から説明している〝レース結果への影響度が高い〟かつ〝世の中に浸透していない〟ファクターであることを証明している。

有益性が不確かなファクターを複数組み合わせている時間があるのなら、コーナーロスという確かなファクターに磨きをかけたほうが競馬で勝てる可能性は高い。母数が少なく根拠のないデータや、都合のいい部分だけを切り取ったデータに惑わされている場合ではないのだ。

昔から「手に職を持て」といわれるものだが、まさに競馬予想において誰よりも詳しいファクターを持っていることは、パリミチュエル方式の競馬において優位性を獲得することにつながる。

現状、コーナーロスに関して詳しい人は世の中にひと握りしかいないはず。本書を読み返しながら、毎週レース結果を確認して注目馬をストックしていく作業を続けていけば、自然とコーナーロスについて詳しくなっていく。

そして結果的に、馬券収支もどんどん向上していくだろう。

第4章

コーナーロス×美味しいファクター

コーナーロス×レースレベル

ここからは、コーナーロスと組み合わせることによって、大幅な成績の向上が期待できるファクターを紹介していこう。

真っ先に挙げられるファクターは、何といっても「レースレベル」だ。これまで本書ではレースレベルに関して詳しく触れてこなかったが、レベルが低いレースでコーナーロスがあった馬と、レベルが高いレースでコーナーロスがあった馬とでは、圧倒的に後者のほうが狙い目となる。

仮に大きなコーナーロスがあったとしても、そもそものレースレベル自体が低かったのであれば、次走で好走することまでは確約できない。

一方で、レースレベルをまったく考慮しなくてもベタ買いで単勝回収率100％超えの収支を目指せるのは、それほどまでにコーナーロス分析法が優れたファクターであることの証明でもある。

したがって、レースレベルまで考慮すれば、まさに鬼に金棒。いや、競馬になぞらえるのであれば〝駆け馬に鞭〟だろうか。いずれにしても、飛躍的に成績を向上させることが可能となる。

レースレベルを見抜く方法は、おもに次の3つ。

①走破時計を確認する

②出走馬の次走のレース成績を確認する

③出走馬の過去のレース成績を確認する

まず、「走破時計を確認する方法」に関しては、スピード指数を活用するのが最適だ。スピード指数では馬場差なども考慮されているため、走破時計をわかりやすく比較できる点でも指標としやすい。

ただし、コーナーロスが大きかった馬に関しては走破タイムを大きく損失しているため、注目馬としてストックする馬自身のスピード指数ではなく、そのレースの勝ち馬やレース全体としてのスピード指数の高さを確認すべきだろう。

スピード指数の算出方法について話し始めると、それだけで一冊の本になってしまうので今回は割愛する。すでに活用しているスピード指数がある方は参考にしてほしい。

続いて、「出走馬の次走のレース成績を確認す

■2022年6月18日・東京5R（2歳新馬、芝1400m）

着順	馬番	馬名	コーナー別ロス			次走成績
			1コーナー	2コーナー	3コーナー	
1着	15	ウンブライル			2頭目	**1着**
2着	3	タイセイサンダー			1頭目	**2着**
3着	14	ピンクジン			2頭目	**2着**
4着	13	マイショウチャン			3頭目	**2着**
5着	2	マイネルフォルツァ			1頭目	4着
6着	6	サスケ			1頭目	**3着**
7着	7	クローネウィルマ			1頭目	
8着	10	ランドオブラヴ			2頭目	15着
9着	12	ハンデンリリー			2頭目	**1着**
10着	9	ノイジーアプローチ			2頭目	**1着**
11着	16	トロピカルヒーロー			1頭目	6着
12着	8	シャノンフォールズ			2頭目	11着
13着	11	シルバープリペット			1頭目	6着
14着	1	グングニル			1頭目	11着
15着	4	クニ			1頭目	4着
16着	5	カーターテソーロ			1頭目	8着

東京 5R

発馬 12.35

メイクデビュー東京
㊋二才新馬・馬齢

芝 1400メートル（左回り）
D直線 525.9メートル

賞金	レコード
700万	1.20.8
280	19年11月
180	タイセイ
110	ビジョン
70	55ルメール

波乱含

	白1 [1]	白1 [2]	黒2 [3]	黒2 [4]	赤3 [5]	赤3 [6]	青4 [7]	青4 [8]	5 [9]
父・距離	ミッキーアイル㋮	ゴールドシップ㊗	エイシンフラッシュ㊥	リアルスティール㊗	アドマイヤムーン㊥	エピファネイア㊗	タリスマニック㊗	キンシャサノキセキ㋮	ドーンアプローチ㋮
馬名	グングニル	マイネルフォルツァ	タイセイサンダー	クニ	カーターテソーロ	サスケ	クローネウィルマ	シャノンフォールズ	㊇ノイジーアプローチ
母・馬・距離	ポリリズム㊥	ラッフォルツァアート㋮	ナパ㊥	ジョウノアドバンス㋮	パールプリンセス㋮	マラジニア㋮	クラウンアゲン㊍	シャルマンスタイル㋮	カタウォール㋮
毛色	栗毛	栗毛	黒鹿	鹿毛	鹿毛	青鹿	青鹿	鹿毛	鹿毛
斤量	54 牡2	54 牡2	54 牡2	51 牝2	54 牡2	54 牡2	54 牝2	54 牡2	54 牡2
騎手	宮崎	柴田大	Mデムーロ	▲原	木幡育	レーン	菅原明	石橋脩	戸崎圭
厩舎	㊧佐藤吉	㊧金成	㊧高橋裕	㊧小桧山	㊧田中剛	㊞西村	㊧萱野	㊧上原博	㊧手塚
馬主名	松谷翔太	ラフィアン	田中成奉	森恭彦	了徳寺健二HD	安原浩司	大樹ファーム	水上ふじ子	ゴドルフィン
牧場名	㋪乾皆雄	㊍ブルースターズF	㊞高村牧場	㊐ヴェルサイユF	㊐リョーケンF	㊞辻牧場	㊞ビクトリーHR	㊞笠松牧場	アイルランド
佐藤直	…	△	△	…	…	注	△	○	▲
小野智	…	…	△	…	…	注	…	…	△
久光	…	…	…	…	…	…	▲	○	注
西田	…	△	注	…	…	△	△	▲	○
中田	…	▲	△	…	…	○	…	…	△
本紙武井	…	…	△	…	…	注西	△	▲	△
兄弟	バチアー スプリットザナイト 1・26生 兄弟 バトルムーングロウ	グラスワンダー コスモベル 5・7生 兄弟 ヴェラフォルツァ	スペシャルウィーク ラヴ[illegible]イス [illegible]生 兄弟 コスモイグナーツ 2	ファルブラヴ ジョウノノーブル 3・3生 兄弟 ピアーステソーロ	アストロノマーロイヤル タンブーラー 4・18生 兄弟 オリオンテソーロ	ウイッパー クロアンダ 5・8生 兄弟 エイシンソプラノ	マンハッタンカフェ ブリリアントクラン 4・27生 初仔	タイキシャトル アビ 2・29生 兄弟 ケルティックソード	スト[illegible]ライ サン[illegible]ウン 5・16生 兄弟 レイヴンズコー 10
脚質	初戦△	初戦○	初戦○	初戦△	初戦△	初戦○	初戦○	初戦◎	初戦○
短評	直前は先着したがラスト13秒8と平凡。叩いて	もう一追い欲しいが追ってから渋太く侮れない	ムラな面を残すが、今週の動きは上々で要注意	乗込みの割に仕上るももう少し力強さが欲しい	2週続けて遅れる。時計も詰まらず良化スロー	仕上げの過程に不安を残すが、水準の能力あり	時計目立たぬが徐々に素軽さ増し動き良化示す	気配の良さが目立ちスピードも十分。初戦から	もう一絞り欲しいが今週の動きに良化見え警戒
セリ	JRA2歳 1100万円	——	北海セレ1歳 880万円	JRA2歳 660万円	——	——	——	——	——
馬体重	480キロ	460キロ	440キロ	440キロ	490キロ	440キロ	430キロ	490キロ	480キロ
最終情報	入着級	連なら	△連下	入着級	入着級	☆特注	△連下	▲単穴	△連下

●2022年６月18日・東京５R（２歳新馬、芝1400m・良）

1着⑮ウンブライル
（1番人気）
1：22.1
2着③タイセイサンダー
（6番人気）
1：22.7（3 1/2）
3着⑭ピンクジン
（11 番人気）
1：22.9（1 1/4）
・・・・・・・・・・・・・
10 着⑨ノイジーアプローチ
（4番人気）
1：23.9

単⑮ 210 円
複⑮ 130 円
③ 280 円
⑭ 980 円
馬連③－⑮ 1460 円
馬単⑮→③ 1850 円
3連複③⑭⑮ 20480 円
3連単⑮→③→⑭ 59680 円

桃8 16	桃8 15	橙7 14	橙7 13	緑6 12	緑6 11	黄 10
ビッグアーサー㊛	ロードカナロア㋮	ダノンバラード㊥	ディスクリートキャット㋮	ミッキーロケット㊕	レッドファルクス㋮	ミッキーアイル㋮
トロピカルヒーロー	ウンブライル	ピンクジン	マイショウチャン	ハンデンリリー	シルバープリペット	ランドオブラヴ
トロピカルガーデン㊛	ラルケット㊥	オーミチェリッシュ㊥	チュウワプリンセス㋮	アナザーガール㊛	アウグスタ㊥	ルックオブラヴ㊥
鹿毛	鹿毛	鹿毛	鹿毛	鹿毛	芦毛	鹿毛
54 牡2	54 牝2	52 牝2	54 牡2	54 牝2	54 牡2	54 牝2
江田照	ルメール	△永野	石川	木幡巧	杉原	松岡
㊮武藤	㊮木村	㊮南田	㊮相沢	㊮牧	㊮松山将	㊮蛯名正
田頭勇貴	サンデーR	ミルF	星野壽市	坂田行夫	ミルF	広尾レース
日奥山牧場	安ノーザンF	浦ミルF	日前野牧場	ひ静内F	ひ松田牧場	ひ木村秀則
……	◎	……	△	……	……	△
……	▲	△	◎	△	……	○
△	△	△	◎	……	……	△
△	◎	……	……	……	……	……
……	◎	……	△	△	……	注
△	◎	……	△	……	……	○
ハイアーゲーム ウディバードソング 4・3生 初仔	ファルブラヴ アズサユミ 10生 兄弟 ステルヴィオ 1	キャプテンスティーヴ メイ…カゼ 21生 兄弟 キュムロンニンバス 3	スペシャルウィーク シビル 3・8生 兄弟 チュウワジョーダン	ダイワメジャー クリアーチャンス 1・19生 兄弟 オモイソメル	エイシンフラッシュ オーバーザウォール 4・16生 初仔	キングズベスト ハイアーラヴ 4・23生 近親 クレッシェンドラヴ
初戦○	初戦◎	初戦○	初戦○	初戦△	初戦△	初戦○
急仕上げ気味も先週とは動きが一変。軽視禁物	乗込みの割に好仕上げ。動きもシャープで好戦	好仕上げ。先週ビシッと追った効果で動き良化	気配の良さが目立ち、動き自体は実にパワフル	まだ追い足りない印象で時計も平凡。初戦は？	併せ馬中心に乗込むも太目脱せず最終追い平凡	毎週、古馬と併せて軽快な動き馬体も仕上がる
——	——	——	——	——	——	——
480キロ	460キロ	420キロ	440キロ	420キロ	440キロ	420キロ
★伏兵	○有力	連なら	△連下	連なら	入着級	○有力

る」という方法。これはとくに難しいことはなく、同じレースを走っていた他の馬の次走結果を確認するだけだ。

２０２２年６月18日東京５Ｒの新馬戦（Ｐ97〜98）を例に挙げて説明しよう。

Ｐ96の表を見ればわかるように、このレースに出走していた馬たちが次走で軒並み好走している。ひと目見るだけでレースレベルが高かったと推察できるだろう。

取り立ててコーナーロスの大きい馬はいなかったが、小さなコーナーロスのあった馬がチラホラ……そのなかでも私は⑨番ノイジーアプローチに注目していた。同馬は次走、２０２２年10月30日の未勝利戦に出走し、単勝10・４倍と美味しい配当をつけて勝利している。

小さなコーナーロスでも、そのレースレベルが高ければ、次走での狙いが立つ。１頭、１頭、それぞれ見ていかなければならないので手間は掛かるものの、それだけに絶大な効果を得ることができる。

ただし、手間が掛かるほかにも、もうひとつデメリットがある。

それは、ある程度の馬が次走を走ってからでないと、レースレベルが高かったのか？　それともレースレベルが低かったのか？　そのどちらなのかがわからないことだ。

そこで使えるのが３つ目の**「出走馬の過去のレース成績を確認する」**方法となる。

コーナーロスが大きい馬を探すときに一緒にできる作業なので、この手法について次項で詳しく説明していこう。

得点化する――川田式レースレベル判別法

得点化のプロセス①～前走着順

それでは、私が実践しているレースレベルの判別法を紹介していこう。

2022年9月4日札幌10R釧路湿原特別（3歳上2勝クラス、芝2000m）を例に解説していく。

このレースでは、後半の3コーナーで内から4頭目かつ1着馬とのタイム差が1・4秒だった⑧番プラチナトレジャーを次走注目馬として選出した。

次走で注目できる馬を見つけたら、次はこのレースのレベルを確認していく。まずチェックするのは出走馬の「前走着順」だ。

第1章の冒頭でも紹介したように、前走着順と今走のレース結果との相関関係は高いので、**「前走好走馬が多い」ということはすなわち「強い馬が多い」、**ひいては**「レースレベルが高い」**と考えることができる。

■2022年9月4日・札幌10R釧路湿原特別（3歳上2勝クラス、芝2000m）

着順	馬番	馬名	コーナー別ロス			上がり3F順位	1着馬とのタイム差
			1コーナー	2コーナー	3コーナー		
1着	11	ローゼライト	2頭目	1頭目	2頭目	4位	0.0
2着	7	ダイム	1頭目	1頭目	1頭目	3位	0.1
3着	2	ナックイルシーブ	1頭目	1頭目	2頭目	1位	0.1
4着	1	ジェンヌ	1頭目	1頭目	1頭目	2位	0.2
5着	3	カンティプール	1頭目	1頭目	3頭目	5位	0.2
6着	10	ファジェス	1頭目	1頭目	3頭目	7位	0.5
7着	12	エルディアブロ	1頭目	**3頭目**	1頭目	6位	0.7
8着	14	トーセンヴァンノ	2頭目	2頭目	2頭目	11位	0.9
9着	6	ヒューマンコメディ	2頭目	2頭目	3頭目	8位	1.2
10着	13	シティレインボー	1頭目	1頭目	1頭目	9位	1.3
11着	5	リーブルミノル	1頭目	1頭目	1頭目	9位	1.4
12着	8	プラチナトレジャー	1頭目	1頭目	**4頭目**	11位	1.4
13着	4	アレナリア	1頭目	1頭目	1頭目	13位	1.5
14着	15	デルマセイシ	1頭目	1頭目	1頭目	14位	2.4
15着	9	ロッソモラーレ	1頭目	1頭目	1頭目	15位	3.5

札幌 10R

発馬 14.50

釧路湿原《くしろしつげん》特別

㊋三才上2勝クラス・定量

	白1 1	黒2 2	黒2 3	赤3 4	赤3 5	青4 6	青4 7
父	ディープインパクト㈱	ハーツクライ㈱	オルフェーヴル㈱	ブラックタイド㊥	キングカメハメハ㈱	ハーツクライ㈱	オルフェーヴル㈱
馬	ジェンヌ	ナックイルシーブ	カンティプール	アレナリア	リーブルミノル	ヒューマンコメディ	ダイム
母・母実績	ユーロシャーリーン英㊥	セデュイールⅡ加㊣	カトマンブルー米㋮	リトルビスケット4勝㊣	サルスエラ未出㊥	チョコレートリリー未勝㊥	シンバルⅡ愛㊥
毛色・斤量	鹿 52 牝3	芦 57 牡4	鹿 52 牝3	青鹿 52 牝3	栗 57 牡4	黒鹿 55 牝5	栗 52 牝3
騎手	吉田隼	勝浦	㊢横山武	山田	㊢角田和	㊢丹内	横山和
厩舎	栗安達	㊖杉浦	栗渡辺	㊖粕谷	栗本田	㊖水野	栗昆
賞金	900	900	900	0	900	900	900
総賞金	1472	2583	2580	0	2863	3800	3240
馬主名	エムズR	小松欣也	社台RH	ノルマンディーTR	吉岡實	野村茂雄	五十川雅規
牧場名	安ノーザンF	白白老F	千社台F	ひ岡田S	洞レイクヴィラF	むし上水牧場	浦辻牧場
山古	◎	注	○			△	▲
桧黒	○	△	◎				▲
子越	◎		△			△	○
小紙	△	△	○				◎
瀬目打	○	△	注			△	▲
板本	△西	B△	○西		西	△	◎西
芝1600	東1383①	2189③	阪1347③	中1384⑬	2259⑩	2451⑪	函…
芝1800	2422①	中…	阪1491⑦	福1526⑨	函1474⑤	中1473③	阪…
芝2000	函2013⑤	中…	函2011②	東2021⑪	東2016②	札1595①	
芝2200	東2144⑤	中…	1553③		東2135⑥	中2145②	
上り最高	34.0⑪	34.0①	34.0③	34.7⑪	33.1⑤	34.2⑬	34.7③
騎乗成績	2 0 0 2	0 0 0 4	初騎乗	0 0 0 3	初騎乗	初騎乗	2 2 1 1
クラス実績	0 0 0 0	0 0 0 8	0 0 0 0	0 0 0 0	0 0 0 12	0 2 2 4	0 0 0 0
当該条件	初コース	0 0 0 2	初コース	0 0 0 2	0 0 0 1	1 0 0 2	初コース

	1	2	3	4	5	6	7
前走	1函 6月12日	2中 3月20日	2阪 4月9日	1新 5月21日	1函 6月11日	1中 1月5日	2阪 4月10日
	② 三才 5	7 四才上 6	⑤ 三才 3	⑤ 三才 9	① 北海HC 5	① 四才上 4	⑥ 忘れな草 5
	牡牝未勝 15ト14頭	2勝 6ト14頭	牡牝未勝 16ト16頭	未勝 2ト16頭	2勝 9ト16頭	2勝 2ト10頭	牡牝L 6ト8頭
	2013	内2028	ダ1553	内2038	1474	内2022	内2012
	54 吉田隼	57 木幡巧	54 川田	51 原	54 武豊	55 丸山	54 横山典
	M ⑬⑬⑫	S ④④④	S ⑤④③	M ⑯⑮⑮	S ⑭⑬⑬	S ③③④	S ⑦⑥⑥
	420 人気4	520 人気13	482 人気1	404 人気13	482 人気9	488 人気2	438 人気3
	殿り差詰 2身	好位一息 2¾	好位粘る 2¼	出遅る 4½	後方追上 2¼	好位一息 2身	後方差詰 5½
	378外353	380内362	387外371	379中359	376中345	384内363	384中347
	ゴルトシュミー	アステロイドベ	クレスコジョケ	リニュー	メモリーレゾン	レッドライデン	アートハウス
	2010 0.3	2023 0.5	1549 0.4	2030 0.8	1470 0.4	2019 0.3	2003 0.9
2走前	1函 6月25日	3中 4月10日	1函 6月11日	2福 7月23日	1函 7月10日	2中 2月26日	1函 6月25日
	5 三才 4	⑥ 野島 11	① 三才 1	7 三才 9	⑩ 横津 11	① 豊臣 3	5 恵山 2
	未勝 10ト12頭	2勝 2ト12頭	牡牝未勝 3ト10頭	牡牝未勝 14ト16頭	2勝 10ト13頭	2勝 1ト12頭	1勝 5ト14頭
	2029	内2012	ダ1472	1526	2434	内1480	1481
	54 吉田隼	57 木幡巧	54 和田竜	54 菊沢	54 丸山	55 三浦	52 横山和
	M ⑩⑩⑨	S ④⑤⑦	H ②②②	M ⑭⑭⑮	S ⑪⑫⑪	S ④③③	S ④③④
	420 人気4	516 人気7	482 人気1	420 人気12	480 人気10	492 人気6	440 人気1
	後方差詰 2身	好位一杯 11¾	先行抜出 ¾身	出遅る 12¾	後方まま 10¼	内々回る ½身	好位伸 ¾身
	379中347	362中362	360中394	379中371	399内365	374内345	367内350
	ブローザホーン	ゾンニッヒ	エピファニアベ	オメガオリーブ	アスティ	レインカルナテ	ハーツラプソデ
	2025 0.4	1592 2.0	1473 0.1	1506 2.0	2417 1.7	1479 0.1	1479 0.2
3走前	1函 7月17日	1福 4月30日	1函 6月18日	2札 8月13日	2札 8月14日	3中 4月17日	1函 7月3日
	⑫ 三才 1	5 米沢 6	③ 三才上 2	① 三才 7	2 藻岩 13	⑧ 野島崎 2	⑧ 三才上 2
	未勝 5ト16頭	2勝 2ト12頭	1勝 6ト9頭	未勝 12ト16頭	2勝 9ト13頭	牡牝2勝 8ト12頭	1勝 2ト10頭
	2490	2026	2011	2042	2043	内2010	1493
	54 吉田隼	54 勝浦	52 斎藤	52 山田	57 丸山	55 三浦	52 横山和
	M ⑧⑦②	S ⑧⑨⑨	S ②②②	S ⑩⑬⑫	S ⑩⑨⑩	S ④③②	M ④③③
	424 人気4	518 B 人気10	480 人気5	424 人気16	482 人気11	492 人気3	444 人気1
	漸抜出 2身	後方差詰 2¾	先行粘る 1¼	後方差詰 3¼	後方まま 11身	好位粘る クビ	包まれる 2身
	392中384	370中357	362中346	381中364	384内368	371内351	367中362
	ダノンフロンテ	アウスヴァール	フィデル	クレバーテース	ドゥラドーレス	パープルレディ	オンリーオビニ
	2493 0.3	2022 0.4	2009 0.2	2036 0.6	2024 1.9	2010 0.0	1490 0.3
4走前	2札 8月13日	2札 8月14日	1函 7月10日	2札 8月21日	2札 8月28日	1札 7月24日	1函 7月17日
	① 三才上 1	2 藻岩 5	⑩ 三才上 1	④ 三才上 6	⑥ WAJ4 12	② HTB賞 11	⑫ 臥牛 1
	1勝 11ト11頭	2勝 8ト13頭	牡牝1勝 5ト8頭	牡牝1勝 8ト14頭	2勝 6ト14頭	2勝 8ト15頭	1勝 7ト6頭
	2422	2031	2017	2035	1503	2032	1536
	52 吉田隼	57 勝浦	52 斎藤	50 山田	58 ホー	55 横山和	52 横山和
	S ⑨⑧②	S ③④④	M ②②②	M ⑦⑦⑧	S ⑧⑦⑥	S ⑧⑦⑨	M ③③③
	420 人気4	500 B 人気9	486 人気1	420 人気14	476 人気13	492 人気8	446 人気1
	漸抜出 1½	脚余す 3¾	先行抜出 1½	中位まま 7½	中位一杯 6½	中位一杯 4¼	好位抜出 2身
	385中358	373内361	365中361	370中376	385中357	373中368	375内375
	エンドウノハナ	ドゥラドーレス	フォーチュンリ	ヒヅルジョウ	アインゲーブン	マジカルステー	コスモミローデ
	2425 0.3	2024 0.7	2019 0.2	2022 1.3	1492 1.1	2024 0.8	1539 0.3

230	ソルテ
151	57横山典

札幌10R 枠番連勝

1-1	—
1-2	9.8
1-3	69.8
1-4	11.1
1-5	21.3
1-6	45.5
1-7	13.7
1-8	69.8
2-2	29.4
2-3	40.6
2-4	6.4
2-5	12.3
2-6	26.4
2-7	7.9
2-8	40.6
3-3	☆
3-4	45.5
3-5	87.2
3-6	☆
3-7	56.4
3-8	☆
4-4	50.2
4-5	13.8
4-6	29.6
4-7	8.9
4-8	45.5
5-5	☆
5-6	56.9
5-7	17.2
5-8	87.2
6-6	☆
6-7	36.7
6-8	☆
7-7	77.3
7-8	56.4
8-8	☆

軸馬 7
単穴 8
連 6 12 9

●2022年9月4日・札幌10R（３歳上２勝クラス、芝2000m・良）

1着⑪ローゼライト

（8番人気）

２：02.2

2着⑦ダイム

（1番人気）

２：02.3（クビ）

3着②ナックイルシーブ

（10 番人気）

２：02.3（アタマ）

・・・・・・・・・・・・・・

12 着⑧プラチナトレジャー

（3番人気）

２：03.6

単⑪ 1680 円

複⑪ 440 円

⑦ 180 円

② 780 円

馬連⑦ー⑪ 4150 円

馬単⑪→⑦ 9590 円

3連複②⑦⑪ 41070 円

3連単⑪→⑦→② 305250 円

15 桃8	14	13 橙7	12	11 緑6	10	9 黄5	8
デルマセイシ 父 エイシンフラッシュ（中） 母 クラウンプリンセス 7勝（中）	トーセンヴァンノ 父 ヴァンキッシュラン（帳） 母 トーセンソニア 1勝（マ）	シティレインボー 父 エピファネイア（帳） 母 シージョー 未出（マ）	エルディアブロ 父 キングカメハメハ（於） 母 アプリコットフィズ 4勝（中）	ローゼライト 父 キズナ（帳） 母 エンプレイス 1勝（短）	ファジェス 父 モーリス（マ中） 母 ジュモー 3勝（中）	ロッソモラーレ 父 モンテロッソ（帳） 母 リシャールサーバー 公（短）	プラチナトレジャー 父 キングカメハメハ（於） 母 ホワイトエレガンス 3勝（中）
青鹿 55 牝4	黒鹿 54 牡3	栗 57 牡4	黒鹿 57 牡4	鹿 55 牝4	黒鹿 55 牝4	芦 57 牡5	芦 57 牡4
替 丸山	原田和	替 柴山雄	替 藤岡佑	斎藤	替 菱田	黛	替 ルメール
栗 音無	美 小桧山	栗 池添兼	栗 佐々木晶	栗 清水久	栗 安田隆	美 清水英	美 国枝
900	600	900	900	900	900	900	900
1500	3060	6041	2833	2431	2241	2880	3310
浅沼廣幸	島川隆哉	深見富朗	社台ＲＨ	中村忠彦	キャロットＦ	コスモヴューＦ	嶋田賢
千 社台Ｆ	日 エスティＦ	浦 三嶋牧場	千 社台Ｆ	ひ 土居牧場	安 ノーザンＦ	日 槇本牧場	ひ 服部牧場
初 B 西		△ △ 西	△ 注 ▲ ▲ ◎ B ▲ 西	注 △ B △ 西	△ 西	△ B △	△ △ △ 注 △ 注
阪 1338④ 福 1495⑮ 函 1218⑧ 阪 2142⑦	中 1355⑤ 東 1480⑩ 中京 2014 7 阪 2137⑥	東 1331⑭ 小 1469① [illegible] 1280④	函 2268③ 新 2404③ 札 2028 2 中京 2133⑨	[illegible] 1113⑮ 小 [illegible]67⑥ 東 [illegible]02① [illegible]36 3	東 1339⑤ 中 1484⑫ 阪 2000⑩ 函 1308③	[illegible] 1458④ 小 1474① 東 2009⑨ 京ダ 1581⑬	東 1353⑧ [illegible] [illegible]
34.4① 0 0 0 1	34.4② 0 0 0 2	33.6② 0 0 0 1	33.8① 初騎乗	34.6① 0 0 1 1	34.0⑤ 初騎乗	34.5⑦ 1 1 1 8	33.3⑧ 1 1 0 1
0 0 0 8 初コース	0 0 0 2 0 0 0 2	0 1 0 4 初コース	0 1 1 1 0 1 0 1	0 0 2 5 0 0 1 1	0 0 0 5 1 0 0 0	0 0 1 3 0 0 0 1	0 1 0 2 0 1 0 0
2阪 4月10日 ⑥ 四才上 4 2勝 3ﾄ10頭 千六外 1338 55 松若 S ②②② 470 人気9 先行一息 2¼ 357中346 ヴィアルークス 1335 0.3	2中 3月20日 7 スプリン 13 GII 11ﾄ13頭 千八内 1509 56 田中勝 S ④④⑥ 478 人気13 好位バテ 15¼ 373中373 ビーアストニッ 1484 2.5	2中 2月26日 ① [illegible] 7 2勝 3ﾄ12頭 千八内 1486 56 横山武 S 12⑫⑩ 486 人気2 出遅る 4身 390外341 レインカルナテ 1479 0.7	3中京 5月21日 ⑤ 四才上 1 1勝 6ﾄ9頭 二二 2157 54 角田河 S ⑦⑦⑦ 446 B 人気5 直線一気 アタマ 371外338 ヴィトーリア 2157 0.0	1東 2月6日 ④ 四才上 8 牛七2勝 1ﾄ11頭 二千 2014 54 北村宏 S ②③3 440 B 人気5 好位一杯 2身 368内346 スパングルドス 2011 0.3	1小 1月15日 ① [illegible] 5 牛七2勝 1ﾄ10頭 千七ダ 1474 54 横山和 M 10③③ 490 人気3 追上一杯 5½ 386中395 ゴールドティア 1464 1.0	1福 4月30日 5 [illegible] 8 2勝 7ﾄ12頭 二千 2028 54 西村淳 S ②②② 470 B 人気5 先行一杯 3¾ 362中367 アウスヴァール 2022 0.6	2札 9月5日 ⑧ 釧路 2 2勝 4ﾄ13頭 二千 2032 54 ルメール M ⑫⑪⑤ 476 人気1 後方伸 ½身 381外362 ミスミルドレッ 2031 0.1
2阪 4月23日 ⑨ 丹波 7 2勝 2ﾄ8頭 千六外 1348 55 和田竜 S ①①① 468 人気3 逃一杯 6¼ 360内347 シャイニングフ 1338 1.0	3中 4月17日 ⑧ 皐月 18 GI 3ﾄ18頭 二千内 2027 57 木幡巧 S ⑪⑪⑯ 478 人気18 中位一杯 18¾ 367内369 ジオグリフ 1597 3.0	2阪 3月26日 1 天神 8 2勝 2ﾄ10頭 千六外 1364 56 国分恭 S 10⑩④ 492 人気4 後方まま 4¼ 384外342 メモリーエフェ 1357 0.7	3東 6月19日 ⑥ 町田 3 2勝 9ﾄ10頭 二四 2268 54 団野 S ②②② 444 B 人気6 先行粘る 2¼ 393中349 レインフロムヘ 2265 0.3	1函 7月16日 11 かもめ島 6 牛七2勝 2ﾄ14頭 千八 1520 55 武豊 S ③③④ 436 B 人気7 好位一息 3¾ 382内366 オンリーオピニ 1514 0.6	2中 3月13日 ⑥ 房総 12 牛七2勝 6ﾄ16頭 千八内 1484 55 横山和 M 16⑯⑬ 490 人気5 後直だけ 4¼ 390外342 サンタグラシア 1477 0.7	1新 5月14日 3 駒内 10 2勝 9ﾄ13頭 千八外 1494 57 丹内 H ⑥⑤④ 472 B 人気9 好位一杯 8¾ 363外377 ルドヴィクス 1480 1.4	5東 11月28日 ⑧ オリエン 5 2勝 11ﾄ14頭 二千 1595 55 ルメール M ⑦⑦⑦ 478 人気2 中位差詰 7身 368中354 グランオフィシ 1584 1.1
1函 7月2日 7 洞爺 6 2勝 10ﾄ10頭 千八 1495 55 丸山 M ①①① 480 人気5 逃一息 3½ 361内367 クライミングリ 1489 0.6	1札 7月24日 ② HTB賞 14 2勝 6ﾄ15頭 二千 2035 54 原田和 S ⑭⑬⑮ 474 人気14 後方まま 6¼ 383中365 マジカルステー 2024 1.1	1札 7月31日 ④ 札幌道新 4 2勝 7ﾄ9頭 千五 1280 56 柴山雄 S 9⑨④ 480 人気6 出遅る 1¾ 371中338 ジネストラ 1278 0.2	1札 7月24日 ② HTB賞 9 2勝 11ﾄ15頭 二千 2029 57 鮫島駿 S ⑫⑬⑫ 448 B 人気5 後方差詰 2¾ 383中360 マジカルステー 2024 0.5	1札 7月24日 ② HTB賞 7 2勝 9ﾄ15頭 二千 2029 55 斎藤 S ①①② 430 B 人気10 逃一杯 2½ 366内371 マジカルステー 2024 0.5	3中京 5月28日 ⑦ 御在 4 牛七2勝 8ﾄ9頭 二千 2022 55 横山和 S 8①① 490 人気7 マクるも 4¼ 392内358 ファユエン 2015 0.7	1函 7月2日 7 洞爺 3 2勝 3ﾄ10頭 千八 1493 57 黛 M ⑤⑤⑤ 470 B 人気8 中位伸 2½ 369中359 クライミングリ 1489 0.4	5中 12月18日 5 三才上 9 2勝 4ﾄ14頭 千八内 1501 56 田辺 S ⑩⑩⑩ 478 人気3 後方まま 4½ 392外352 ヤマニンデンフ 1494 0.7
1函 7月17日 ⑫ 駒場 12 2勝 3ﾄ13頭 千七ダ 1459 55 浜中 M ③③④ 478 人気10 好位バテ 大差 359内400 コパノニコルソ 1428 3.1	2札 8月14日 2 藻岩 9 2勝 13ﾄ13頭 二千 2033 54 原田和 S ⑤④④ 482 人気12 好位一杯 4¾ 376中362 ドゥラドーレス 2024 0.9	2札 8月13日 ① 羊ケ丘 4 2勝 7ﾄ14頭 千五 1303 57 池添 S 14⑬⑨ 472 人気3 出遅る 3¼ 379外344 グレイトオーサ 1298 0.5	2札 8月14日 2 藻岩 2 2勝 7ﾄ13頭 二千 2028 57 鮫島駿 S ⑦⑦⑦ 446 B 人気5 中位伸 2½ 379中356 ドゥラドーレス 2024 0.4	2札 8月14日 2 藻岩 3 2勝 4ﾄ13頭 二千 2028 55 斎藤 S ②②② 436 B 人気8 先行粘る 2½ 370中360 ドゥラドーレス 2024 0.4	1函 7月16日 11 かもめ島 7 牛七2勝 12ﾄ14頭 千八 1522 55 岩田康 S 13⑤④ 494 人気6 出遅る 5身 401中366 オンリーオピニ 1514 0.8	1札 8月7日 ⑥ ライラック 12 2勝 1ﾄ14頭 千八 1493 57 黛 S ①①② 472 B 人気10 逃一杯 8¾ 365内366 アサケレディ 1479 1.4	8ヵ月半 フレグモーネ 乗込み3週間 仕上り△ 連対体重 468～480 3ヵ月以上休 ①②③外 0 0 0 2

■前走の単勝人気別成績

前走人気	勝率	連対率	複勝率	単回値	複回値	総データ数
前走1人気	17.8%	31.5%	42.5%	71	75	28670
前走2人気	14.7%	27.4%	38.3%	73	77	27518
前走3人気	11.9%	23.1%	33.2%	74	77	27142
前走4人気	9.8%	19.9%	29.5%	76	76	26685
前走5人気	8.2%	17.1%	25.9%	80	78	26524
前走6〜9人	5.4%	11.7%	18.7%	78	76	99984
前走10人〜	2.2%	5.1%	9.0%	63	67	112723

（集計期間：いずれも2015〜2022年　前走と今走が同トラックに限定・障害レースを除く）

↓

■強さの分類ルール

着順	人気	戦評	能力
1着	1人気	強い馬が勝った	強い
1着	10人気	弱い馬が恵まれて勝った	弱い可能性
10着	1人気	強い馬が恵まれずに負けた	強い可能性
10着	10人気	弱い馬が負けた	弱い

得点化のプロセス②〜前走人気

続いて、前走の単勝人気を見ていく（右上の表）。なぜなら、前走着順と同様に「前走人気」は強さを示すひとつの指標となるからだ。実際に、前走着順だけでなく、前走人気に関しても、今走のレース結果との相関関係が高いことはデータで示されている。

あくまでも大きな視点で見た場合ではあるが、1番人気の馬は強いことが多く、10番人気の馬は弱いことが多い。そのため、前走着順と前走人気を併用することで、次のように競走馬の強さを分類できる。

「強い馬が多いレースほどレースレベルが高い」という当然の考え方に基づけば、1番人気で1着だった馬をもっとも高く評価し、10番人気で10着だった馬は評価をしないほうが賢明だろう。

そして、10番人気で1着だった馬と、1番人気で10着だった馬は、評価は与えるものの、1番人気で1着だった馬よりは低い評価にするのが最適だ。

得点化のプロセス③〜前走人気と前走着順からポイント化

前項に倣って、下に示したルールでレースレベルを得

■前走クラス・前走着順から得点化

前走クラス	前走着順	ポイント
同級以上	1〜3着	2
同級以上	4〜5着	1
下級クラス	1着	1

■前走クラス・前走人気から得点化

前走クラス	前走人気	ポイント
同級以上	1〜2人気	2
同級以上	3〜5人気	1
下級クラス	1人気	2
下級クラス	2〜3人気	1

点化していく。

シンプルに、前走着順と前走人気が良かった馬ほど加点する仕組みになっているが、前走が今回よりも下級クラスだった場合には基準をより厳しくしている。

出走全馬の前走着順と前走人気のポイントを算出し、そのすべてを合計。出走馬のなかに強い馬が何頭いたかを割合で確認したいので、最後に合計ポイントを出走頭数で割る（少数第二位を四捨五入）。これで川田式の〝レースレベル得点〟が完成だ。


なお、同級クラス以上と下級クラスの分け方に関しては、レースのクラス分けルールに基づいており、俗にいう昇級戦とは少し異なった考え方をしている。

例えば、今走が2勝クラスで前走が1勝クラスの場合は今走が昇級戦ということに

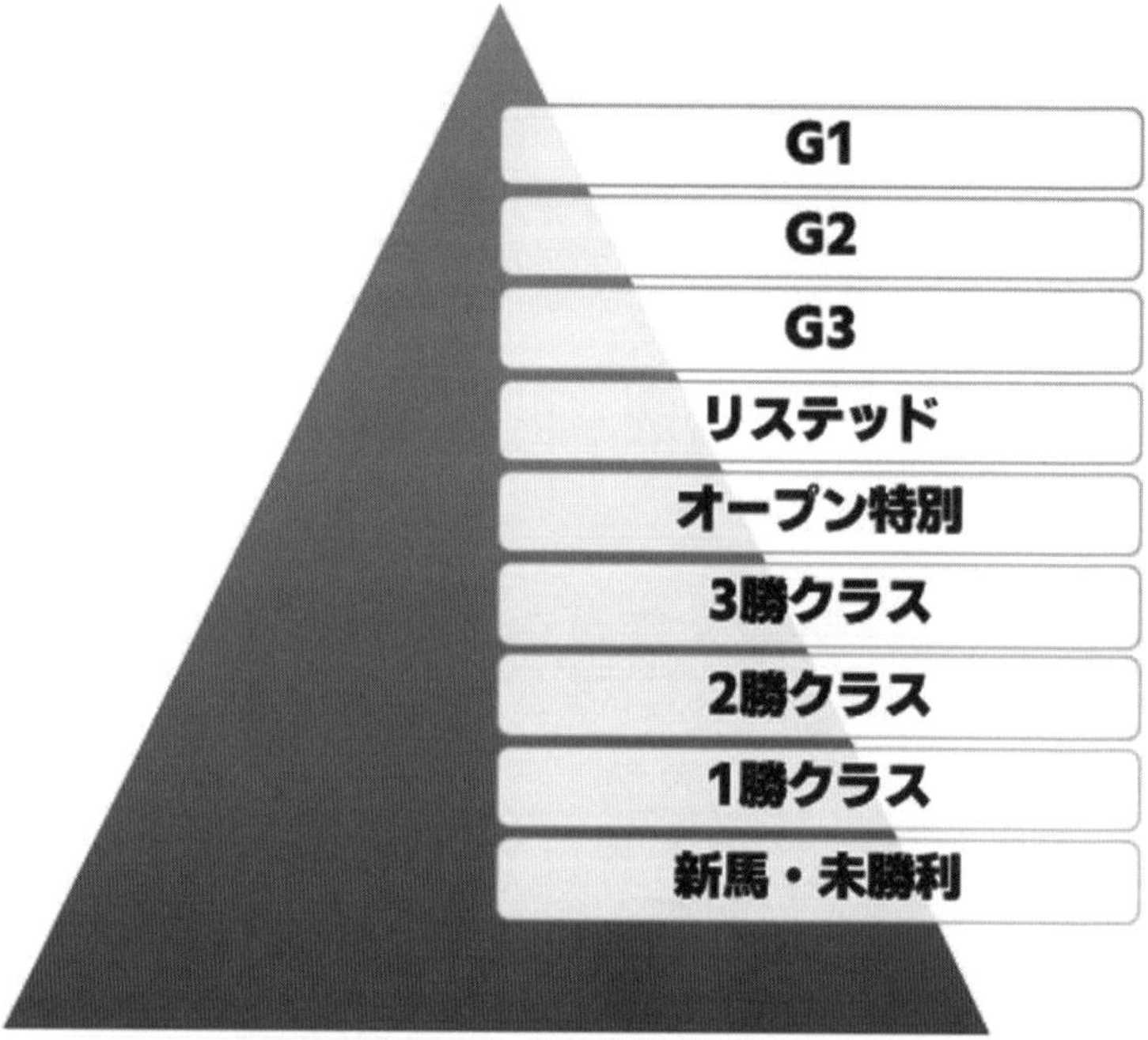

なるが、今走がＧⅠで前走がＧⅡの場合は本来であれば昇級戦にはあたらない。なぜなら、ＧⅠ、ＧⅡ、ＧⅢ、リステッド、オープン特別は、すべてオープン競走として一括りにされてしまうからだ。

ちなみに、条件レース（＝３勝クラス以下）を勝ち上がり、オープン競走にしか出走できなくなった馬のことをオープン馬という。

しかし、レースレベル判定のルールの場合、今走がＧⅠで前走がＧⅡの場合は前走が下級クラスだと判定する。理由は簡単で、「ＧⅠで1着」と「ＧⅡで1着」では価値が異なるからだ。

それを除けばとくに難しい点はなく、黙々と各馬の前走着順と前走人気を確認していく作業になる。

得点化のプロセス④〜レースレベルの判定基準

実際に、２０２２年9月４日札幌10Ｒ釧路湿原特別を見ていこう。

この算出方法で導き出された**レースレベル得点は「1・0点」がちょうど中心点**になっており、１・０点より高いほどレースレベルが高く、１・０点より低いほどレースレベルが低い傾向になっている。

本理論では、レースレベルをひと目で判断できるように、点数ごとにＳ→Ａ→Ｂ→Ｃ→Ｄ→Ｅの６つのランクに振り分けるルールを採用しているので、活用していただきたい。

ここで参考までに、前走着順ごとのレースレベル得点別成績を掲載しておこう（Ｐ１０８〜１１０）。

ご覧のようにレースレベル得点が高いほど次走成績は向上していく。とくに前走1〜３着に好走した馬でも、レースレベル得点が低ければ好走率・回収率ともに非常に低いので、危険な人気馬判定として

■2022年9月4日・札幌10R釧路湿原特別・各馬のポイント

着順	馬番	馬名	前走成績			ポイント	
			クラス	着順	人気	着順	人気
1着	11	ローゼライト	同級	3着	8人気	2P	0P
2着	7	ダイム	下級	1着	1人気	1P	2P
3着	2	ナックイルシーブ	同級	5着	9人気	1P	0P
4着	1	ジェンヌ	下級	1着	4人気	1P	0P
5着	3	カンティプール	下級	1着	1人気	1P	2P
6着	10	ファジェス	同級	7着	6人気	0P	0P
7着	12	エルディアブロ	同級	2着	5人気	2P	1P
8着	14	トーセンヴァンノ	同級	9着	12人気	0P	0P
9着	6	ヒューマンコメディ	同級	11着	8人気	0P	0P
10着	13	シティレインボー	同級	4着	3人気	1P	1P
11着	5	リーブルミノル	同級	12着	13人気	0P	0P
12着	8	プラチナトレジャー	同級	9着	3人気	0P	1P
13着	4	アレナリア	下級	6着	14人気	0P	0P
14着	15	デルマセイシ	同級	12着	10人気	0P	0P
15着	9	ロッソモラーレ	同級	12着	10人気	0P	0P

↓

合計16P÷出走頭数15頭＝レースレベル1.1点

■川田式レースレベル判定基準

得点	ランク
1.8以上	S
1.5～1.7	A
1.1～1.4	B
0.7～1.0	C
0.5～0.6	D
0.4以下	E

も活用が可能だ。

データを見ると前走4～9着に敗れた馬でも、レースレベル得点が高いほうが、次走で巻き返しやすいことがわかるだろう。とくに1・9点と1・8点を境に回収率が高くなっている。

前走10着以下に大敗した馬でも、レースレベル次第で次走成績も大きく異なっているため、川田式のレースレベル判別法が正しいことを示していると考えられる。


なお、コーナーロスは「3コーナーで大きなロスがあった馬」のように、ベタ買いでも単勝回収率100％を上回るほどの威力を持つファクターなので、多少レースレベルが低くてもそれを跳ね返すだけの力がある。

私は経験則により0・7点あたりをひとつの目安に考えていて、コーナーロスが大きい馬を発掘できたレースのレベルが高ければ高いほど、次走の勝負金額を高くしていく……そんなイメージでレースレベル得点を活用している。

コーナーロスがあったレースのレベルが高ければ高いほど望ましいことに加えて、今走のレースレベルは低ければ低いほどいい。なぜなら、前走のレースレベルが高くても、今走のレースレベルも高ければ、その価値が相殺されてしまう可能性があるからだ。

逆に、前走のレースレベルが低くても、今走のレースレベルも低いと予想できるのであれば、注目馬として狙うことはじゅうぶんに可能だろう。

■前走1～3着馬のレースレベル得点別次走成績

得点	勝率	連対率	複勝率	単回値	複回値	総データ数
2.2点～	19.8%	35.8%	46.4%	84	79	565
2.1点	16.6%	32.5%	45.8%	69	80	483
2.0点	17.4%	32.3%	44.8%	68	86	507
1.9点	18.9%	34.2%	46.1%	76	81	1014
1.8点	18.9%	34.8%	46.6%	79	83	1410
1.7点	18.7%	33.0%	45.5%	77	81	1509
1.6点	17.1%	31.3%	43.1%	79	78	2544
1.5点	17.3%	32.3%	43.3%	81	80	3256
1.4点	16.2%	30.1%	41.9%	74	79	4470
1.3点	16.5%	30.2%	41.6%	71	78	6051
1.2点	16.7%	29.6%	41.8%	73	78	5088
1.1点	15.2%	29.0%	40.1%	72	79	7948
1.0点	14.6%	28.1%	39.0%	72	76	5756
0.9点	14.1%	26.6%	37.8%	70	74	8137
0.8点	13.0%	25.2%	36.9%	67	75	7037
0.7点	13.6%	24.7%	36.1%	71	74	4998
0.6点	15.7%	28.7%	39.6%	71	73	11146
0.5点	12.0%	23.2%	32.3%	70	70	3241
0.4点	10.6%	21.3%	32.2%	71	79	1988
0.3点	9.1%	19.8%	28.9%	59	69	1028
0.1～0.2点	8.8%	18.5%	28.0%	67	67	514

前走と今走が同トラックに限定・障害レースを除く

■前走4～9着馬のレースレベル得点別次走成績

得点	勝率	連対率	複勝率	単回値	複回値	総データ数
2.2 点～	10.7%	21.2%	32.2%	84	82	968
2.1 点	10.5%	19.6%	29.6%	120	77	867
2.0 点	9.5%	18.3%	27.2%	90	81	939
1.9 点	9.8%	18.5%	28.5%	103	86	1877
1.8 点	9.7%	19.5%	28.9%	78	84	2659
1.7 点	8.2%	16.6%	26.1%	66	83	2827
1.6 点	9.0%	18.0%	26.5%	82	80	4733
1.5 点	8.5%	17.1%	26.3%	82	86	6141
1.4 点	8.2%	16.3%	25.0%	83	81	8436
1.3 点	7.8%	16.1%	24.4%	81	79	11377
1.2 点	7.2%	15.2%	23.7%	78	81	9691
1.1 点	6.9%	14.4%	22.5%	77	78	14901
1.0 点	6.2%	13.1%	20.5%	78	76	10817
0.9 点	6.4%	13.5%	20.6%	78	73	15333
0.8 点	5.5%	12.2%	19.5%	69	75	13181
0.7 点	5.7%	12.1%	19.4%	86	77	9309
0.6 点	5.3%	11.6%	18.5%	70	72	21335
0.5 点	5.1%	10.3%	16.9%	84	73	6073
0.4 点	3.9%	9.2%	15.5%	49	64	3743
0.3 点	4.7%	9.1%	15.8%	89	80	1926
0.1 ～ 0.2 点	2.4%	8.0%	14.6%	33	58	967

■前走10～18着馬のレースレベル得点別次走成績

得点	勝率	連対率	複勝率	単回値	複回値	総データ数
2.2点～	4.5%	10.4%	17.6%	63	69	336
2.1点	4.3%	9.4%	15.5%	80	104	393
2.0点	2.3%	8.0%	14.1%	25	71	348
1.9点	2.8%	9.2%	13.3%	42	62	890
1.8点	4.2%	9.5%	14.5%	75	78	1577
1.7点	3.0%	6.8%	12.3%	65	61	1684
1.6点	3.6%	8.2%	13.5%	67	76	2952
1.5点	3.8%	7.9%	13.0%	93	79	4063
1.4点	3.3%	6.8%	11.3%	85	77	5743
1.3点	3.2%	7.3%	12.0%	74	75	7980
1.2点	2.9%	6.6%	11.2%	63	74	6841
1.1点	2.9%	6.3%	10.4%	69	72	11380
1.0点	2.7%	6.0%	9.4%	61	63	7272
0.9点	2.3%	5.4%	9.1%	67	69	12006
0.8点	2.1%	5.1%	8.5%	65	69	9873
0.7点	2.0%	4.6%	8.2%	56	65	7014
0.6点	1.5%	3.8%	6.3%	65	60	16110
0.5点	2.0%	4.3%	7.1%	56	54	4487
0.4点	1.7%	4.1%	6.5%	55	51	2928
0.3点	1.7%	3.6%	5.9%	50	50	1430
0.1～0.2点	1.4%	3.8%	6.1%	35	57	693

しかし、この手法にも弱点はある。それは前走成績がない新馬戦では活用できないことだ。また、新馬戦に関してはスローペース補正が難解といった事情もあるので、走破タイム（スピード指数）よりも出走馬の次走のレース成績を確認する方法が最適といえる。

ほかにも、さらにレースレベルの判別精度を高める方法はいくつかある。

・着順だけではなく着差も確認する（1着馬とのタイム差が小さいほどいい）
・ハンデ戦かどうかを確認する（ハンデ戦は減点）

・牝馬限定戦かどうかを確認する（牝馬限定戦は減点）
・ローカル開催かどうかを確認する（ローカル開催は減点）
※ローカル開催……札幌、函館、福島、新潟、中京、小倉（代替開催時は例外あり）
・特別戦か平場戦かを確認する（特別戦は加点）

同じ2着でも1着馬との着差が小さいほうが強い競馬をした可能性が高く、牡馬牝馬混合戦、特別戦などクラスの格自体が高いときほどレースレベルも高くなりやすい。

ただし、ここまでこだわってしまうと手作業では難解になってくるため、やりすぎはオススメできない。あくまでも予想ファクターの軸となるのは「コーナーロス」だ。

コーナーロスという大きな幹をベースに、枝としてレースレベルなどのファクターを活用していくので、紹介したレースレベル判別法だけでもじゅうぶんに事は足りている。今回はこの程度にとどめて、レースレベルに関する説明を終わりたいと思う。

コーナーロス×騎手

コーナー通過順位を活用してコーナーロスが大きい馬を見つけたとしよう。そののちに「なぜコーナーロスが大きくなってしまったのか?」といった疑問が生まれるが、それはレースVTRを確認してみるとわかるようになってくる。

そして、その原因のひとつとして「騎手」が挙げられる。

当然ながら、馬のコーナリング能力にも左右するが、コーナーロスは騎手のコーナリング技術や戦略力に依存することも多い。実際に、新人騎手がコーナーで大きく外に膨れる姿はよく見かける光景。データを見ても、前走コーナーロスがあった馬に、次走でデビューして1年目の騎手が騎乗した場合の成績は非常に悪くなっている（下の表）。


また、コーナーロス云々に関係なく、**「騎手のせいで負けた」**と愚痴をこぼす方をみなさんもよく見かけるだろう。

しかし、騎手は競走馬が負けた場合の敗因として挙げることはできても、予想を外した原因として挙げることはできない。なぜなら、競馬の予想とは「誰が騎乗するのか？」といった具合に騎手も含めて考えるべきものだからだ。

■前走前半コーナーで内から3頭目以降を走った馬×次走騎手歴別成績

騎手分類	勝率	連対率	複勝率	単回値	複回値	総データ数
初年	4.3%	10.7%	18.1%	23	70	419
2年目	7.1%	13.6%	20.7%	76	81	522
3年目	10.0%	14.7%	22.0%	94	70	422
4～10年	10.0%	17.8%	26.0%	96	82	2160
11～20年	8.9%	19.0%	27.2%	97	86	2826
21年～	8.0%	16.7%	25.1%	72	81	1687

■前走後半コーナーで内から4頭目以降を走った馬×次走騎手歴別成績

騎手分類	勝率	連対率	複勝率	単回値	複回値	総データ数
初年	7.0%	14.7%	16.1%	32	43	143
2年目	6.4%	10.6%	19.1%	173	81	188
3年目	7.0%	12.9%	24.0%	118	118	171
4～10年	8.9%	17.0%	24.8%	120	74	771
11～20年	9.0%	19.3%	27.8%	97	102	995
21年～	8.1%	17.8%	24.9%	120	94	594

（集計期間：いずれも2015～2022年　前走と今走が同トラックに限定・障害レースを除く）

ただし、騎手の能力を評価するとき、多くの人が主観的になっていることには注意しなければならない。要するに、自分が購入した馬が負けたときに「騎手が下手」と思うのと同様に、勝ったときにも「騎手が上手い」と思い込んでしまうからだ。

その判断自体が間違っているとはいい切れないが、多くの場合は外れた悔しさや勝った嬉しさで冷静な判断ができていない。

そこで、客観的に判断するひとつの指標として**「大外回し率が高い騎手と低い騎手」**をまとめてみた。

注目馬に大外回し率の低い騎手が騎乗すれば勝負度合いを高めて、大外回し率が高い騎手が騎乗すれば勝負度合いを下げる。これが基本的な活用法だ。

また、前走大外回し率が高い騎手が騎乗してコーナーをロスした馬に、今走は大外回し率が低い騎手が騎乗するときに大きく狙ってみるのもいいだろう。

大外回し率が高い騎手

まずは、大外回し率が高い騎手から見ていこう（左のランキング）。

ここで注意したいのは「逃げ・追込み馬」への騎乗数が少ない騎手。逃げ馬は基本的に最内を走り続けることになり、逆に追い込み馬も後方でポツンとロスなく単走で回ってくることが可能だからだ。

コーナーで外を回す確率が高くなるのは「先行・差し馬」になる。したがって、「逃げ・追込み馬」

■大外回し率が高い騎手ランキング

順位	騎手	勝率	連対率	複勝率	3コーナー大外回し率	逃げ追込率
1位	鷲頭虎太	3.7%	8.0%	11.7%	2.66%	60%
2位	古川奈穂	5.2%	13.5%	18.5%	2.46%	49%
3位	バルジュ	8.8%	17.0%	24.9%	2.15%	20%
4位	マーフィー	19.8%	33.5%	46.9%	2.04%	15%
5位	勝浦正樹	5.2%	11.9%	18.6%	1.80%	37%
6位	柴田善臣	5.4%	11.6%	18.2%	1.79%	39%
7位	M.デムーロ	17.9%	31.4%	43.4%	1.72%	25%
8位	伊藤工真	3.4%	7.5%	12.2%	1.66%	50%
9位	オールプレス	3.8%	10.4%	16.9%	1.64%	26%
10位	中井裕二	4.4%	8.9%	14.8%	1.61%	42%
11位	菱田裕二	6.6%	13.1%	19.6%	1.60%	41%
12位	小沢大仁	4.8%	9.9%	14.8%	1.51%	41%
13位	小林脩斗	3.4%	6.7%	10.5%	1.49%	41%
14位	田辺裕信	11.3%	21.9%	31.8%	1.45%	36%
15位	吉田隼人	9.8%	18.5%	26.6%	1.42%	31%
16位	田中勝春	4.7%	9.8%	16.4%	1.41%	41%
17位	池添謙一	10.0%	18.9%	27.5%	1.39%	29%
18位	原田和真	2.6%	6.5%	11.0%	1.36%	44%
19位	太宰啓介	3.5%	8.0%	13.6%	1.34%	51%
20位	荻野極	5.4%	10.7%	16.7%	1.33%	41%
21位	古川吉洋	5.2%	11.7%	17.0%	1.32%	40%
22位	横山和生	7.5%	13.9%	20.7%	1.31%	45%
23位	富田暁	4.7%	10.0%	15.9%	1.31%	39%
24位	石橋脩	8.9%	16.8%	25.6%	1.30%	35%
25位	角田大和	5.6%	11.9%	18.9%	1.28%	31%
26位	黛弘人	3.0%	7.5%	12.3%	1.27%	43%
27位	木幡育也	3.1%	6.5%	11.1%	1.27%	48%
28位	西村淳也	7.8%	16.2%	24.1%	1.26%	34%
29位	亀田温心	4.8%	10.0%	15.3%	1.26%	46%
30位	西村太一	2.5%	4.6%	7.8%	1.26%	52%
31位	斎藤新	5.9%	12.1%	18.5%	1.25%	38%
32位	小牧太	5.8%	11.8%	17.8%	1.25%	44%
33位	秋山稔樹	5.2%	9.9%	15.6%	1.25%	47%
34位	菅原隆一	2.3%	5.4%	7.5%	1.24%	51%
35位	内田博幸	7.5%	15.1%	22.4%	1.22%	38%
36位	藤田菜七子	4.5%	9.5%	13.5%	1.22%	53%
37位	柴山雄一	5.9%	11.8%	18.3%	1.22%	38%
38位	竹之下智昭	2.9%	7.7%	11.6%	1.20%	53%
39位	国分恭介	3.8%	8.5%	15.3%	1.20%	45%
40位	小崎綾也	4.1%	9.1%	14.5%	1.19%	45%
41位	藤井勘一郎	3.6%	8.1%	12.9%	1.18%	45%
42位	丹内祐次	4.7%	11.4%	18.5%	1.18%	31%
43位	吉田豊	5.3%	11.7%	18.2%	1.18%	42%
44位	小林凌大	2.9%	6.5%	11.1%	1.17%	50%
45位	川又賢治	5.1%	10.4%	16.6%	1.17%	39%
46位	永島まなみ	4.1%	7.6%	11.5%	1.17%	52%
47位	嶋田純次	2.5%	6.4%	11.0%	1.16%	46%

（集計期間：いずれも2015～2022年　前走と今走が同トラックに限定・障害レースを除く）

への騎乗数が少ない騎手は必然的に外を回す可能性が高くなるので、データの字面よりも割り引いて考えたほうがいい（実際には大外を回す確率は少し下がる）。

ストックに入れている注目馬に大外回し率が高い騎手が騎乗した場合には、今走でもコーナーロスの大きい競馬になる可能性が高いため、素直に馬券の勝負度合いを下げるべきだろう。

続いて、大外回し率が低い騎手を見ていく。

まずは先ほどと同様の理由で、「逃げ・追い込み馬」への騎乗率を補助的に確認しなければならない。コーナーで外を回す確率が高くなるのは「先行・差し馬」になるため、「逃げ・追い込み馬」への騎乗率が低いにもかかわらず、３コーナー大外回し率が低い騎手は優秀だと考えられる。ストックしている注目馬に騎乗する場合には、ある程度信頼できる騎手であり、馬券的にも勝負に値するパターンといえるだろう。

参考までに、「逃げ・追い込み馬」への騎乗数が少ない騎手は、背景を灰色にしてある。

大外回し率が高い騎手（なかでも逃げ追込率が高い騎手）と大外回し率が低い騎手（とりわけ灰色背景の騎手）を比較してみると、前者にリーディング中位以降の騎手が、後者にリーディング上位騎手が多く顔を揃えていることがわかる。

そういった観点で考えれば、騎手の騎乗技術を判断するひとつの指標としても、コーナーロスを確認することの有用性がうかがい知れるだろう。

■大外回し率が低い騎手ランキング

順位	騎手	勝率	連対率	複勝率	3コーナー大外回し率	逃げ追込率
1位	松田大作	5.9%	11.7%	19.0%	0.24%	35%
2位	藤懸貴志	3.6%	7.6%	12.0%	0.35%	55%
3位	森裕太朗	4.2%	9.0%	14.1%	0.37%	48%
4位	城戸義政	3.3%	7.9%	12.5%	0.38%	46%
5位	的場勇人	1.9%	4.3%	7.5%	0.42%	56%
6位	服部寿希	0.9%	2.6%	5.0%	0.45%	56%
7位	シュタルケ	9.2%	17.7%	28.6%	0.51%	25%
8位	岩部純二	2.2%	4.3%	6.9%	0.54%	59%
9位	和田翼	3.7%	8.7%	14.1%	0.54%	39%
10位	永野猛蔵	4.6%	10.0%	15.0%	0.55%	46%
11位	川田将雅	21.5%	37.3%	49.4%	0.57%	18%
12位	岩田望来	10.2%	19.8%	29.4%	0.60%	25%
13位	岩田康誠	9.2%	19.1%	29.7%	0.63%	34%
14位	今村聖奈	8.4%	16.3%	23.3%	0.66%	46%
15位	松若風馬	6.7%	13.2%	19.6%	0.66%	39%
16位	武士沢友治	2.0%	5.1%	9.0%	0.73%	58%
17位	松本大輝	5.2%	10.3%	15.9%	0.73%	43%
18位	荻野琢真	3.0%	6.5%	11.0%	0.74%	57%
19位	井上敏樹	3.1%	5.7%	10.4%	0.74%	53%
20位	国分優作	2.8%	6.4%	11.8%	0.76%	44%
21位	宮崎北斗	3.0%	6.2%	10.7%	0.78%	39%
22位	秋山真一郎	6.7%	13.6%	21.3%	0.79%	43%
23位	三浦皇成	9.3%	19.9%	29.2%	0.79%	31%
24位	ムーア	21.0%	37.7%	46.9%	0.80%	22%
25位	ミナリク	5.9%	11.3%	16.8%	0.81%	34%
26位	レーン	23.0%	37.3%	49.4%	0.83%	21%
27位	江田照男	3.2%	6.8%	10.7%	0.83%	46%
28位	義英真	2.8%	6.3%	10.6%	0.84%	45%
29位	田中健	4.6%	8.4%	14.4%	0.87%	43%
30位	モレイラ	33.4%	50.1%	60.7%	0.88%	20%
31位	和田竜二	7.1%	16.1%	25.1%	0.89%	24%
32位	武藤雅	5.2%	11.0%	17.2%	0.89%	41%
33位	浜中俊	10.6%	21.7%	32.0%	0.90%	28%
34位	菊沢一樹	3.4%	7.3%	12.6%	0.90%	43%
35位	坂井瑠星	8.1%	15.7%	23.5%	0.91%	39%
36位	酒井学	3.7%	8.6%	14.2%	0.91%	39%
37位	藤岡康太	7.8%	16.3%	24.4%	0.91%	33%
38位	松山弘平	10.5%	20.0%	28.4%	0.91%	32%
39位	鮫島克駿	6.8%	14.5%	22.1%	0.92%	34%
40位	丸山元気	6.8%	14.1%	21.8%	0.92%	35%
41位	北村友一	9.7%	19.3%	29.2%	0.93%	35%
42位	菅原明良	7.4%	15.0%	22.7%	0.93%	37%
43位	川島信二	4.4%	9.6%	14.6%	0.94%	46%
44位	津村明秀	6.5%	14.8%	22.7%	0.95%	32%
45位	原優介	2.3%	6.2%	11.4%	0.96%	48%
46位	横山琉人	5.2%	9.3%	13.1%	0.96%	45%
47位	鮫島良太	3.5%	7.4%	12.1%	0.96%	47%
48位	北村宏司	7.5%	15.1%	22.8%	0.96%	32%

■勝負度合いを下げるべき騎手（大外回し率高×逃げ追込率高）ランキング

順位	騎手	勝率	連対率	複勝率	3コーナー大外回し率	逃げ追込率
1位	鷲頭虎太	3.7%	8.0%	11.7%	2.66%	60%
2位	古川奈穂	5.2%	13.5%	18.5%	2.46%	49%
3位	勝浦正樹	5.2%	11.9%	18.6%	1.80%	37%
4位	柴田善臣	5.4%	11.6%	18.2%	1.79%	39%
5位	伊藤工真	3.4%	7.5%	12.2%	1.66%	50%
6位	中井裕二	4.4%	8.9%	14.8%	1.61%	42%
7位	菱田裕二	6.6%	13.1%	19.6%	1.60%	41%
8位	小沢大仁	4.8%	9.9%	14.8%	1.51%	41%
9位	小林脩斗	3.4%	6.7%	10.5%	1.49%	41%
10位	田辺裕信	11.3%	21.9%	31.8%	1.45%	36%
11位	田中勝春	4.7%	9.8%	16.4%	1.41%	41%
12位	原田和真	2.6%	6.5%	11.0%	1.36%	44%
13位	太宰啓介	3.5%	8.0%	13.6%	1.34%	51%
14位	荻野極	5.4%	10.7%	16.7%	1.33%	41%
15位	古川吉洋	5.2%	11.7%	17.0%	1.32%	40%
16位	横山和生	7.5%	13.9%	20.7%	1.31%	45%
17位	富田暁	4.7%	10.0%	15.9%	1.31%	39%
18位	石橋脩	8.9%	16.8%	25.6%	1.30%	35%
19位	黛弘人	3.0%	7.5%	12.3%	1.27%	43%
20位	木幡育也	3.1%	6.5%	11.1%	1.27%	48%
21位	西村淳也	7.8%	16.2%	24.1%	1.26%	34%
22位	亀田温心	4.8%	10.0%	15.3%	1.26%	46%
23位	西村太一	2.5%	4.6%	7.8%	1.26%	52%
24位	斎藤新	5.9%	12.1%	18.5%	1.25%	38%
25位	小牧太	5.8%	11.8%	17.8%	1.25%	44%
26位	秋山稔樹	5.2%	9.9%	15.6%	1.25%	47%
27位	菅原隆一	2.3%	5.4%	7.5%	1.24%	51%
28位	内田博幸	7.5%	15.1%	22.4%	1.22%	38%
29位	藤田菜七子	4.5%	9.5%	13.5%	1.22%	53%
30位	柴山雄一	5.9%	11.8%	18.3%	1.22%	38%
31位	竹之下智昭	2.9%	7.7%	11.6%	1.20%	53%
32位	国分恭介	3.8%	8.5%	15.3%	1.20%	45%
33位	小崎綾也	4.1%	9.1%	14.5%	1.19%	45%
34位	藤井勘一郎	3.6%	8.1%	12.9%	1.18%	45%
35位	吉田豊	5.3%	11.7%	18.2%	1.18%	42%
36位	小林凌大	2.9%	6.5%	11.1%	1.17%	50%
37位	川又賢治	5.1%	10.4%	16.6%	1.17%	39%
38位	永島まなみ	4.1%	7.6%	11.5%	1.17%	52%
39位	嶋田純次	2.5%	6.4%	11.0%	1.16%	46%

■勝負度合いを上げるべき騎手(大外回し率低×逃げ追込率低)ランキング

順位	騎手	勝率	連対率	複勝率	3コーナー大外回し率	逃げ追込率
1位	シュタルケ	9.2%	17.7%	28.6%	0.51%	25%
2位	川田将雅	21.5%	37.3%	49.4%	0.57%	18%
3位	岩田望来	10.2%	19.8%	29.4%	0.60%	25%
4位	岩田康誠	9.2%	19.1%	29.7%	0.63%	34%
5位	三浦皇成	9.3%	19.9%	29.2%	0.79%	31%
6位	ムーア	21.0%	37.7%	46.9%	0.80%	22%
7位	ミナリク	5.9%	11.3%	16.8%	0.81%	34%
8位	レーン	23.0%	37.3%	49.4%	0.83%	21%
9位	モレイラ	33.4%	50.1%	60.7%	0.88%	20%
10位	和田竜二	7.1%	16.1%	25.1%	0.89%	24%
11位	浜中俊	10.6%	21.7%	32.0%	0.90%	28%
12位	藤岡康太	7.8%	16.3%	24.4%	0.91%	33%
13位	松山弘平	10.5%	20.0%	28.4%	0.91%	32%
14位	鮫島克駿	6.8%	14.5%	22.1%	0.92%	34%
15位	津村明秀	6.5%	14.8%	22.7%	0.95%	32%
16位	北村宏司	7.5%	15.1%	22.8%	0.96%	32%

コーナーロス×枠順

コーナーで大きく外を回すロスが生じる原因として、前項で取り上げた騎手以外には「枠順」が挙げられる。

ゲートの外枠からスタートした場合、他馬との兼ね合いから内に入れることができないままにコーナーを迎えてしまうことが多く、しかたなく外を回しているケースが散見される。

裏を返せば、内枠の馬はコーナーロスを最小限に抑えられる可能性が高いということだ。

参考までに3コーナーでロスする確率を枠順別に下の表にまとめてみた。

1・2枠を引いた馬は、3コーナーで最内を回せる可能性がじつに8割を超えている。一方、大外の8枠の場合は、半分以上の確率でコーナーロスのある競馬を強いられることもわかる。

枠順が原因で大きなコーナーロスを強いられて負けた馬が、次走は内枠に替わったことで激走する――これはよくあるパターンだ。

とくにスタートしてから最初のコーナーまでの距離が短いコースで外枠を引いた馬は要注意。序盤のポジション争いをしているあいだにコーナーへと差し掛かってしまうため、必然的に外枠の馬はコーナーでロスをする確率が高まるからである。

枠順別3コーナーロス率

	3コーナー			
枠	1頭目	2頭目	3頭目	4頭目以降
1枠	89.8%	8.7%	1.3%	0.2%
2枠	82.9%	14.7%	2.1%	0.3%
3枠	75.1%	21.1%	3.3%	0.5%
4枠	68.3%	26.2%	4.9%	0.6%
5枠	62.5%	30.4%	7.0%	0.9%
6枠	56.2%	34.1%	9.7%	1.3%
7枠	51.7%	36.3%	12.0%	1.8%
8枠	47.6%	38.2%	14.2%	2.5%

参考までに最初のコーナーまでの距離が短いコースをまとめてみた。

なお、基本的には内枠のほうがコーナーをロスする確率は下がるが、ダートの場合は注意が必要。なぜなら、砂を被ることが極端に嫌いな馬がいるから。とくにメンコを装着している馬は、その可能性があることを示唆している。

あとは、過去のレース戦績を確認して、内枠でも好走しているようなら１・２枠でも問題なく購入し、逆に外枠での好走が集中している場合はダートの内枠替わりでの購入は控えるようにするといい。

1コーナーまでの距離が短いコース

芝			
札幌	1000m	東京	1800m
札幌	1500m	東京	2000m
札幌	1800m	東京	2300m
函館	1000m	東京	2400m
函館	1800m	中京	1600m
函館	2600m	京都	3000m外
福島	1000m	阪神	1200m内
福島	1700m	小倉	1000m
福島	2600m	小倉	1700m
中山	1200m	小倉	1800m
中山	1600m	小倉	2600m
中山	1800m		
中山	2500m		

ダート	
札幌	1000m
札幌	1700m
札幌	2400m
函館	2400m
中山	2400m
東京	2100m
中京	1800m
京都	1800m

※京都競馬場は改修前

第5章

爆裂！
コーナーロス馬券
ヒットギャラリー

馬番	馬名	前走コーナー別ロス			上がり	タイム差	レースレベル	
		1C	2C	3C	順位		指数	ランク
1	サツキハピネス	2頭目	1頭目	1頭目	5	0.4	0.7	C
2	アールチャレンジ	1頭目	1頭目	1頭目	9	1.5	0.7	C
3	ロックグラス	2頭目	2頭目	2頭目	7	1.1	0.7	C
4	セルケト	1頭目	1頭目	1頭目	7	0.4	1.6	A
5	ダノンソフィア	1頭目	1頭目	1頭目	1	0.0	0.9	C
6	コントゥラット	1頭目	1頭目	1頭目	11	1.4	1.8	S
7	テーオーソラネル	1頭目	1頭目	1頭目	2	0.6	2.6	S
8	サンセットクラウド	3頭目	1頭目	5頭目	10	1.5	1.8	S
9	リアド	2頭目	2頭目	1頭目	3	0.3	2.6	S
10	フランコイメル	1頭目	1頭目	2頭目	7	1.9	1.3	B

2022年10月16日　阪神7R　3歳以上1勝クラス　芝2400m

重賞大幅ロスから自己条件で巻き返しV！

Ｐ60のコーナーロス馬ストック実践例のところで触れた、神戸新聞杯のサンセットクラウドの次走がこのレース。3コーナーで内から5頭目、しかもGⅡ重賞における大きなロスだったので、自己条件に出走となれば買わないわけにはいかない。この馬を中心に馬券を組み立てることに、なんの迷いもなかった。

同馬以外に前走で大きなロスのあった馬はいなかったため単複という選択肢でもよかったが、私はコーナーロス以外のファクターも加味して総合的に予想しており（本題から逸れるので詳細は割愛）、相手は外枠に絞れると判断。前走のレースレベルがSと高かった馬に流すかたちで、ワイドと馬連を購入した。

サンセットクラウドはこちらの期待に応え、2番手追走から逃げるテーオーソラネルをハナ差交わして勝利。1勝クラスでは負けるわけにはいかないというところを見せつけた。

払戻金総額287万5000円！

馬番	枠	父	馬名	母・母成績	毛色・斤量・性齢	騎手	厩舎	賞金	総賞金	馬主	生産者	予想印	前走	前々走
1	白1	エピファネイア(帳)	サツキハピネス	ハッピーユーゲント 未勝(短)	黒鹿 55 牝4	(替)岩田望	(栗)寺島	400	1832	小野博郷	(ひ)タガミF	△ △ △ … … …	3小 7月24日 ⑧ 三才上 4 1勝 12ﾄﾞ12頭 芝2000 51 今村 S ⑪⑩⑨ 450 人気10 後方追上 3身 373外346 アーティット 1595 0.5	4小 8月28日 ⑥ 葵 4 1勝 5ﾄﾞ7頭 芝2016 55 今村 S ⑤②② 454 人気3 追上一息 2¾ 390中348 アップデート 2012 0.4
2	黒2	イスラボニータ(マ中)	アールチャレンジ	エクスラヴィータ 未勝(マ)	栗 54 牡3	(替)武豊	(栗)千田	400	700	前原敏行	(ひ)チャンピオンズF	… … △ △ ▲ △	4小 8月13日 ① 三才上 8 1勝 10ﾄﾞ15頭 芝1472 54 川須 S ⑬⑬⑨ 480 人気7 後方差詰 5¾ 383中337 マテンロウエー 1463 0.9	5中京 10月1日 ⑧ 三才上 15 1勝 3ﾄﾞ16頭 芝2139 51 鷲頭 S ⑩⑬⑬ 476 人気8 中位バテ 9¼ 365内352 ヘネラルカレー 2124 1.5
3	赤3	エイシンフラッシュ(中)	ロックグラス	サトノコンドル 未勝(中)	鹿 57 騸5	幸	(栗)谷	400	1317	橋本謙一	(日)下河辺牧場	△ … … … … …	4小 9月4日 ⑧ 三才上 8 1勝 4ﾄﾞ15頭 芝2401 57 秋山真 S ⑫⑩⑪ 462 人気11 後直だけ 10¼ 383中369 シホノスペラン 2384 1.7	5中京 10月1日 ⑧ 三才上 9 1勝 7ﾄﾞ16頭 芝2135 57 幸 S ⑩⑩⑩ 466 人気15 中位一杯 7身 365中351 ヘネラルカレー 2124 1.1
4	青4	ディープブリランテ(中)	セルケト	セルキス 独(中)	鹿 52 牝3	(替)福永	(栗)斉藤崇	[illegible]00	[illegible]10	[illegible]己	(安)ノーザンF	○ ○ ▲ ◎ 注 △	4中京 6月11日 ③ 三才上 6 牝1勝 4ﾄﾞ10頭 芝2021 52 北村友 S ⑤⑦⑥ 482 人気1 中位まま 5½ 377外359 テーオーアリエ 2011 1.0	3小 7月24日 ⑧ 三才上 2 1勝 5ﾄﾞ12頭 芝1599 52 松山 S ②②② 488 人気2 二位付粘 2½ 363中350 アーティット 1595 0.4
5	黄5	キタサンブラック(帳)	ダノンソフィア	ショウリュウムーン 5勝(中)	鹿 49 牝3	(替)▲角田河	(栗)佐々木晶	400	1048	ダノックス	(安)ノーザンF	注 ▲ ◎ ▲ ◎ 注	3中京 5月22日 ⑥ 三才 1 未勝 10ﾄﾞ10頭 芝2140 54 藤岡佑 S ①①① 484 人気1 逃切る ¾身 358内356 グロー 2142 0.2	4ヵ月半 放牧 乗込み5週間 仕上り○ 連対体重 484～498 3ヵ月以上休 ①②③外 0100
6	緑6	エピファネイア(帳)	コントゥラット	アスクデビュティ 5勝(中)	鹿 54 牡3	(替)松山	(栗)吉岡	400	650	牧埜幸一	(白)白老F	△ 注 △ 注 △ ▲	2中京 3月26日 5 三才 1 未勝 6ﾄﾞ14頭 芝2159 56 斎藤 S ③⑤③ 482 人気2 好位抜出 4身 370中351 ナリタイチモン 2165 0.6	5中京 9月25日 ⑦ 神戸新聞 12 GII 4ﾄﾞ17頭 芝2125 56 北村友 S ⑦⑧⑦ 484 人気15 内々回る 8¼ 357内355 ジャスティンパ 2111 1.4
7	橙7	シルバーステート(マ中)	テーオーソラネル	アドマイヤチャーム 未勝(マ)	黒鹿 54 牡3	(替)横山武	(栗)須貝尚	[illegible]00	[illegible]7	小[illegible]地	(浦)辻牧場	◎ △ … △ ○ B△	3小 7月24日 ⑧ 三才上 6 1勝 3ﾄﾞ12頭 芝2000 54 川田 S ⑤⑤⑥ 488B 人気1 中位まま 3身 366中349 アーティット 1595 0.5	5中京 9月19日 5 釜山 5 1勝 6ﾄﾞ8頭 芝2149 54 福永 S ⑧⑧⑧ 486B 人気3 後直だけ 3½ 366中343 レッドバリエン 2143 0.6
8	橙7	ディープインパクト(帳)	サンセットクラウド	ロードクロサイト 未勝(短)	芦 54 牡3	(替)坂井	(栗)矢作	[illegible]00	[illegible]43	前田[illegible]二	(新)ノースヒルズ	… … … △ △ …	3小 7月10日 ④ 三才 1 未勝 14ﾄﾞ16頭 芝2392 56 川田 S ④②① 438 人気1 好位抜出 アタマ 376中353 ファベル 2392 0.0	5中京 9月25日 ⑦ 神戸新聞 13 GII 17ﾄﾞ17頭 芝2126 56 幸 S ⑫⑧⑬ 448 人気14 外々回る 8¾ 359外353 ジャスティンパ 2111 1.5
9	桃8	ディープインパクト(帳)	リアド	タイタンクイーン 米(マ)	鹿 54 牡3	藤岡康	(栗)友道	400	2760	大塚亮一	(安)ノーザンF	▲ ◎ ○ ○ △ ◎	3新 8月13日 ① 瀬波 2 1勝 8ﾄﾞ13頭 芝外1591 54 福永 S ⑧⑧⑧ 468 人気1 中位伸 2½ 377中337 スパイダーゴー 1587 0.4	5中京 9月19日 5 釜山 2 1勝 8ﾄﾞ8頭 芝2146 54 藤岡康 S ②②② 464 人気2 先行伸 1¾ 358中347 レッドバリエン 2143 0.3
10	桃8	ベルシャザール(中)	フランコイメル	ケンコウランハート 公(マ)	黒鹿 57 牡4	富田	(栗)武英	400	1800	ケーエスHD	(む)ヤマイチ牧場	△ △ 注 △ … ○	4中京 6月11日 ③ 香嵐 6 1勝 4ﾄﾞ11頭 芝2141 57 富田 M ⑤④③ 514 人気4 4角不利 12身 355中373 デビットバローー 2122 1.9	4ヵ月余 骨折放牧 乗込み3週間 仕上り○ 連対体重 510～526 3ヵ月以上休 ①②③外 0101

1着⑧サンセットクラウド　（4番人気）
2着⑦テーオーソラネル　（5番人気）
3着④セルケト　（3番人気）

●枠連7－7　4450円
×5万円＝**222万5000円**
●ワイド⑦－⑧ 1300円
×5万円＝**65万円**

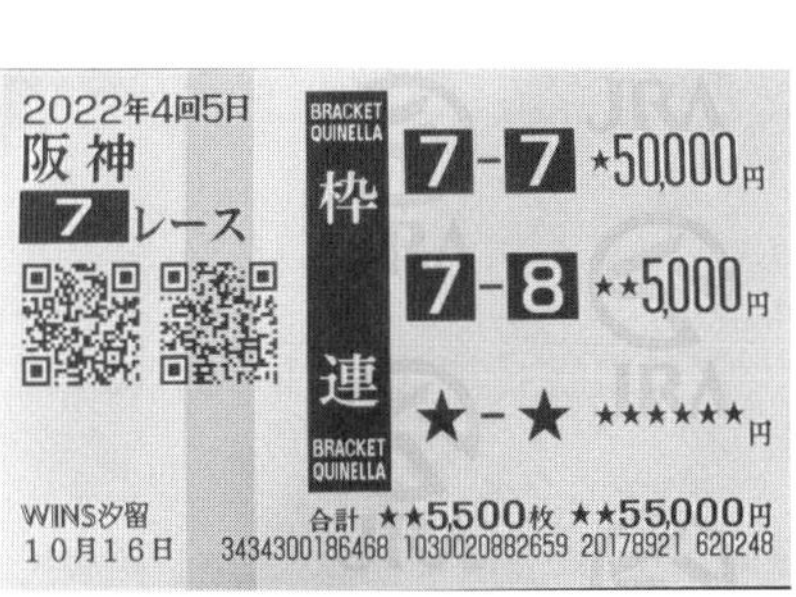

2022年12月28日 中山2R 2歳未勝利 ダ1800m

馬番	馬名	前走コーナー別ロス			上がり	タイム差	レースレベル	
		1C	2C	3C	順位		指数	ランク
1	サラサビーザベスト		3頭目	1頭目	10位	1.7	0.6	D
2	ブライテストドーン	2頭目	1頭目	3頭目	1位	0.2	0.6	D
3	マロンアイス	1頭目	2頭目	2頭目	12位	2.4	0.8	C
4	エッグスラット			3頭目	6位	1.2	1.7	A
5	カリスマタイクーン			2頭目	15位	1.5	1.1	B
6	アクションプラン	2頭目	1頭目	2頭目	9位	2.4	1.1	B
7	ミヤビデロス			2頭目	3位	1.5	0.6	D
8	ベルウッドミカサ			1頭目	7位	1.1	1.8	S
9	シュンコッチャン			1頭目	11位	1.6	0.6	D
10	ヨシイチ	1頭目	1頭目	1頭目	5位	1.8	1.1	B
11	モーメントキャッチ	2頭目	2頭目	2頭目	1位	0.0	1.5	A
12	ショーガイッパイ	1頭目	1頭目	2頭目	7位	1.7	0.6	D
13	エコロマーベリック		1頭目	1頭目	8位	0.9	0.5	D
14	ハットグットゲット	1頭目	1頭目	1頭目	6位	1.1	0.7	C
15	ネイビー		2頭目	1頭目	10位	2.1	0.6	D
16	ニシノシャイニング			1頭目	7位	2.0	1.2	B

低レベルのレースは条件外でも勝負可能！

はじめに断っておくと、コーナーロスの注目馬の条件として示した「1・2コーナーで内から3頭目以降を走った馬」「3コーナーで内から4頭目以降を走った馬」は、あくまでひとつの目安であり、絶対厳守のルールではない。相対評価により、この条件に該当しない馬で勝負できるケースもある。このレースは、そんな応用的なアプローチが奏功した一戦だ。

私が中心視したのは、前走の3コーナーで内から3頭目を走るロスのあったエッグスラット。この馬に注目した理由は、前走のレースレベルが低い馬ばかり揃ったレースだったからだ。

唯一のSランクのベルウッドミカサは前走ロスなしの競馬で半信半疑だったので、続くAランクのなかからエッグスラットに注目した。

そして、人気をはじめとするその他ファクターを鑑み、同馬の単勝と、枠連&ワイド流しを購入。相手もしっかり拾えて大きく勝つことに成功した。

払戻金総額88万6690円！

16	桃8	レーヴミストラル	ニシノシャイニング	ニシノモンクス2勝	鹿 55 牡2	替イーガン	美中野栄	西山茂行	新村上欽哉	◎△△△△注	5東 11月13日 ④ 着4 未勝14ト15頭 ダ1394 55 Hドイル H④④④ 438 人気8 伸一息 1¾ 357中391 タカシ 1391 0.3	5東 11月26日 7 着10 未勝1ト16頭 ダ1394 55 Hドイル H⑩⑫⑫ 440B 人気7 後方まま 12身 363外385 ドライブアロー 1374 2.0
15	桃8	サトノダイヤモンド	ネイビー	ヴィクタシア3勝	鹿 54 牝2	替Mデムーロ	美国枝	飯田正剛	ひ千代田牧場	△	レース診断 上昇度△ 非力さが残る。発馬が悪く末の伸びも平凡。	5東 11月27日 ⑧ 着11 新馬7ト16頭 芝1493 54 菅原明 S⑪⑩⑪ 484 人気10 出遅る 12¾ 378中348 タスティエーラ 1472 2.1
14	橙7	ヴィクトワールピサ	ハットグッドゲット	サイレントクロップ2勝	青鹿 55 牡2	勝浦	美杉浦	小林善一	千社台F	△△△△△	4中 9月17日 ③ 着5 未勝11ト11頭 ダ1569 54 菅原明 S②②② 504 人気5 先行一息 14¼ 387中399 モンドプリュー 1544 2.5	5中 12月4日 ② 着6 未勝7ト16頭 ダ1577 55 勝浦 S④③③ 522 人気7 先行一息 7身 384内394 リチャ 1566 1.1
13	橙7	ハーツクライ	エコロマーベリック	スターシップトラッフルズ米	鹿 55 牡2	替ルメール	美加藤征	原村正紀	千社台F	△注△	4東 10月9日 ② 着13 新馬11ト15頭 芝2039 55 横山武 S⑬⑭⑭ 496 人気7 出遅る 17½ 403中349 ミッキーカプチ 2011 2.8	4東 10月22日 ⑥ 着6 未勝2ト12頭 芝2038 55 横山武 S④④③ 504 人気8 好位一息 5½ 379中349 サスツルギ 2029 0.9
12	緑6	デクラレーションオブウォー	ショーガイッパイ	イセエビ未勝	鹿 55 牡2	黛	美中野栄	芳賀克也	新アサヒ牧場	△▲	レース診断 上昇度○ ジリジリと差は詰めた まだ太く絞れてくれば	3福 11月12日 ③ 着8 新馬5ト14頭 芝2066 55 黛 S⑪⑩⑪ 508 人気3 出遅る 10¼ 376中369 ボーンイングラ 2049 1.7
11	緑6	モーリス	モーメントキャッチ	シュシュブリーズ2勝	鹿 52 牡2	[illegible]	[illegible]	[illegible]	ひ藤沢牧場	△◎○○◎◎	4新 10月29日 5 着2 未勝7ト11頭 ダ1574 51 今村 M⑩⑤⑤ 502 人気2 4角不利 2身 382外403 シリンガバルガ 1571 0.3	6中京 12月3日 ① 着2 未勝14ト14頭 ダ1550 52 今村 H④③④ 498 人気2 好位伸 クビ 384外384 グランデスフィ 1550 0.0
10	黄5	ディープスカイ	ヨシイチ	タマノベレッツァ1勝	黒鹿 55 牡2	替津村	美高柳瑞	玉腰勇吉	浦三嶋牧場	△B△	4新 10月29日 5 着4 未勝2ト11頭 ダ1581 55 杉原 M⑧⑨⑧ 494 人気9 後方差詰 5¾ 380外405 シリンガバルガ 1571 1.0	5中 12月3日 1 着10 未勝3ト16頭 ダ1573 55 杉原 S⑨⑯⑭ 494B 人気9 後方差詰 10身 388中388 フクチャンキン 1555 1.8
9	黄5	トーセンラー	シュンコッチャン	ノボキャビア2勝	栗 55 牡2	吉田豊	美小野次	矢野琢也	日サンバマウンテンF	△△△	レース診断 上昇度○ 直線で少し追いづらい場面も。経験を積めば	5東 11月12日 ③ 着8 新馬6ト16頭 ダ1417 55 吉田豊 S⑩⑩⑩ 432 人気14 出遅る 10身 380中380 トニトゥルス 1401 1.6
8	青4	ビーチパトロール	ベルウッドミカサ	ステージスクール米	黒鹿 55 牡2	替石橋脩	美牧	鈴木照雄	ひ山際牧場	▲注	3東 6月18日 ⑤ 着4 未勝2ト7頭 芝1236 54 木幡巧 S②②② 442 人気4 先行一息 4½ 362内350 ロードディフィ 1229 0.7	5東 11月5日 ① 着12 未勝5ト15頭 芝1234 55 木幡巧 S⑭⑬⑬ 442 人気13 後方まま 7身 367外345 プレジャークル 1223 1.1
7	青4	ディスクリートキャット	ミヤビデロス	ミヤビフィオーラ未勝	黒鹿 55 牡2	替田辺	美中舘	村上義勝	ひ静内山田牧場	▲△▲△△△	レース診断 上昇度○ 中団からジリジリ差を詰める。叩いて前進も	6中京 12月11日 ④ 着4 新馬11ト12頭 ダ1283 55 藤岡康 H⑥⑥⑥ 472 人気4 中位差詰 8¾ 366中394 アステロイドメ 1268 1.5
6	赤3	リオンディーズ	アクションプラン	シャブレドサクレ未勝	黒鹿 54 牡2	[illegible]	[illegible]	[illegible]	ひ木下牧場	△△△	4新 10月15日 ① 着3 未勝12ト15頭 ダ1555 54 秋山稔 H⑨⑧⑧ 496 人気14 中位伸 2½ 379外394 サノノエスポ 1551 0.4	4新 10月29日 5 着9 未勝5ト11頭 ダ1595 54 秋山稔 M⑤⑨⑩ 492 人気5 ジリ下り 14½ 376中419 シリンガバルガ 1571 2.4
5	赤3	ロゴタイプ	カリスマタイクーン	ブラスドピラミッド未勝	黒鹿 52 牡2	替▲佐々木	美杉浦	西村憲人	日奥山牧場		5東 11月13日 ④ 着11 未勝1ト12頭 芝1505 55 木幡巧 S⑧⑦⑦ 492B 人気11 中位バテ 13¾ 382内362 コレペティトー 1482 2.3	6中京 12月3日 ① 着14 未勝6ト16頭 ダ1283 55 松若 M⑩⑧⑩ 490B 人気16 後方まま 8¾ 372内387 ユメハハテシナ 1268 1.5
4	黒2	ジャスタウェイ	エッグスラット	エッグドロップ米	芦 55 牡2	替…永	美…子英	GI…ング	千社台F	注○△◎▲▲	5東 11月13日 ④ 着3 未勝4ト15頭 ダ1393 55 鮫島駿 H⑧⑧⑦ 494 人気6 中位伸 1½ 361外386 タカシ 1391 0.2	5東 11月27日 8 着6 未勝10ト16頭 ダ1403 55 マーカンド M③④⑦ 492 人気2 好位一杯 7¾ 365中374 トルズイーガー 1391 1.2
3	黒2	エピファネイア	マロンアイス	マロンブーケ未勝	鹿 55 牡2	替伊藤工	美池上和	保坂和孝	日オリオンF	△	4中 9月25日 7 着11 未勝1ト14頭 芝1516 54 石橋脩 M⑪⑪⑪ 484 人気13 後方まま 10¼ 387中370 マイネルカンパ 1499 1.7	5中 12月4日 ② 着11 未勝5ト16頭 芝2036 55 北村宏 S⑫⑬⑫ 482 人気15 後方まま 13¾ 383外370 マイネルモーン 2012 2.4
2	白1	マインドユアビスケッツ	ブライテストドーン	デザートオブムーン3勝	鹿 55 牡2	替戸崎圭	美田島俊	吉田千津	千社台F	○注◎注○○	レース診断 上昇度○ 外々を回る形も渋太く詰め寄る。能力は十分	5中 12月10日 3 着2 新馬14ト15頭 ダ1563 55 Hドイル S⑥⑤④ 512 人気6 好位伸 1¼ 386外382 ショウナンライ 1561 0.2
1	白1	ゴールドアクター	サラサビーザベスト	ボーカーアリス公	黒鹿 55 牡2	替坂井	美村田	横井良明	新村上進治		レース診断 上昇度△ 若さが目立ちレースに参加できなかった印象	4東 10月30日 ⑨ 着13 新馬12ト14頭 芝1521 55 柴田善 S⑪⑭⑫ 468 人気8 出遅る 10身 391中347 エメリヨン 1504 1.7

1着④エッグスラット　（4番人気）
2着⑥アクションプラン　（12番人気）
3着⑪モーメントキャッチ　（2番人気）

●単④ 750円
× 3万円＝ 22万5000円

●枠連2－3　14770円
× 2200円＝ 32万4940円

●ワイド④－⑥ 4490円
× 7500円＝ 33万6750円

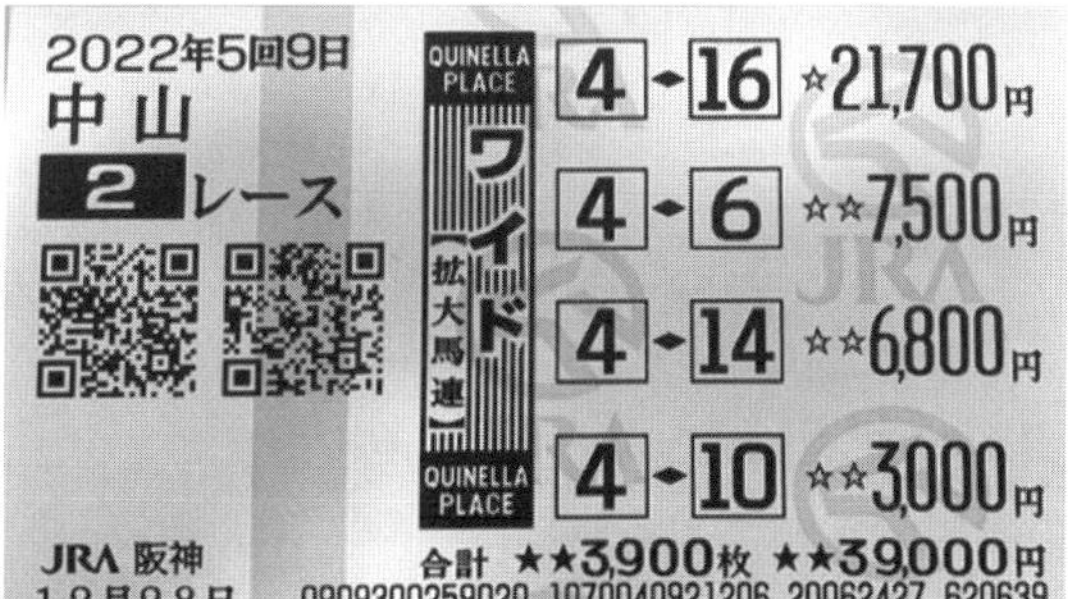

馬番	馬名	前走コーナー別ロス			上がり	タイム差	レースレベル	
		1C	2C	3C	順位		指数	ランク
1	ローシャムパーク	1頭目	1頭目	1頭目	2位	0.5	1.6	A
2	ヤマニンプレシオサ	1頭目	1頭目	2頭目	5位	0.5	0.8	C
3	ポッドヴァイン	1頭目	2頭目	3頭目	3位	0.8	1.7	A
4	マイネルステレール		1頭目	1頭目	9位	0.5	1.5	A
5	タイセイドリーマー	1頭目	1頭目	1頭目	12位	0.7	1.5	A
6	スラップショット			2頭目	14位	1.4	1.1	B
7	ヴェールランス	2頭目	1頭目	3頭目	8位	1.2	1.4	B
8	パトリックハンサム	1頭目	1頭目	**4頭目**	1位	0.0	0.9	C
9	パワータイショウ			1頭目	8位	1.7	0.8	C
10	アドマイヤハレー		1頭目	1頭目	1位	0.3	1.4	B
11	ウインチェレステ	1頭目	1頭目	1頭目	12位	0.8	1.1	B
12	ノーダブルディップ		1頭目	1頭目	8位	2.2	1.4	B
13	ボーンディスウェイ	**3頭目**	2頭目	2頭目	7位	0.6	1.7	A
14	マイネルクリソーラ		2頭目	3頭目	1位	0.1	1.2	B

2023年1月5日 中山12R 4歳以上2勝クラス 芝2000m

追いかけていた絶好の狙い目と心中勝負！

ロスのある走りを重ねていたボーンディスウェイを個人的に追いかけており、このレースも前走で1コーナー3頭目、2コーナー2頭目、3コーナー2頭目と、終始外を回らされて6着という競馬のあとだったので、大勝負を敢行した。前走のレースレベルもAランクであり、悩む余地はない。

ただし、唯一の誤算は前走のセントライト記念で3着に好走していた、能力は重賞級のローシャムパークが出走してきたこと。この馬がいなければ単勝にドカンと張っていたが、さすがに敵わないというケースも想定し、ご覧の通りの馬券を購入した。

一騎打ちになることを前提にした3連単1・2着固定とワイド1点。さらに、P86でも推奨した資金を割り振っての馬連総流し。

そして最後に、万一ローシャムパークが4着以下に負けた場合、配当が跳ね上がることに期待しての複勝。結果、そのすべてが的中することになった。

払戻金総額85万4000円！

馬番	枠	馬名	父	母	斤量・性齢	騎手	厩舎
1	白1	ローシャムパーク	ハービンジャー	レネットグルーヴ 3勝	鹿 57 牡4	替戸崎圭	美田中博
2	黒2	ヤマニンプレシオサ	ヴァンセンヌ	ヤマニンスフィアー 3勝	黒鹿 56 牝6	木幡巧	美辻
3	赤3	ポッドヴァイン	ジャングルポケット	ポッドクヒオ 3勝	鹿 57 牡4	横山和	美小野次
4	赤3	マイネルステレール	グラスワンダー	マイネルーチェ 2勝	鹿 58 牡7	替丹内	美菊川
5	青4	タイセイドリーマー	ハーツクライ	ドリームライター 米	栗 58 牡5	替三浦	美矢作
6	青4	スラップショット	エアフォースブルー	ラックスフィールドロード 米	鹿 58 騸5	大野	美大竹
7	黄5	ヴェールランス	キタサンブラック	ジュエラー 2勝	鹿 57 牡4	替横山武	美藤岡健
8	黄5	パトリックハンサム	バゴ	トーコーユズキ 1勝	青鹿 57 牡4	勝浦	美菊沢
9	緑6	パワータイショウ	アメリカンペイトリオット	メモリアルイヤー 5勝	鹿 56 牡4	替☆永野	美村山
10	緑6	アドマイヤハレー	モーリス	アドマイヤシーマ 3勝	青鹿 58 牡5	替バシュロ	美宮田
11	橙7	ウインチェレステ	ドゥラメンテ	コスモチェーロ 1勝	鹿 58 牡5	替松岡	美畠山吉
12	橙7	ノーダブルディップ	リーチザクラウン	リトルディッパー 2勝	鹿 58 牡5	替津村	美古賀慎
13	桃8	ボーンディスウェイ	ハーツクライ	ウィンドハック 独	黒鹿 57 牡4	替石橋脩	美牧
14	桃8	マイネルクリソーラ	スクリーンヒーロー	マイネトゥインクル 4勝	栗 57 牡4	Mデムーロ	美中野栄

1着①ローシャムパーク　（1番人気）
2着⑬ボーンディスウェイ　（3番人気）
3着⑩アドマイヤハレー　（4番人気）
●複⑬ 170円×10万円＝17万円
●馬連①－⑬ 480円
×6万円＝28万8000円
●ワイド①－⑬ 240円
×10万円＝24万円
●3連単①→⑬→⑩ 3120円
×5000円＝15万6000円

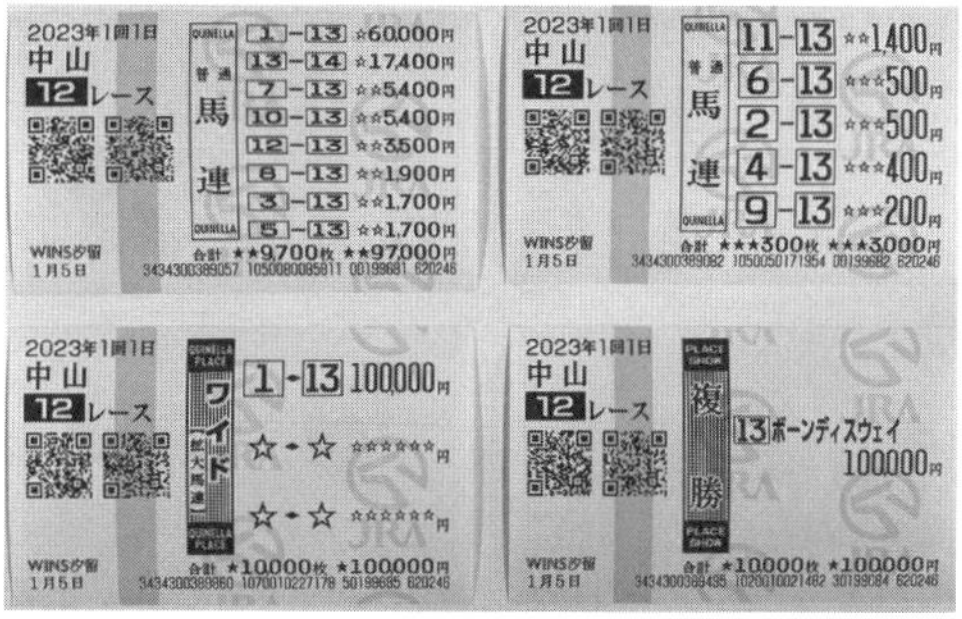

馬番	馬名	前走コーナー別ロス			上がり	タイ	レースレベル	
		1C	2C	3C	順位	ム差	指数	ランク
1	ダディーズラビング			2頭目	4位	0.8	0.6	D
2	ロジウムエポック			2頭目	11位	0.8	2.1	S
3	コンドリュール	2頭目		1頭目	10位	2.4	0.9	C
4	アンクルブラック	1頭目	**3頭目**	1頭目	5位	2.4	1.3	B
5	マルモルミエール	1頭目	1頭目	1頭目	5位	1.3	1.2	B
6	エドノトップラン	1頭目	1頭目	1頭目	3位	1.9	0.6	D
7	タイセイラファーガ	1頭目	1頭目	2頭目	4位	2.0	0.6	D
8	メイショウモズ	1頭目	2頭目	1頭目	5位	2.0	0.6	D
9	カッチュッコ	1頭目	1頭目	1頭目	10位	2.2	0.7	C
10	セザンワールド	2頭目	2頭目	1頭目	2位	0.2	1.1	B
11	サンデーヒーロー	1頭目	1頭目	1頭目	3位	1.5	1.2	B
12	タイガーミノル	1頭目	1頭目	1頭目	4位	1.9	1.2	B
13	キーウィル	2頭目	2頭目	2頭目	5位	1.9	0.9	C
14	アグネスクウ	1頭目	1頭目	1頭目	6位	2.3	0.6	D
15	ホッコーソムニウム	2頭目	2頭目	2頭目	6位	0.8	0.6	D

2023年1月7日　中京1R　3歳未勝利　ダ1800m

時に送りバント系の馬券で堅実に当てる！

これまで紹介してきたレースは、わりと派手な的中例といえるが、私は毎回あのような馬券の買い方をしているわけではない。

大勝負ではなく小勝負。ホームラン狙いではなく、進塁打や送りバントで堅実に攻める戦術。そのようなアプローチを採用することもある。このレースはまさにその代表例だ。

前走内容の一覧を見ると、コーナーロスの注目馬の条件に該当するのは、2コーナーで内から3頭目を走っていたアンクルブラックだけということがわかる。この時点で買いの対象となり、あとは券種と金額を考えればいい。

ただし、レースレベルはBランクであり、見た目にも際立つ強さは感じなかったので、複勝のみの購入にとどめた。買う価値はあるも、全幅の信頼を置くほどではないと考えたのだ。結果は3着で、その判断は正解だった。

払戻金総額12万5000円！

馬番	枠	馬名	父	母	毛色・斤量・性齢	騎手	調教師	馬主	生産者	印	近走(上段)	近走(下段)
1	白1	ダディーズラビング	コパノリッキー	トロピカルブラッサム(米)	鹿 54 牝3	替 浜中	千田	田島大史	市川牧場	… … △ … … …	レース診断 上昇度○ 手応えほど弾けなかったがレース運びは巧い	4阪 10月29日 ⑧5 新馬7ト13頭 ダ1279 54幸 S④③③ 482 人気6 好位一息 4¾ 373中378 ヘニータイフー 1271 0.8
2	黒2	ロジウムエポック	サトノクラウン	レイナカスターニャ(1勝)	鹿 56 牡3	替 富田	四位	平沼宣秀	秋田牧場	△ △ … ◎ ▲ △	3小 7月23日 ⑦4 未勝1ト9頭 芝1485 54北村友 S⑥⑥⑥ 472 人気7 後方追上 2¾ 367中351 アイスグリーン 1481 0.4	4阪 10月29日 ⑧9 未勝10ト13頭 芝外1485 55横山典 S⑥②② 474 人気8 追上一杯 5¼ 367外356 ティムール 1477 0.8
3	黒2	コンドリユール	トランセンド	イコールパートナー(4勝)	鹿 56 牡3	替 鮫島駿	安田翔	ノースヒルズ	ノースヒルズ	△B … … 注 … △	6阪 12月3日 1 7 新馬6ト12頭 ダ1561 55ルメール M⑦⑤⑤ 466 人気2 中位一杯 16身 386中397 フルングニル 1534 2.7	6阪 12月17日 ⑤8 未勝12ト15頭 ダ1580 55吉田隼 M⑤⑥⑦ 472B 人気4 好位一杯 14身 378外414 メジェド 1556 2.4
4	赤3	アンクルブラック	キタサンブラック	ウインクルキラリ(2勝)	黒鹿 53 牡3	▲今村	[illegible]	[illegible]	[illegible]	△ △ 注 △ 注 △	5中京 9月24日 6 4 未勝5ト10頭 ダ1542 50今村 S⑩⑩⑩ 476 人気7 後方追上 7¼ 384中381 フェルヴェンテ 1530 1.2	4阪 10月10日 3 6 未勝8ト11頭 ダ1538 51今村 M③⑤⑤ 474 人気5 中位一杯 13¾ 364中396 エルデストサン 1514 2.4
5	赤3	マルモルミエール	エイシンヒカリ	マルモセーラ(2勝)	芦 56 牡3	替 和田竜	木原	まるも組合	オカモトF	注 ▲ ○ … △ ◎	6中京 12月3日 ①8 未勝3ト16頭 ダ1277 55富田 M⑫⑬⑫ 482 人気10 後直だけ 5身 377内376 ユメハハテシナ 1268 0.9	6阪 12月18日 ⑥3 未勝9ト12頭 ダ1563 55酒井 M②②② 478 人気4 先行粘る 8身 378中408 ギリギリチョッ 1550 1.3
6	青4	エドノトップラン	デクラレーションオブウォー	フレンチムスメ(2勝)	栗 56 牡3	替 団野	嘉藤	遠藤喜松	沖田忠幸	… … … … … 東	レース診断 上昇度○ 太目で追走に苦労したが脚見せた。前進可能	5中 12月24日 7 9 新馬5ト16頭 ダ1587 55杉原 M⑫⑭⑬ 492 人気6 後方差詰 11¼ 396内402 オメガギネス 1568 1.9
7	青4	タイセイラファーガ	ホッコータルマエ	クライオブザソウル(未勝)	鹿 56 牡3	菱田	高橋忠	田中成奉	村田牧場	… … … … △ …	レース診断 上昇度○ ロスなく立ち回るが直線でモタれて伸び欠く	6中京 12月17日 ⑤4 新馬7ト8頭 ダ1592 55菱田 S⑤⑤④ 504 人気4 内モタれ 12¾ 394中395 ベンダバリラビ 1572 2.0
8	黄5	メイショウモズ	トランセンド	エメラルドタワー(未勝)	鹿 56 牡3	替 幸	松永昌	松本好雄	赤田牧場	… … … … △ …	レース診断 上昇度△ 前半から後方で追走に苦労。使いながらか。	6阪 12月17日 ⑤6 新馬6ト9頭 ダ1589 54小沢 S⑦⑦⑦ 504 人気5 後方まま 11¾ 405中393 テンカオーライ 1569 2.0
9	黄5	㊡カッチュッコ	ナイキスト	リヴォルノ(米)	栗 54 牝3	岩田望	吉村	ゴドルフィン	アメリカ	◎ 注 △ ▲ … 注	5阪 11月26日 7 3 未勝9ト11頭 ダ1549 54岩田望 S②②② 524 人気6 先行粘る 8身 378中387 ジョヴィアン 1536 1.3	6中京 12月18日 ⑥6 未勝6ト15頭 ダ1583 54岩田望 S①①① 520 人気1 逃一杯 12¼ 385内414 ケイエイト 1561 2.2
10	緑6	セザンワールド	トゥザワールド	ディアテイスティー(未勝)	黒鹿 56 牡3	鮫島良	[illegible]	[illegible]	[illegible]	○ ◎ ▲ ○ ○ ▲	4東 10月23日 ⑦2 未勝11ト14頭 ダ1394 55武士沢 M⑩⑩⑨ 500 人気8 漸進伸 6身 373中377 プレイゼスト 1384 1.0	6阪 12月25日 ⑧2 未勝5ト16頭 ダ1567 55鮫島良 S⑦⑦⑤ 504 人気4 中位伸 1¼ 402中378 アルムエアフォ 1565 0.2
11	緑6	サンデーヒーロー	サトノダイヤモンド	ブラックショコラ(1勝)	鹿 56 牡3	替 坂井	[illegible]村	山田[illegible]仁	バ[illegible]牧場	▲ ○ ◎ △ △ ○	6阪 12月3日 1 2 未勝9ト13頭 ダ1553 55坂井 S②③② 460 人気5 好位粘る 8身 378中391 ユティタム 1540 1.3	6阪 12月18日 ⑥5 未勝6ト12頭 ダ1565 55鮫島駿 M⑧⑦⑥ 460 人気3 中位差詰 8¾ 386中401 ギリギリチョッ 1550 1.5
12	橙7	タイガーミノル	バゴ	セブンシークィーン(5勝)	鹿 55 牡3	替 ☆亀田	北出	吉岡實	ゴールドアップC	… … … … … …	6中京 12月3日 ①10 未勝5ト16頭 ダ1279 54亀田 M⑤⑥⑥ 498 人気5 出遅る 6¼ 369中386 ユメハハテシナ 1268 1.1	6阪 12月11日 ④5 未勝7ト9頭 ダ1576 55石橋脩 M③③④ 492 人気6 好位一息 11身 376内402 サグアロ 1557 1.9
13	橙7	キーウィル	ネロ	マリーゴールド(未出)	黒鹿 56 牡3	古川吉	宮	北前孔一郎	中本牧場	… △ △ △ ◎ △	6阪 12月3日 ①14 新馬13ト15頭 内1248 55荻野極 S⑩⑪⑪ 500 人気6 出遅る 大差 360外369 イリゼ 1217 3.1	6阪 12月17日 ⑤6 未勝14ト15頭 ダ1575 55古川吉 M⑫⑩⑩ 496 人気10 出脚鈍い 11身 392外402 メジェド 1556 1.9
14	桃8	アグネスクウ	ヴィクトワールピサ	アグネスサクラ(3勝)	鹿 56 牡3	替 岩田康	宮本	渡辺公美子	高昭牧場	… … … △ … …	レース診断 上昇度△ 内で揉まれた分もあるが、少し慣れが必要か	6阪 12月17日 ⑤7 新馬3ト9頭 ダ1592 52大久保 S⑥⑧⑦ 492 人気9 中位一杯 13½ 400外394 テンカオーライ 1569 2.3
15	桃8	ホッコーソムニウム	ホッコータルマエ	ホッコーマスタング(1勝)	黒鹿 56 牡3	中井	長谷川	北幸商事	川端正博	△ … … △ … △	レース診断 上昇度○ 4角で不利を受けたがバテずに踏ん張った。	6阪 12月25日 ⑧4 新馬10ト14頭 ダ1588 55中井 M④⑤⑤ 488 人気5 直線不利 5身 394外404 タガノチョコラ 1580 0.8

1着⑪サンデーヒーロー　（3番人気）

2着⑩セザンワールド　（1番人気）

3着④アンクルブラック　（5番人気）

●複④ 250円×5万円＝12万5000円

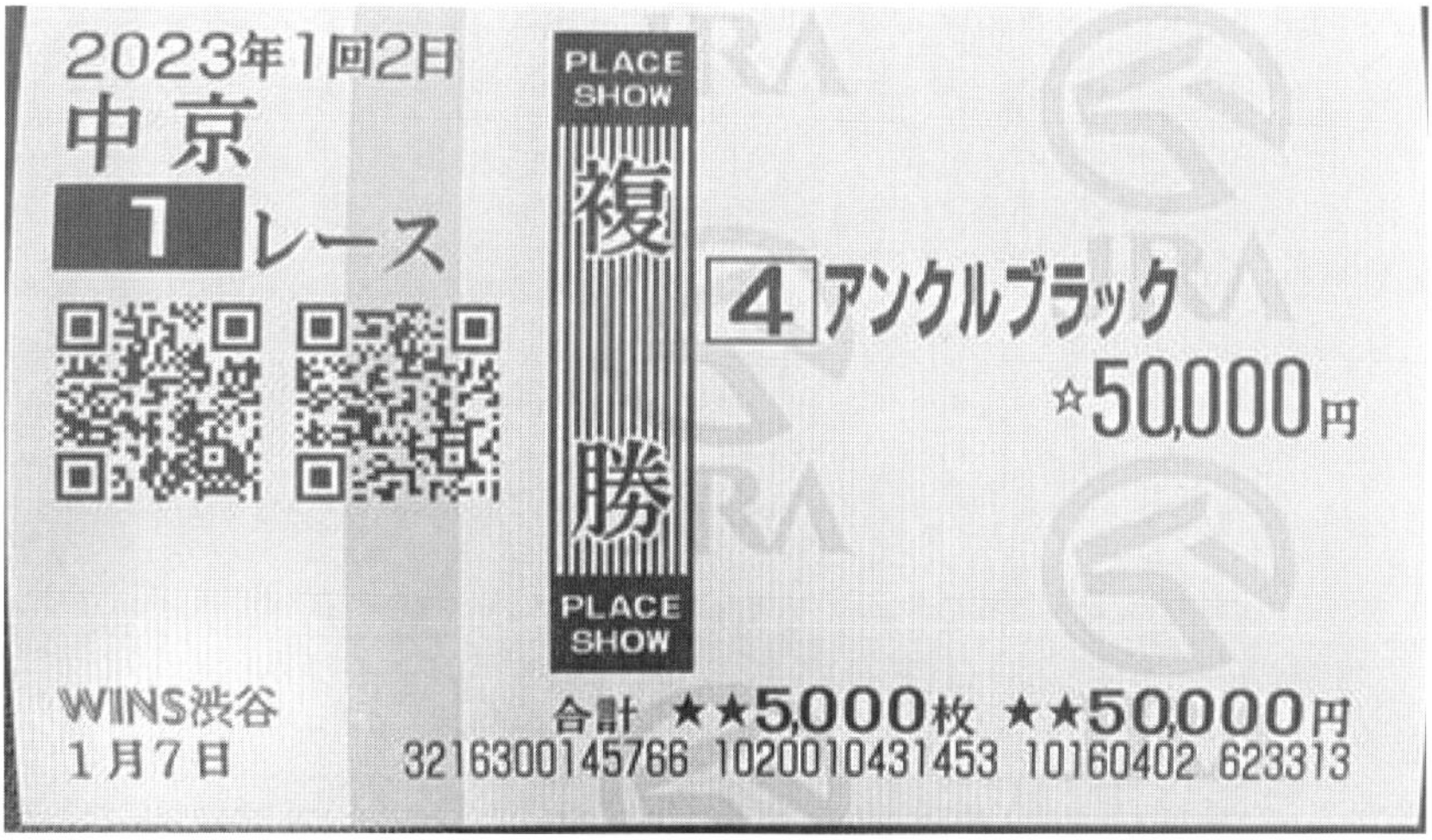

■2023年1月8日　中山10R　若潮S　芝1600m

馬番	馬名	前走コーナー別ロス			上がり	タイム差	レースレベル	
		1C	2C	3C	順位		指数	ランク
1	ヤマニンペダラーダ	1頭目	1頭目	1頭目	12位	1.6	1.3	B
2	アールバロン	1頭目	**3頭目**	1頭目	10位	0.2	0.5	D
3	ハーモニーマゼラン	1頭目	1頭目	1頭目	14位	0.2	0.5	D
4	ジネストラ	1頭目	1頭目	1頭目	10位	0.1	1.9	S
5	ユキノファラオ	1頭目	1頭目	1頭目	6位	0.7	0.5	D
6	フィールシンパシー	1頭目	1頭目	1頭目	6位	−0.2	1.4	B
7	シャチ	1頭目	1頭目	1頭目	5位	0.4	0.5	D
8	レディバランタイン	1頭目	1頭目	1頭目	7位	0.5	0.5	D
9	アールクインダム	1頭目	1頭目	1頭目	15位	1.0	0.9	C
10	ゾンニッヒ	1頭目	1頭目	1頭目	6位	0.2	1.9	S
11	クロスマジェスティ	1頭目	1頭目	2頭目	3位	0.3	0.5	D
12	ウインエクレール	1頭目	1頭目	1頭目	12位	0.2	1.1	B

前走レベルは低くても内容◎なら買える！

前走でロスがあったのは、2コーナーで内から3頭目を走っていたアールバロンただ1頭。こういうレースは扱いやすい。ひとつ前に紹介した的中レースのように、勝負度合いの上げ下げの判断はあっても、買わないという選択肢はほぼないからだ。

レースレベルはDランクで、褒められたものではない。しかし、アールバロンの走りにはかなり見どころがあった。明らかな先行タイプゆえにレース序盤のコーナーで外を回らせられたのは相当痛かったが、最終的には勝ち馬とコンマ2秒差の4着に頑張ったのだ。

これは「かなり力がある」と評価すべきレースぶり。だから私は、さらなる前進に期待して単複、馬連、ワイドでドカンと勝負した。

勝ってパーフェクト的中とはならなかったが、3着に入ってくれたうえに押さえのタテ目のワイドも的中したので、ここはじゅうぶんに満足している。

払戻金総額56万920円！

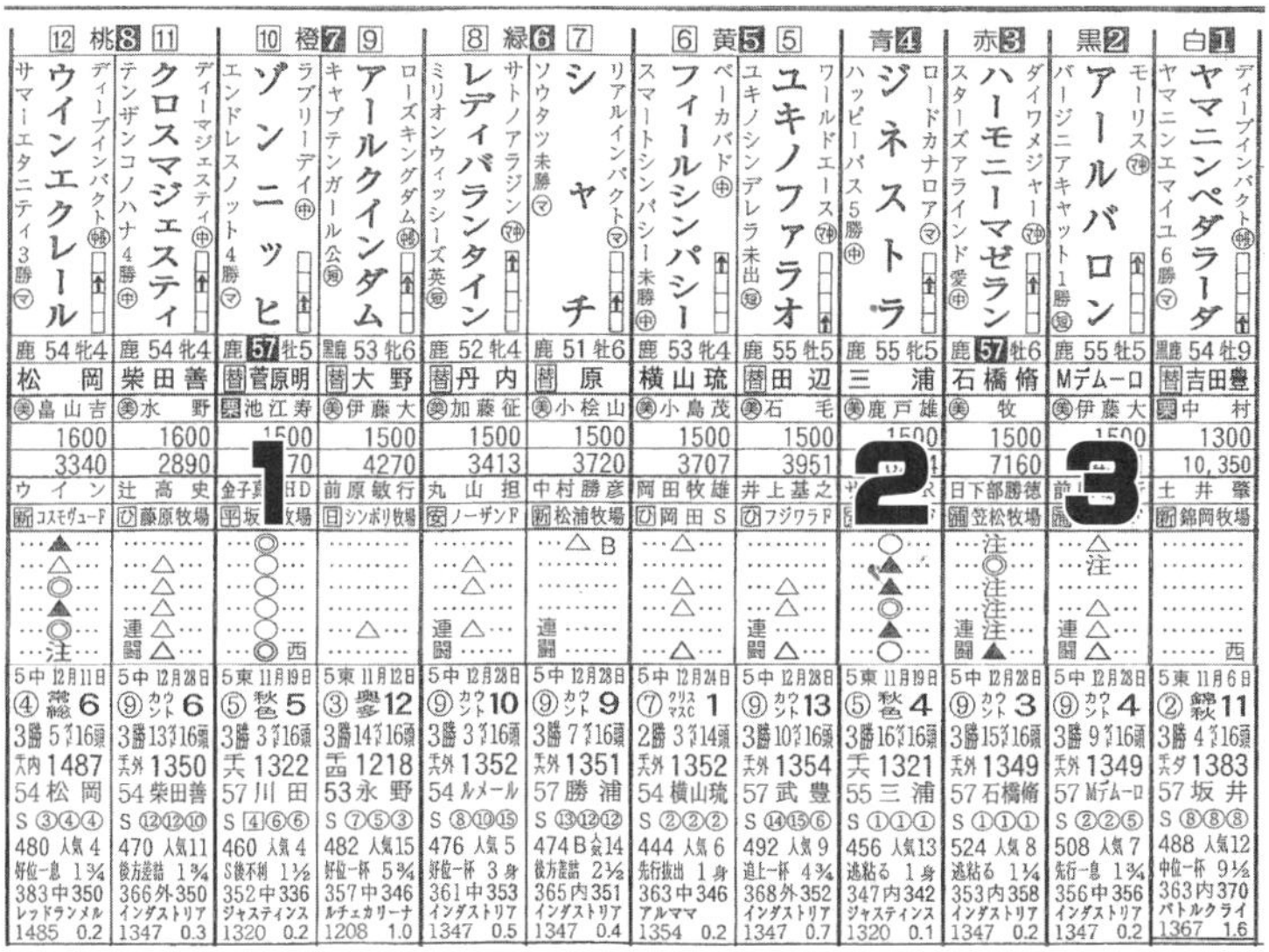

1着⑩ゾンニッヒ　（1番人気）

2着④ジネストラ　（2番人気）

3着②アールバロン（3番人気）

●複② 170 円× 10 万円＝ 17 万円

●ワイド④ー⑩ 310 円

×4万 7900 円＝ 14 万 8490 円

●ワイド②ー⑩ 470 円

×2万 7700 円＝ 13 万 190 円

●ワイド②ー④ 460 円

×2万 4400 円＝ 11 万 2240 円

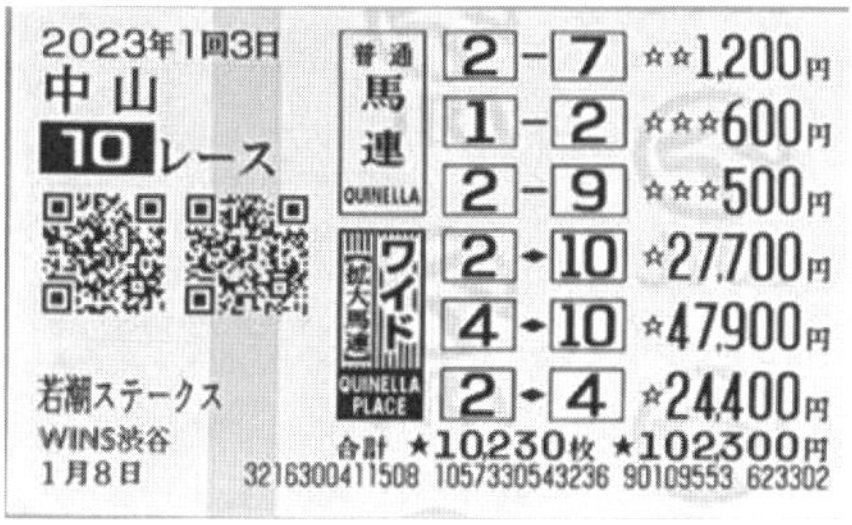

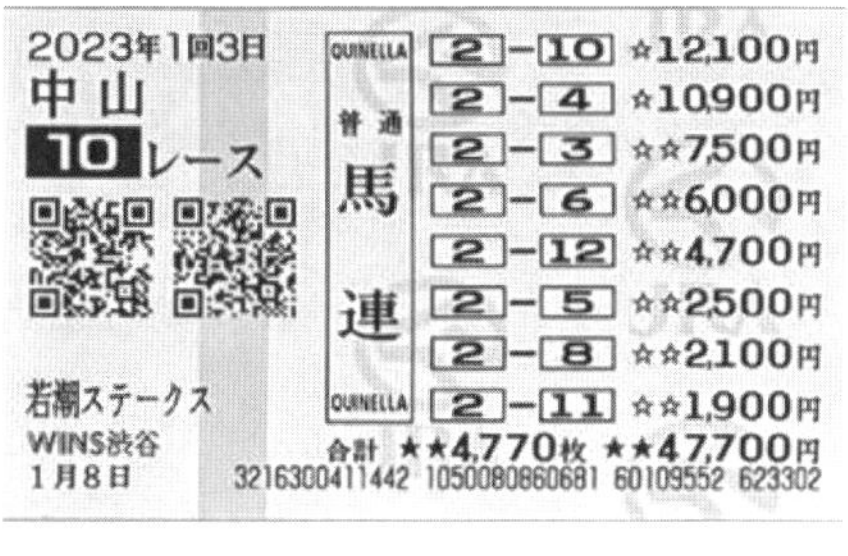

馬番	馬名	前走コーナー別ロス			上がり	タイ	レースレベル	
		1C	2C	3C	順位	ム差	指数	ランク
1	サウンドレイラ			1頭目	1位	0.4	1.8	S
2	リッスンアップ		1頭目	2頭目	10位	1.5	0.6	D
3	スーパーファルクス			2頭目	1位	0.6	1.3	B
4	オータムクイーン			1頭目	7位	1.2	0	E
5	メイショウハギカゼ			2頭目	17位	2.1	0.6	D
6	セーヌドゥレーヴ			1頭目	2位	0.4	2.3	S
7	ソニックライト			3頭目	2位	0.5	1.3	B
8	テーオーレーズン	1頭目	1頭目	2頭目	5位	1.6	1.5	A
9	メイショウミヨシノ			2頭目	8位	0.4	0.6	D
10	レクタアーバ			1頭目	11位	2.9	1.3	B
11	フィルムアクトレス			1頭目	12位	1.3	0.6	D
12	サーマルソアリング			1頭目	7位	0.1	1.2	B
13	パクパクデスワ			1頭目	10位	1.1	1.1	B
14	オリビアミノル			1頭目	2位	0.3	0.9	C
15	メイショウコボケ			1頭目	1位	0.3	1.3	B
16	カリーナベローチェ			1頭目	7位	0.3	0.6	D

2023年1月9日　中京5R　3歳未勝利　芝1600m

軸から上位人気に流すだけで労せず的中！

このレースも応用をきかせた的中例のひとつである。ご覧のように、コーナーロスの注目馬の条件に該当する馬は1頭もいない。

これが1〜3コーナーすべてにおいて、1頭目もしくは2頭目という状況であれば見送るべきだが、このなかでは3コーナーで内から3頭目を走っていたソニックライトの存在が目立っていた。

レースレベルもBランクながら、指数は1・3と悪くなく、このメンバーのなかでは相対的に上位評価できる。以上の総合的な判断により、馬券の購入に踏み切った。結論は、同馬の複勝と、大荒れはないとみて上位人気かつ前走のレースレベルが高めの馬を相手にした3連複1頭軸流しである。

複勝の配当は想定内だったが、3連複の配当が意外についたので万々歳。このレースのように人気割れの一戦は、上位人気を買うのも悪くはない。

払戻金総額16万4500円！

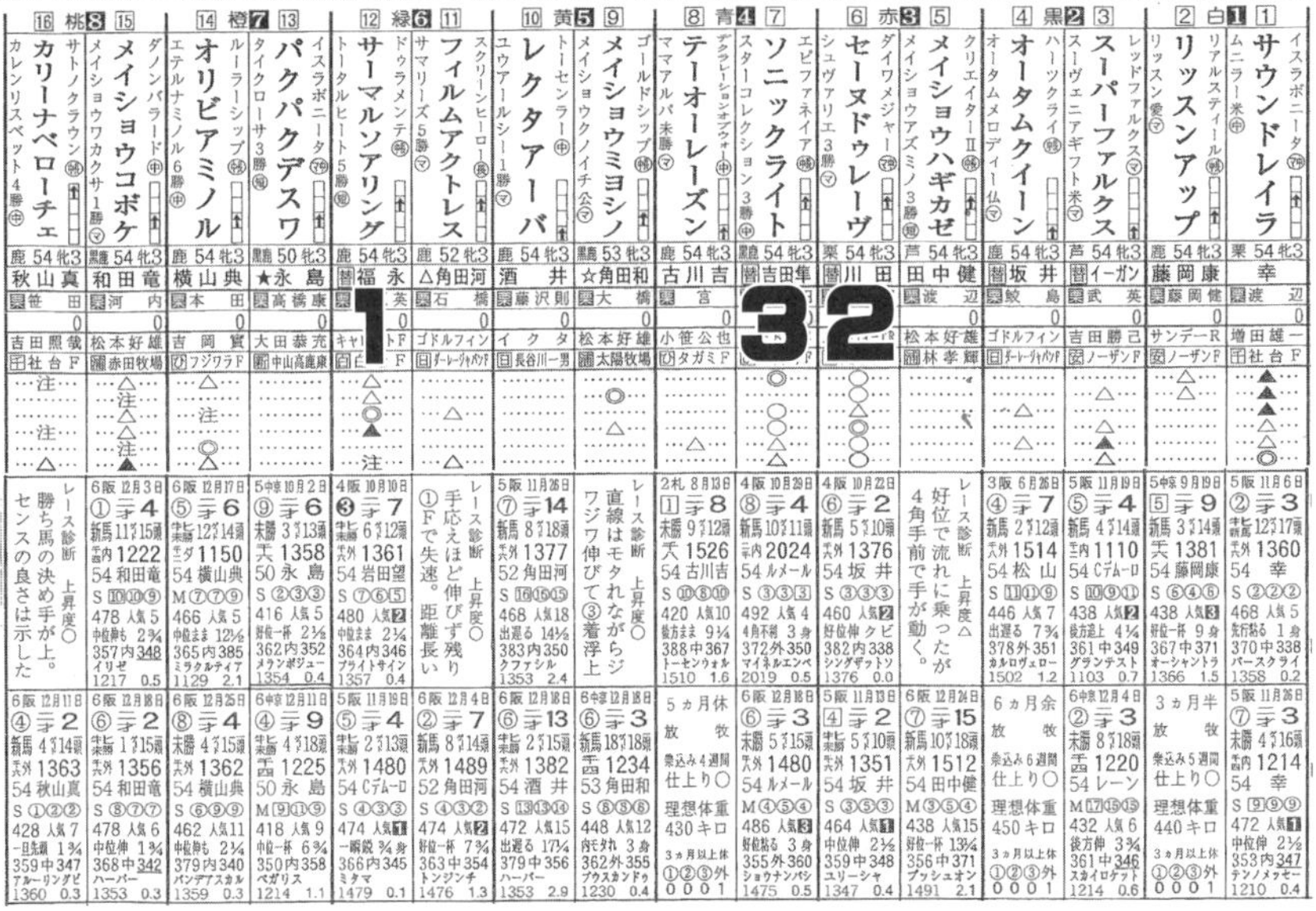

1着⑫サーマルソアリング　（3番人気）
2着⑥セーヌドゥレーヴ　（1番人気）
3着⑦ソニックライト　（5番人気）
●複⑦ 210円×3万円＝6万3000円
●3連複⑥⑦⑫ 2030円
× 5000円＝10万1500円

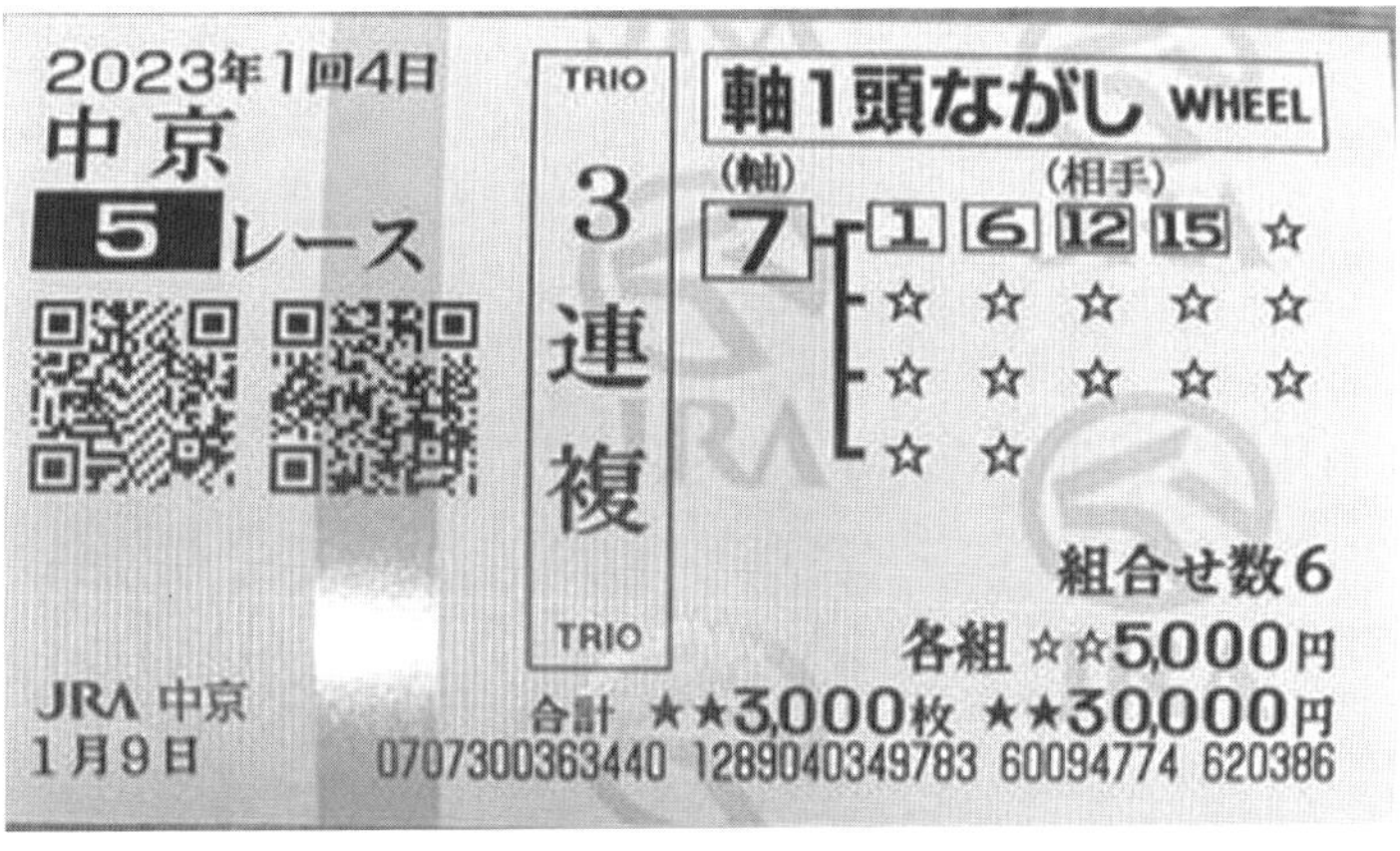

馬番	馬名	前走コーナー別ロス			上がり	タイム差	レースレベル	
		1C	2C	3C	順位		指数	ランク
1	アスクドゥポルテ	1頭目	1頭目	1頭目	1位	0.0	1.5	A
2	ライトライズライト	1頭目	1頭目	1頭目	5位	1.9	0.6	D
3	ケイアイサンデラ	1頭目	1頭目	1頭目	5位	1.5	0.6	D
4	ニホンピロキーフ	1頭目	1頭目	1頭目	5位	0.0	0.6	D
5	ブレイヴロッカー			3頭目	6位	1.6	1.3	B
6	アンノウンレディ			2頭目	9位	2.2	1.3	B
7	テイエムネイア			2頭目	12位	1.1	0.6	D
8	ワレハウミノコ	2頭目	2頭目	1頭目	7位	0.2	1.2	B
9	ロードマンハイム	1頭目	1頭目	1頭目	9位	1.1	0.6	D
10	ストーンヘンジ			1頭目	2位	0.4	1.3	B
11	エイシンレジューム	1頭目	2頭目	1頭目	6位	1.0	0.8	C
12	ボン	2頭目	2頭目	2頭目	10位	2.4	0.6	D
13	ハイランドリンクス			1頭目	5位	0.4	0.6	D
14	ヤマカツラナウェイ	1頭目	1頭目	1頭目	12位	2.2	1.2	B
15	ギャラン			1頭目	8位	1.4	1.2	B
16	ヨリマル	**3頭目**	2頭目	2頭目	2位	0.8	0.8	C
17	セオグランジ	1頭目	1頭目	1頭目	6位	2.7	0.6	D
18	ピースオブザライフ	1頭目	1頭目	1頭目	4位	0.0	0.6	D

2023年1月9日 中京7R 3歳未勝利 芝2000m

ロスのあった馬が次走で結果を残す見本例！

このレースでコーナーロスの注目馬の条件に該当するのは、前走の1コーナーで内から3頭目を走っていたヨリマルしかいない。しかも、1コーナーだけでなく、2コーナーは2頭目、3コーナーも2頭目というように、終始外目を回らされていた。

さらにいうと、同馬は8枠からの競馬だった。外枠から外目を通るという、明らかに距離損の大きい競馬。にもかかわらず、しっかり追い込んで2着に入っていた。これは紛れもなく強い内容で、「近いうちに未勝利は脱出できる」と確信できるレースぶりだった。私は次走で必ず買うことを決意し、この日を迎えたのである。

購入した馬券は、シンプルにヨリマルの単複。レースレベルがやや微妙だったので、取りこぼしも想定して複勝に厚めに張ったが、そんな心配も杞憂に終わる。レースは逃げて快勝。コーナーロスのあった馬が次走でしっかり結果を残す典型なパターンだった。

払戻金総額13万7000円！

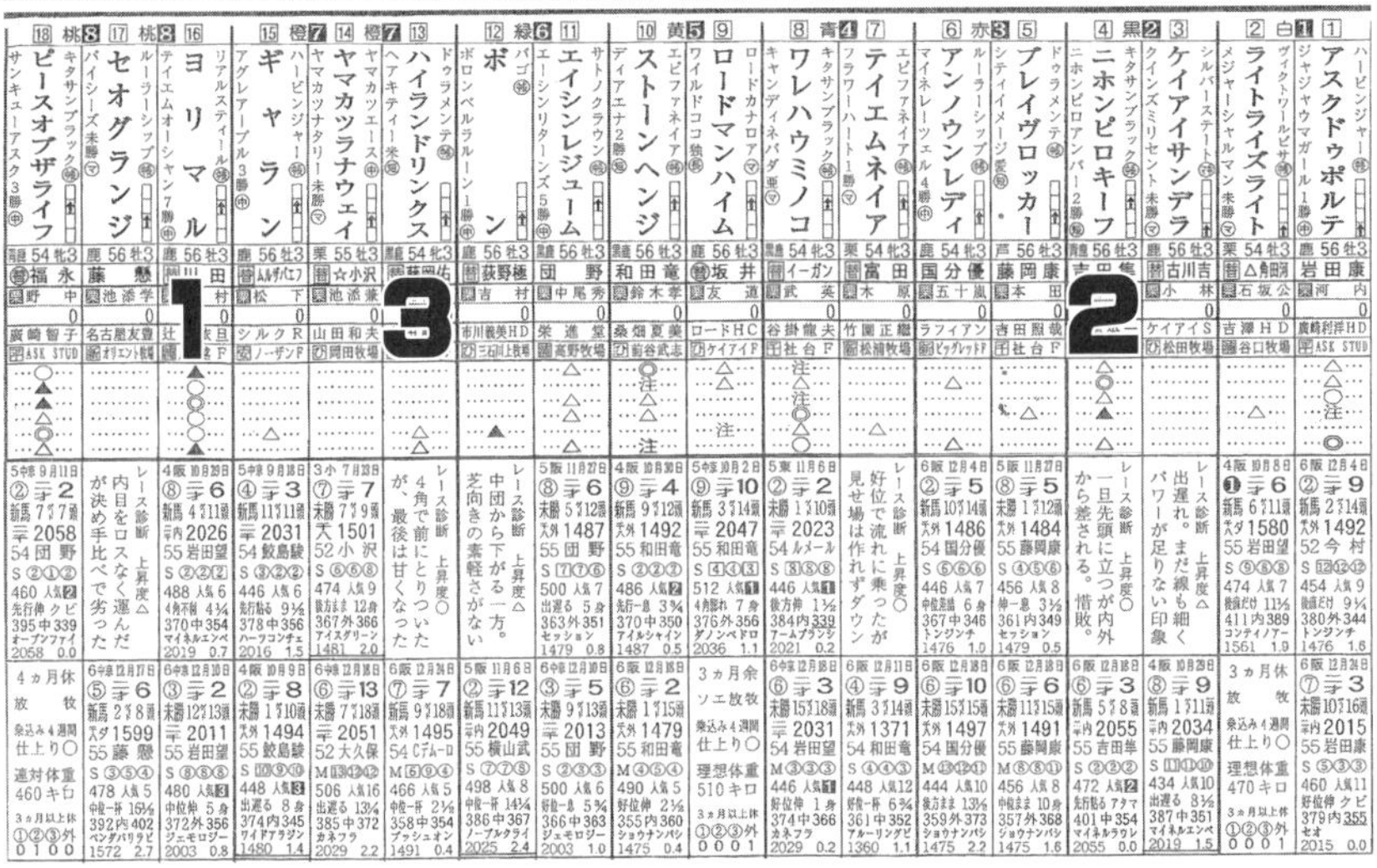

1着⑯ヨリマル　（1番人気）

2着④ニホンピロキーフ　（7番人気）

3着⑬ハイランドリンクス　（11番人気）

●単⑯ 420円×1万円＝4万2000円

●複⑯ 190円×5万円＝9万5000円

2023年1月14日　中京11R　愛知杯（GⅢ）芝2000m

馬番	馬名	前走コーナー別ロス			上がり	タイ	レースレベル	
		1C	2C	3C	順位	ム差	指数	ランク
1	サトノセシル	1頭目	1頭目	2頭目	9位	0.3	0.7	C
2	マリアエレーナ	1頭目	1頭目	1頭目	8位	0.7	1.1	B
3	アートハウス	**3頭目**	2頭目	2頭目	11位	0.4	1.4	B
4	ビジン	2頭目	1頭目	1頭目	12位	2.4	1.3	B
5	エリカヴィータ	1頭目	**3頭目**	3頭目	4位	0.3	0.8	C
6	ホウオウイクセル	1頭目	2頭目	2頭目	2位	0.1	0.9	C
7	ラヴユーライヴ	1頭目	1頭目	2頭目	4位	1.3	1.3	B
8	アンドヴァラナウト	2頭目	1頭目	2頭目	17位	4.3	1.2	B
9	サンテローズ	1頭目	1頭目	1頭目	2位	0.3	0.7	C
10	ルビーカサブランカ	1頭目	1頭目	1頭目	4位	0.3	0.6	D
11	ルージュエヴァイユ	1頭目	2頭目	1頭目	2位	0.0	1.2	B
12	フィオリキアリ	1頭目	2頭目	2頭目	3位	0.7	0.7	C
13	アイコンテーラー	1頭目	1頭目	1頭目	12位	0.1	0.6	D
14	リアアメリア	1頭目	**3頭目**	2頭目	13位	1.2	0.7	C
15	アブレイズ	1頭目	2頭目	2頭目	10位	0.2	0.8	C

前走GⅠ好走の格上馬がGⅢで貫禄の勝利！

コーナーロスの注目馬の条件に該当する馬は3頭いたが、このなかで大注目なのは、なんといってもアートハウスである。前走はGⅠの秋華賞。そんなハイレベルな一戦で、1コーナーは内から3頭目を走り、2コーナーと3コーナーでもラチ沿いを走れないという厳しい競馬を強いられていた。

それでいて、勝ち馬からコンマ4秒差5着と掲示板を確保。この内容は非常に高く評価でき、牝馬限定のGⅢならば能力断然上位とみなすことができる。

もちろん、単勝1倍台くらいまで売れてしまっていたら手は出せない。しかし、同馬の単勝オッズはハンデ戦ということもあってか、4倍前後を示していた（確定オッズは3・9倍）。これを見て、「買う価値のあるオッズ」と単勝で勝負することを即決。馬はこちらの期待にしっかり応えて快勝してくれた。

払戻金総額19万5000円！

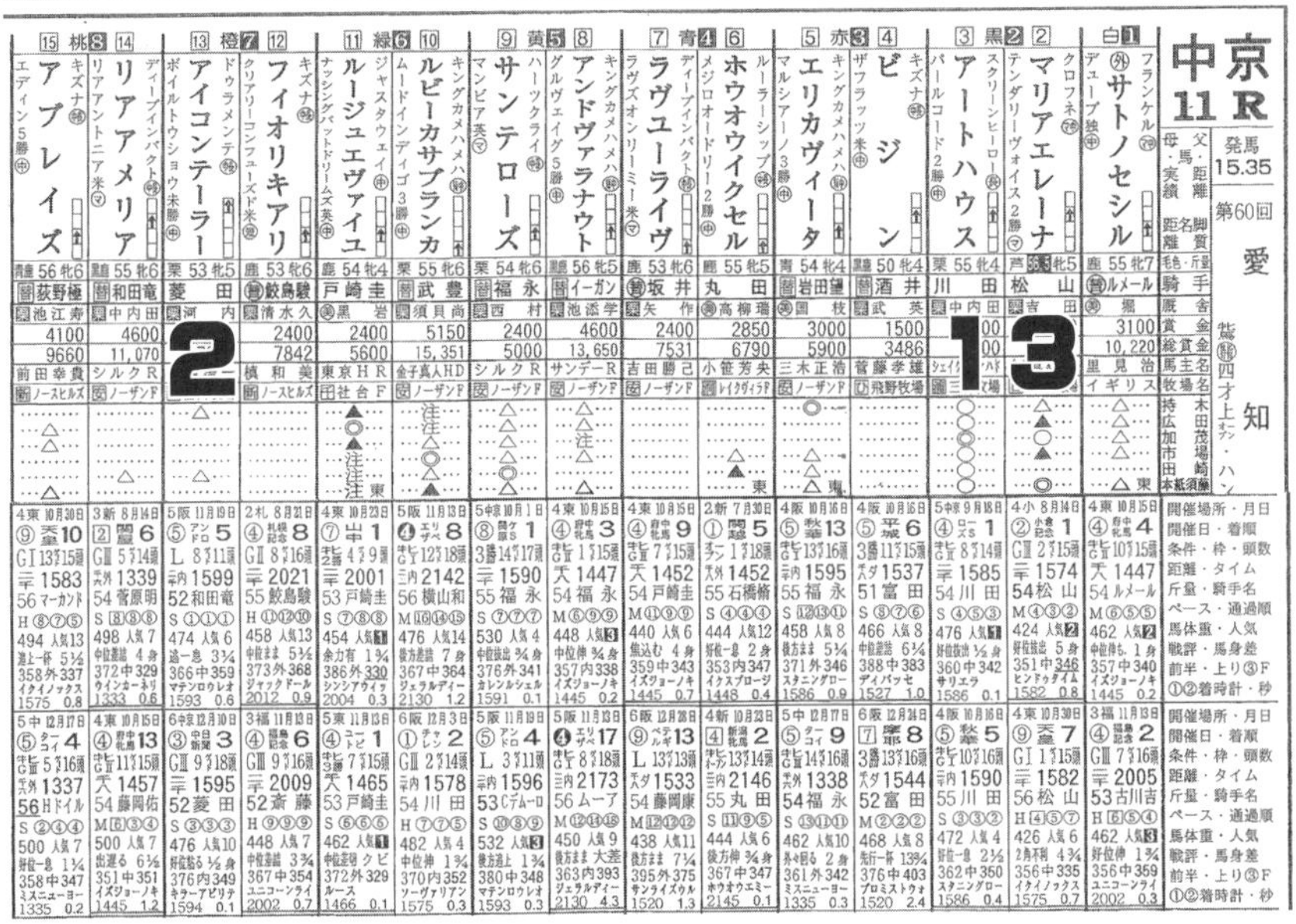

1着③アートハウス　　　（1番人気）

2着⑬アイコンテーラー　（7番人気）

3着②マリアエレーナ　　（2番人気）

●単③ 390 円×5万円＝ 19 万 5000 円

受付番号：0006	
購入金額合計	50,000 円
払戻／返還金額合計	195,000 円

通番	場名	曜日	レース	式別	馬／組番	購入金額	的中／返還	払戻単価	払戻／返還金額
001	中京	土	11R	単勝	03	50,000円	03	390円	195,000円

2023年1月21日 小倉8R 4歳以上1勝クラス ダ1700m

馬番	馬名	前走コーナー別ロス			上がり	タイム差	レースレベル	
		1C	2C	3C	順位		指数	ランク
1	レセダ	1頭目	1頭目	1頭目	14位	1.8	1.5	A
2	ウォーターウキウキ	1頭目	1頭目	1頭目	9位	1.3	1.0	C
3	トレッファー	1頭目	1頭目	1頭目	6位	2.0	1.4	B
4	カラーインデックス	前走地方						
5	ヴィブラフォン	**3頭目**	2頭目	1頭目	8位	0.7	0.0	E
6	テリオスリノ	2頭目	2頭目	1頭目	6位	0.7	1.1	B
7	マテンロウアイ	1頭目	1頭目	1頭目	1位	0.9	0.7	C
8	タマモベローナ	2頭目	2頭目	2頭目	10位	2.4	1.0	C
9	ミツカネヴィーナス	1頭目	1頭目	2頭目	10位	1.9	1.5	A
10	カンパニュール	**4頭目**	1頭目	2頭目	11位	1.3	1.1	B
11	グレナデンシロップ	1頭目	2頭目	2頭目	10位	2.2	0.0	E
12	ブリンク	1頭目	1頭目	1頭目	6位	1.7	0.0	E
13	タガノリバイバー	1頭目	1頭目	1頭目	7位	0.1	0.7	C
14	レディベル	1頭目	3頭目	3頭目	2位	0.0	0.6	D
15	サクラジェンヌ	1頭目	1頭目	1頭目	2位	0.0	1.1	B

パトロールVとの併せ技で勝ち取った馬券！

本理論はVTRを見なくても、コーナーロスのあった馬を見つけることができる点が最大のセールスポイントだが、見ることによって得られるメリットもある。

このレースは、そんな地道な作業が実を結んだ一戦だった。時間のない方は、ここまでやらなくてもいい。しかし、チェックを欠かさなかったからこそ獲れる馬券もなかにはある。

注目はヴィブラフォン。前走の1コーナーで内から3頭目を走るなど、レース全体を通じてロスのある競馬で、力を出し切れずに7着に終わった。パトロールビデオを見ると、ゴールしたあとも脚が衰えておらず、そこから伸び返していることがわかる。

この内容から、次は上位争い確実だろうと判断し、自信を持って単勝で勝負した。

結果はもくろみ通り1着で、馬券も会心の勝利。VTRを見ることはマストではないが、有効活用すれば頼もしい味方になるということをご理解いただけただろう。

払戻金総額18万2000円！

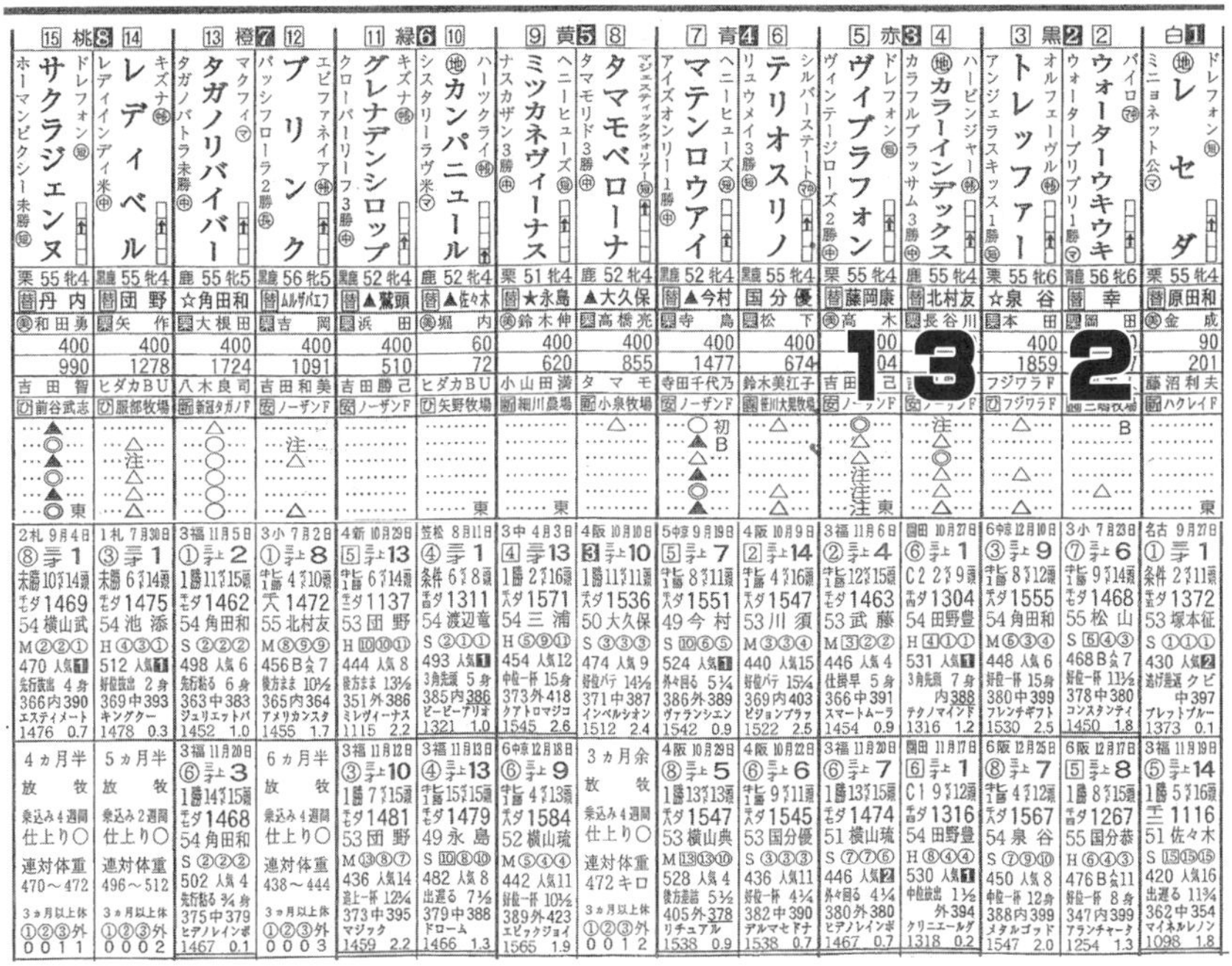

1着⑤ヴィブラフォン　　　（3番人気）

2着②ウォーターウキウキ（6番人気）

3着④カラーインデックス　（4番人気）

●単⑤ 520円×3万5000円＝18万2000円

第6章

解剖！
厳選36コースの
核心コーナー

6章のためのトリセツ

ＪＲＡには全部で10の競馬場が存在し、それぞれトラックや距離の異なるさまざまなコースが設けられている。もちろん、「ロスの生じやすいコース」や「ロスがレース結果に影響を及ぼしやすいコース」があることはいうまでもない。

そこで本書では、巻末特典として馬券に直結するコースガイドを用意することにした。現時点では改修工事中の京都を除く9場につき、厳選した4コース（芝・ダ各2コース）ずつワンポイント解説付きでその特徴に言及している。ぜひとも、馬券検討の強力な援軍として活用していただきたい。

■コース・コーナーの特徴の見方

コースの高低差	
値	偏差値
3m	54

京都を除く全コースの高低差の値と偏差値（50を基準として、平均からの差を示した数値）で、偏差値は芝とダートに分けて算出した。高低差が大きいほどタフなレースになりやすく、坂でのペースアップ・ダウンの幅が大きくなる。また、コーナーでペースアップするコースは、コーナーロスの負荷が大きくなりやすい。

直線距離	
値	偏差値
293m	44

京都を除く全コースの直線距離の値と偏差値（50を基準として、平均からの差を示した数値）で、偏差値は芝とダートに分けて算出した。直線距離が短いほどコーナーでペースが上がりやすく、コーナーでペースアップするコースはコーナーロスの負荷が大きくなりやすい。

1コーナー坂	2コーナー坂	3コーナー坂	4コーナー坂
ー	ー	下り坂	下り坂

コーナーで下り坂だとペースが上がりやすい。

コーナー形態
スパイラルカーブ

コーナーがスパイラルカーブだと、直線で馬群がバラけやすいので、内を通った馬が馬群を捌きやすくなる。逆に、外を回した馬の不利が大きくなる。

東京競馬場

川田信一の厳選コース

芝 1400 m
芝 2000 m
ダート 1300 m
ダート 2100 m

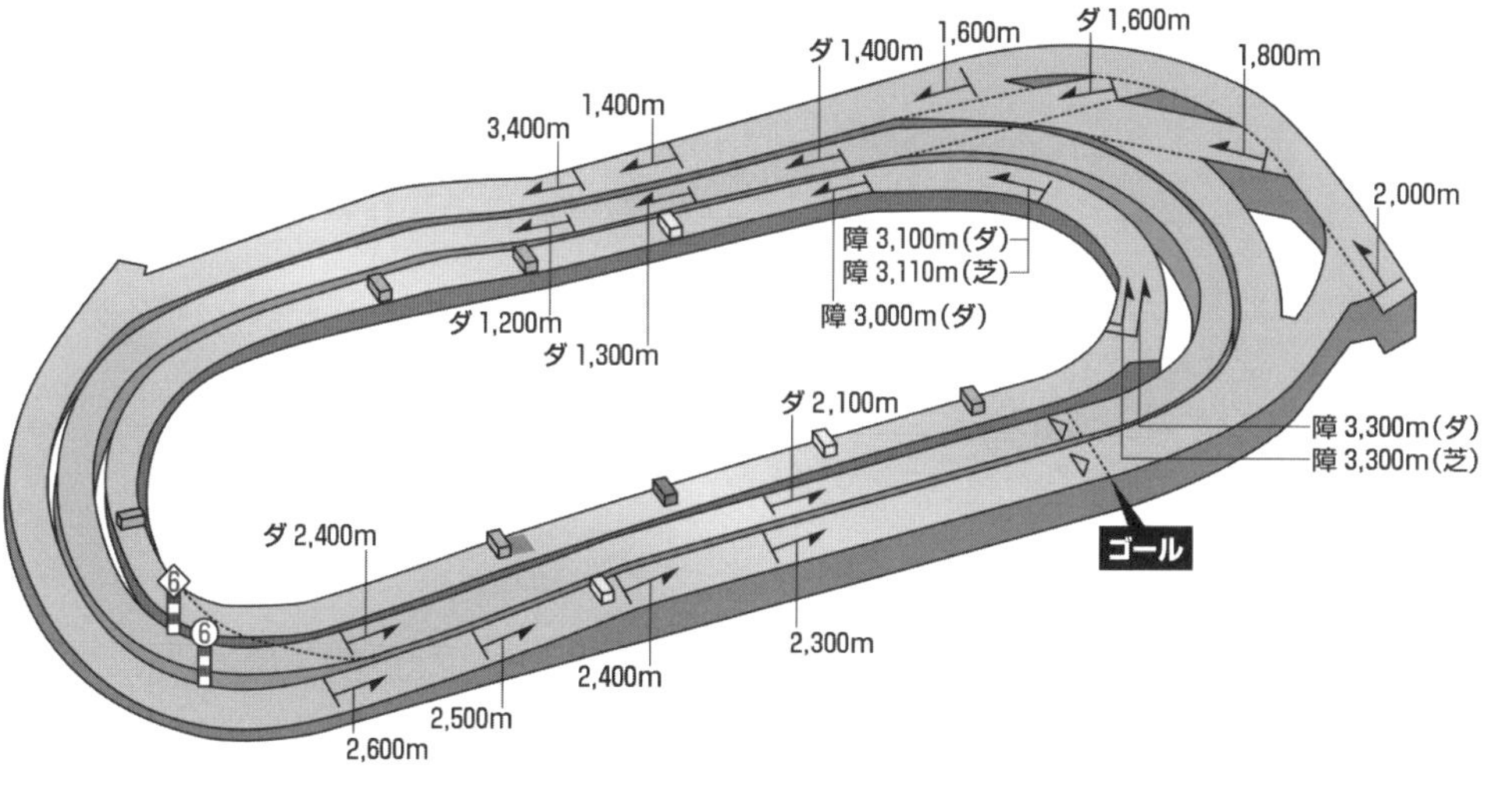

東京芝1400m

■コースの特徴

コースの高低差			直線距離			その他
値	偏差値	評価	値	偏差値	評価	
2.7m	50	普通	525.9m	63	長い	スタート後やや下って上り坂

■コーナーの特徴

1コーナー坂	2コーナー坂	3コーナー坂	4コーナー坂	コーナー形態
ー	ー	下り坂	ほぼ平坦	通常カーブ

■注目コーナーロス

3角・内から	勝率	連対率	複勝率	単回値	複回値	総データ数
3頭目以降	4.5%	22.7%	27.3%	130	142	44

●3コーナーロス馬を次走以降、追いかける

スタート後、3コーナー手前で緩やかな上り坂があり、3～4コーナーにかけて下り坂になっている。そのため、スタート後はややペースが落ち着いたあとに、3～4コーナーでペースアップしやすく、3コーナーで外を回した馬の負荷がここで大きくなる。

長い直線ではあるが、イン前が恵まれやすいコースなので、3コーナーで外を回して差し損ねた馬の巻き返しが多発する。

東京芝 2000 m

■コースの特徴

コースの高低差			直線距離			その他
値	偏差値	評価	値	偏差値	評価	
2.7m	50	普通	525.9m	63	長い	スタート後下り坂

■コーナーの特徴

1コーナー坂	2コーナー坂	3コーナー坂	4コーナー坂	コーナー形態
ー	下り坂	下り坂	ほぼ平坦	通常カーブ

■注目コーナーロス

	勝率	連対率	複勝率	単回値	複回値	総データ数
2角・内から3頭目以降	15.3%	27.1%	33.9%	346	127	118
3角・内から3頭目以降	13.1%	28.8%	39.4%	374	132	160

●「内有利」よりも、ポイントは2コーナーにあり

スタート地点は1コーナー奥のポケットにあり、スタート後に急にコーナーのある特殊なコースである。

昔から内枠が有利なコースといわれているが、内枠が有利というよりは、この2コーナーをいかにロスなく立ち回るかが重要。差しが届くコースであり、2～3コーナーをうまく立ち回って脚をためられることが前提となる。2～3コーナーで外を回した馬は次走で巻き返すことが多い。

東京ダート 1300 m

■コースの特徴

コースの高低差			直線距離			その他
値	偏差値	評価	値	偏差値	評価	
2.5m	50	普通	501.6m	72	長い	スタート後やや下って上り坂

■コーナーの特徴

1コーナー坂	2コーナー坂	3コーナー坂	4コーナー坂	コーナー形態
ー	ー	下り坂	ほぼ平坦	通常カーブ

■注目コーナーロス

3角・内から3頭目以降	勝率	連対率	複勝率	単回値	複回値	総データ数
	10.8%	19.2%	25.1%	149	101	203

●次走、中山・福島の短距離ダートで狙いたい

JRAで唯一の1300mという特殊な距離のコースである。コーナーで大外を回した馬は通常通り次走で巻き返しやすい傾向にあるが、注意したいのが次走に出走する際の距離。1200mか1400mに出走してくるのが大半で、どちらも100mの差だが、成績は大きく異なる。

注目できるのは、次走1200m以下に出走してきたタイミング。とくに中山・福島変わりで大穴をあける傾向にある。

東京ダート 2100m

■コースの特徴

コースの高低差			直線距離			その他
値	偏差値	評価	値	偏差値	評価	
2.5m	50	普通	501.6m	72	長い	特になし

■コーナーの特徴

1コーナー坂	2コーナー坂	3コーナー坂	4コーナー坂	コーナー形態
下り坂	下り坂	下り坂	ほぼ平坦	通常カーブ

■注目コーナーロス

3角・内から2頭目以降	勝率	連対率	複勝率	単回値	複回値	総データ数
	8.4%	16.8%	24.3%	91	92	536

●１コーナーのロスが、あとあとまで響く

正面スタンド前中央付近からスタートし、スタート後にすぐ１コーナーを迎えるコース形態上、１コーナーをロスなく立ち回ることが大切になる。

考え方は東京芝2000mと同じ。１コーナーで最内を取れないと最後の脚に響く。とくに外枠から内を取れなかった馬は、終始コーナーで外を回すかたちになるため、距離ロスがかなり大きく、次走で大穴をあけやすい。

中山競馬場

川田信一の厳選コース

芝 2000 m
芝 2200 m
ダート 1800 m
ダート 2400 m

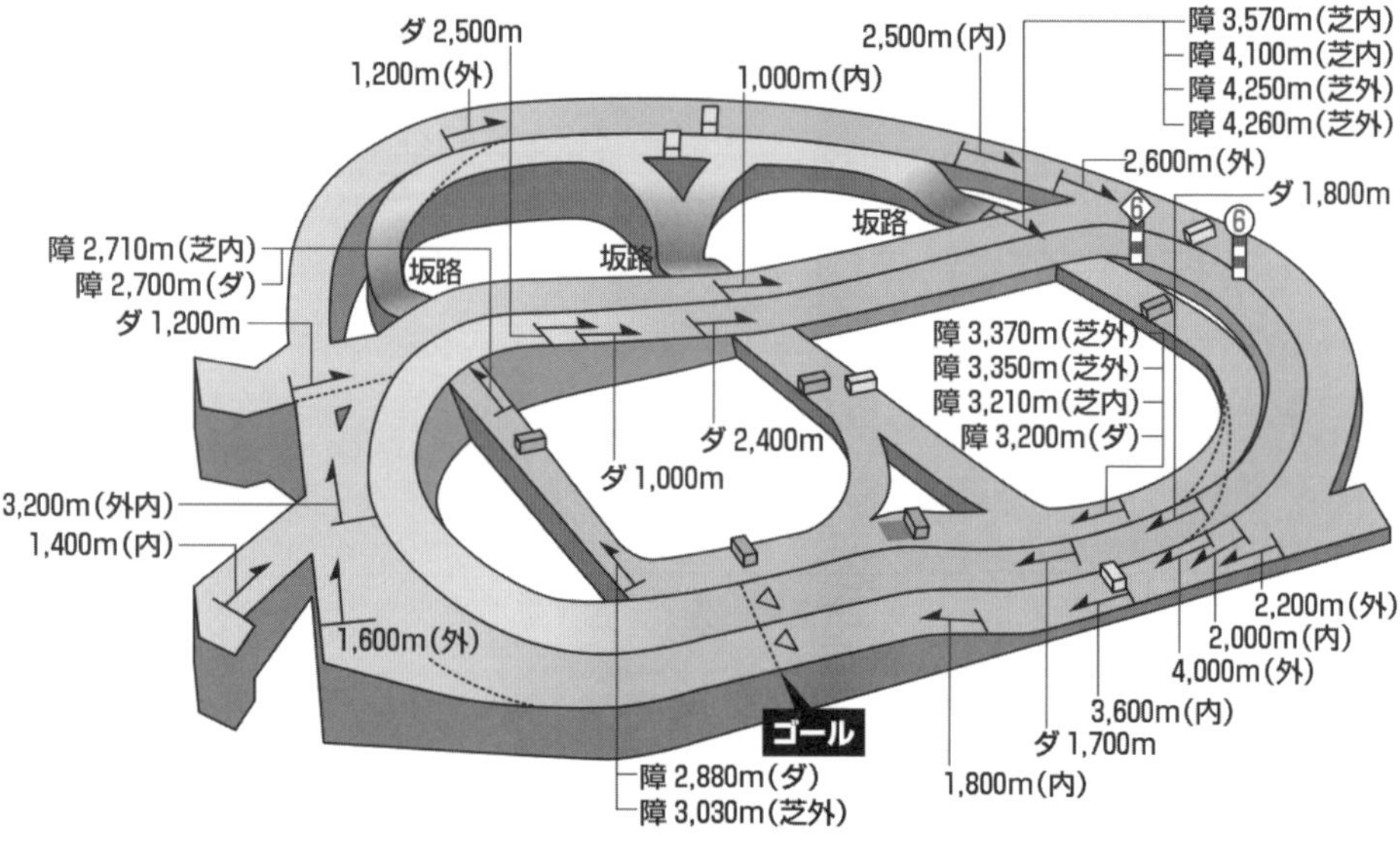

中山芝 2000 m

■コースの特徴

コースの高低差			直線距離			その他
値	偏差値	評価	値	偏差値	評価	
5.3m	68	大きい	310m	44	やや短い	スタート後上り坂

■コーナーの特徴

1コーナー坂	2コーナー坂	3コーナー坂	4コーナー坂	コーナー形態
上り坂	下り坂	ほぼ平坦	下り坂	通常カーブ

■注目コーナーロス

3角・内から4頭目以降	勝率	連対率	複勝率	単回値	複回値	総データ数
	9.3%	18.6%	25.6%	105	79	43

●出走頭数が多いほどロス馬が出るので要注意

中山芝コースは内回りと外回りでコース形態が大きく異なる。2000m は内回り。スタート後に急坂があるため、スローペースになりやすい。

３～４コーナーにかけて下り坂になっており、ここで一気にペースアップするケースが多く、３～４コーナーで外を回した馬の負荷が大きくなる。内回りにもかかわらず 18 頭まで出走できるコースで、頭数が多いほど内を回しにくくなる。よって、出走頭数が多いレースはとくにチェックが必要だ。

中山芝 2200 m

■コースの特徴

コースの高低差			直線距離			その他
値	偏差値	評価	値	偏差値	評価	
5.3m	68	大きい	310m	44	やや短い	スタート後上り坂

■コーナーの特徴

1コーナー坂	2コーナー坂	3コーナー坂	4コーナー坂	コーナー形態
上り坂	下り坂	下り坂	下り坂	通常カーブ

■注目コーナーロス

2角・内から3頭目以降	勝率	連対率	複勝率	単回値	複回値	総データ数
	11.1%	18.5%	33.3%	72	117	54

●緩やかな2コーナーの回り方がポイント

2200mは2000mと違い外回りコース。スタートから最初のコーナーまでの距離が長いが、スタート後に急坂があるため前半のペースは落ち着きやすい。

外回りコースは2コーナーが非常に緩やかなカーブになっているのが特徴。カーブが緩やかなのでスピードに乗りやすく、この部分でロスなく立ち回ることが大切になる。2コーナーで外を回した馬は、そのまま3～4コーナーでも外を回し続ける可能性が高く、負荷が大きい。

中山ダート1800m

■コースの特徴

コースの高低差			直線距離			その他
値	偏差値	評価	値	偏差値	評価	
4.5m	67	大きい	308m	46	普通	スタート後上り坂

■コーナーの特徴

1コーナー坂	2コーナー坂	3コーナー坂	4コーナー坂	コーナー形態
上り坂	下り坂	下り坂	下り坂	通常カーブ

■注目コーナーロス

3角・内から3頭目以降	勝率	連対率	複勝率	単回値	複回値	総データ数
	8.1%	13.9%	25.8%	104	85	209

●最後の直線で失速する原因はコレだった

スタンド前の直線入り口がスタートなので、スタート後すぐに急坂を迎える。序盤はペースが上がりづらく、向正面の坂を下ってから３～４コーナーで一気にペースアップ。ここの地点で外を回した馬の負荷が非常に大きくなる。

とくに先手を取り切れずに外を回すかたちになった馬は、直線で失速することが多い。これはコーナーロスによるもので、３コーナーで先行して外を回した馬が次走要注目の存在となる。

中山ダート2400m

■コースの特徴

コースの高低差			直線距離			その他
値	偏差値	評価	値	偏差値	評価	
4.5m	67	大きい	308m	46	普通	スタート後やや下り坂

■コーナーの特徴

1コーナー坂	2コーナー坂	3コーナー坂	4コーナー坂	コーナー形態
上り坂	下り坂	下り坂	下り坂	通常カーブ

■注目コーナーロス

	勝率	連対率	複勝率	単回値	複回値	総データ数
1角・内から2頭目以降	4.6%	12.3%	20.0%	274	131	130
2角・内から2頭目以降	7.9%	14.0%	21.0%	203	89	229
3角・内から3頭目以降	8.5%	18.6%	25.4%	671	165	59

●坂、坂……タフな造りがコーナーロス馬を大量生産

向正面がスタート地点で、スタート後すぐに下り坂、コーナーを回って今度は上り坂、さらにコーナーを回って下り坂、そして最終コーナーのあと、最後の直線で上り坂と、JRAのダートのなかで最も高低差が大きくタフなコース設計になっている。

それゆえに、序盤からいかにコースロスなく立ち回るかが重要。年間の施行回数は少ないが、各コーナーで外を回した馬は次走で穴をあける可能性が高い、お宝コースである。

阪神競馬場

川田信一の厳選コース

芝 1400 m
芝 2000 m
ダート 1200 m
ダート 1800 m

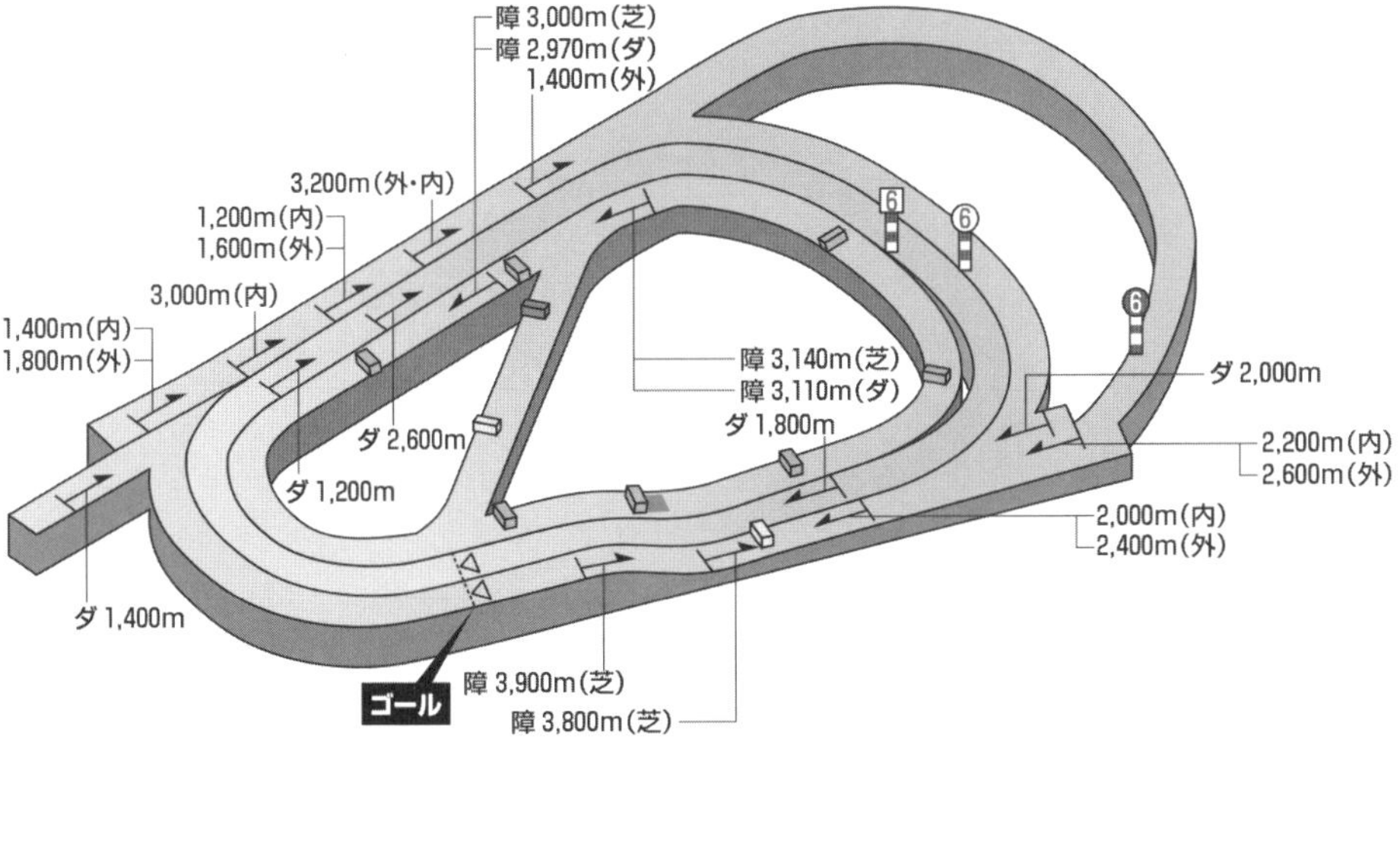

阪神芝 1400 m

■コースの特徴

コースの高低差			直線距離			その他
値	偏差値	評価	値	偏差値	評価	
1.9m	44	やや小さい	356.5 ～ 359.1m	48	普通	特になし

■コーナーの特徴

1コーナー坂	2コーナー坂	3コーナー坂	4コーナー坂	コーナー形態
―	―	下り坂	下り坂	通常カーブ

■注目コーナーロス

3角・内から3頭目以降	勝率	連対率	複勝率	単回値	複回値	総データ数
	9.2%	21.3%	29.3%	132	92	249

● 16頭以上の出走なら、ここに注意

阪神芝内回りコースは３～４コーナーが下り坂でペースアップしやすいこともあり、イン前有利になりやすいのが特徴だ。1400mは内回りなので前に行った馬、ロスなく立ち回った馬が好走しやすいコースである。

それゆえに、３コーナーで外を回した馬は次走で穴をあけやすい。小回りだがフルゲート18頭設計のコースで、出走頭数が多いときはイン前有利の傾向が顕著に出る。とくに16頭以上揃った際は、外を回して失速した馬に警戒したい。

阪神芝 2000 m

■コースの特徴

コースの高低差			直線距離			その他
値	偏差値	評価	値	偏差値	評価	
1.9m	44	やや小さい	356.5 ～ 359.1m	48	普通	スタート後坂

■コーナーの特徴

1コーナー坂	2コーナー坂	3コーナー坂	4コーナー坂	コーナー形態
平坦	平坦	下り坂	下り坂	通常カーブ

■注目コーナーロス

1角・内から2頭目以降	勝率	連対率	複勝率	単回値	複回値	総データ数
	12.6%	22.1%	33.1%	128	100	438
2角・内から2頭目以降	勝率	連対率	複勝率	単回値	複回値	総データ数
	11.0%	21.6%	32.1%	108	94	755
3角・内から2頭目以降	勝率	連対率	複勝率	単回値	複回値	総データ数
	10.5%	21.2%	30.6%	122	88	1003

●とびっきりのお宝コース！

スタート直後に急坂を上るタフな条件かつ、小回りでタイトなコーナーを擁す、内をロスなく回ってきた馬が恵まれやすいコースだ。

各コーナーで外を回した馬は、次走で軒並み穴をあけるお宝コース。ここまで成績が良いのは阪神芝2000mに有力馬が集まりやすく、レースレベルが高くなりやすいという事情もあるからだろう。このコースで外を回して大敗した馬でもローカルならばチャンスはおおいにある。

阪神ダート1200m

■コースの特徴

コースの高低差			直線距離			その他
値	偏差値	評価	値	偏差値	評価	
1.6m	43	やや小さい	352.7m	52	普通	特になし

■コーナーの特徴

1コーナー坂	2コーナー坂	3コーナー坂	4コーナー坂	コーナー形態
ー	ー	下り坂	下り坂	通常カーブ

■注目コーナーロス

3角・内から3頭目以降	勝率	連対率	複勝率	単回値	複回値	総データ数
	7.9%	15.2%	20.9%	108	83	382

●下級条件で3～4コーナー外を回した馬を要チェック

3～4コーナーが下り坂となっているため、3～4コーナーで外を回した馬に負荷がかかりやすいコース。下級条件ではイン前決着になることが多く、3コーナーで外を回す馬はロスが大きい。

とくに中団より前目につけて外を回した馬について、コーナーで手応えが良く見えても、直線でまったく伸びないケースは多々ある。そういった馬も次走ロスなくコーナーを回れば、穴をあける可能性はじゅうぶんにある。

阪神ダート1800ｍ

■コースの特徴

コースの高低差			直線距離			その他
値	偏差値	評価	値	偏差値	評価	
1.6m	43	やや小さい	352.7m	52	普通	スタート後坂

■コーナーの特徴

1コーナー坂	2コーナー坂	3コーナー坂	4コーナー坂	コーナー形態
平坦	平坦	下り坂	下り坂	通常カーブ

■注目コーナーロス

3角・内から4頭目以降	勝率	連対率	複勝率	単回値	複回値	総データ数
	7.2%	17.4%	30.4%	165	135	69

●下り坂になる3コーナーで外を回すと悲劇が……

スタート直後に急坂があることもあって、1～2コーナーはペースが上がりづらい。その後、下り坂になる3コーナーから一気にペースアップするが、そこで外を回すと最後の直線の急坂で脚が止まってしまうというのが、阪神ダ1800ｍの頻出パターンだ。なるべくギリギリまで内目でロスなく立ち回り、直線だけ外に出すのが理想的。

3コーナーで大外を回した馬は、次走で大穴をあけやすいのでチェックを怠らないようにしたい。

中京競馬場

川田信一の厳選コース

芝 2000 m
芝 2200 m
ダート 1400 m
ダート 1800 m

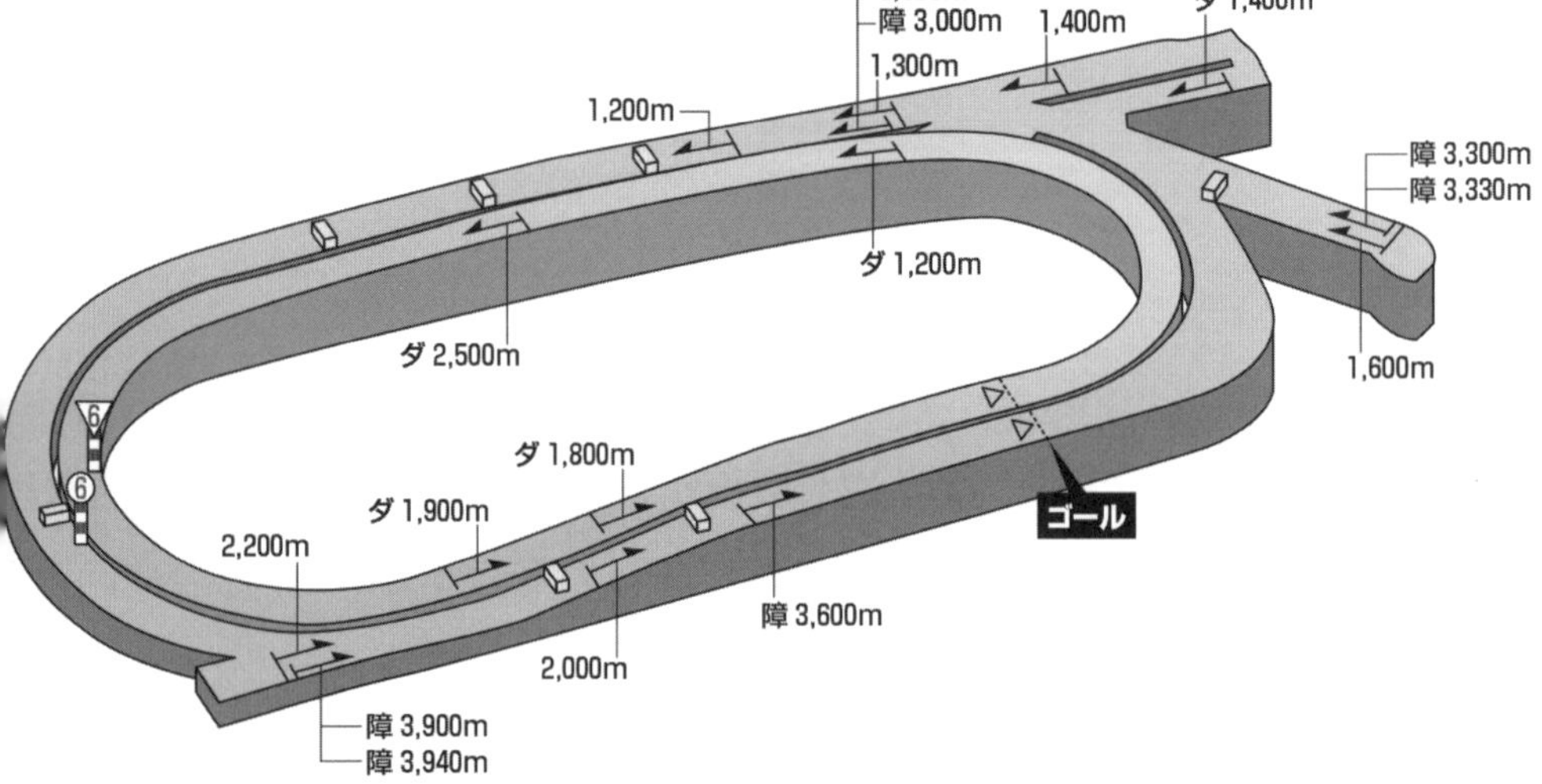

中京芝 2000 m

■コースの特徴

コースの高低差			直線距離			その他
値	偏差値	評価	値	偏差値	評価	
3.5m	55	やや大きい	412.5m	53	普通	スタートから上り坂

■コーナーの特徴

1コーナー坂	2コーナー坂	3コーナー坂	4コーナー坂	コーナー形態
ほぼ平坦	上り坂	下り坂	下り坂	スパイラルカーブ

■注目コーナーロス

2角・内から2頭目以降	勝率	連対率	複勝率	単回値	複回値	総データ数
	8.0%	17.7%	27.0%	107	82	1055
3角・内から2頭目以降	勝率	連対率	複勝率	単回値	複回値	総データ数
	9.4%	19.5%	28.8%	94	86	1330

●イン前有利なコース、内から２頭目でもマークを

上り坂の途中にスタートがあるため、スタート後にペースが上がりづらく、前有利になりやすい。さらに、３～４コーナーが下り坂でペースアップし、スパイラルカーブで馬群がバラけやすいため、インを走った馬が恵まれやすい。すなわち、典型的なイン前有利なコースである。

それゆえに、２～３コーナーで内から２頭目以降を回した馬は、次走で巻き返す傾向が強い。内を通して好走した馬と外を通して凡走した馬が対戦するごとに、入れ替わるようなイメージを持っておくといいだろう。

中京芝2200m

■コースの特徴

コースの高低差			直線距離			その他
値	偏差値	評価	値	偏差値	評価	
3.5m	55	やや大きい	412.5m	53	普通	特になし

■コーナーの特徴

1コーナー坂	2コーナー坂	3コーナー坂	4コーナー坂	コーナー形態
ほぼ平坦	上り坂	下り坂	下り坂	スパイラルカーブ

■注目コーナーロス

3角・内から4頭目以降	勝率	連対率	複勝率	単回値	複回値	総データ数
	12.0%	32.0%	36.0%	105	180	25

●3～4コーナーの外回し馬が次走以降で穴連発！

4コーナーにあるポケットからスタートするコースで、最初のコーナーまでの距離が長く、前半はゆったりとした流れになりやすい。

ペースアップする下り坂の3～4コーナーをロスなく回ることが大切なコースで、3コーナーで大外を回した馬が次走以降で穴を連発している。とくに、良馬場時に内を回した馬が恵まれやすく、外を回した馬の次走は要注意となる。

中京ダート1400m

■コースの特徴

コースの高低差			直線距離			その他
値	偏差値	評価	値	偏差値	評価	
3.4m	58	やや大きい	410.7m	60	やや長い	芝スタート

■コーナーの特徴

1コーナー坂	2コーナー坂	3コーナー坂	4コーナー坂	コーナー形態
―	―	下り坂	下り坂	スパイラルカーブ

■注目コーナーロス

3角・内から	勝率	連対率	複勝率	単回値	複回値	総データ数
3頭目以降	7.3%	15.6%	20.9%	110	84	450

●前傾ラップ時でのコーナーロス馬をストックしたい

芝スタートのダートコース。芝の走行部分が長い外枠から先行した馬がそのまま残りやすく、先行することができずに外々を回しながら後手を踏んだ馬には厳しい形態となっている。

それゆえに、3コーナーで外を回した馬は次走で穴をあけることが多い。とくにハイペースになったときにコーナーで外を回すと間に合わないケースが多発するため、前傾ラップ時が特注となる。

中京ダート1800m

■コースの特徴

コースの高低差			直線距離			その他
値	偏差値	評価	値	偏差値	評価	
3.4m	58	やや大きい	410.7m	60	やや長い	スタート後やや上り坂

■コーナーの特徴

1コーナー坂	2コーナー坂	3コーナー坂	4コーナー坂	コーナー形態
ほぼ平坦	上り坂	下り坂	下り坂	スパイラルカーブ

■注目コーナーロス

3角・内から3頭目以降	勝率	連対率	複勝率	単回値	複回値	総データ数
	6.3%	17.2%	25.0%	254	87	64

●施行回数が多い＝美味しいロス馬がたくさん生まれる

上り坂の途中にスタート地点がある。スタート後、向正面にかけて上り坂が続くため、前半はペースが上がりにくい。そして3コーナー手前を頂上に下り坂となり、そこで一気にペースアップするため、3コーナーで外を回した馬にかかる負荷が大きくなる。

ゆえに3～4コーナーをうまく立ち回った馬とそうでない馬で、着順が入れ替わりやすい。年間の施行回数が多く、注目しておけば穴馬を見つけやすいコースだ。

新潟競馬場

川田信一の厳選コース

芝 1200 m
芝 2000 m（内）
ダート 1800 m
ダート 2500 m

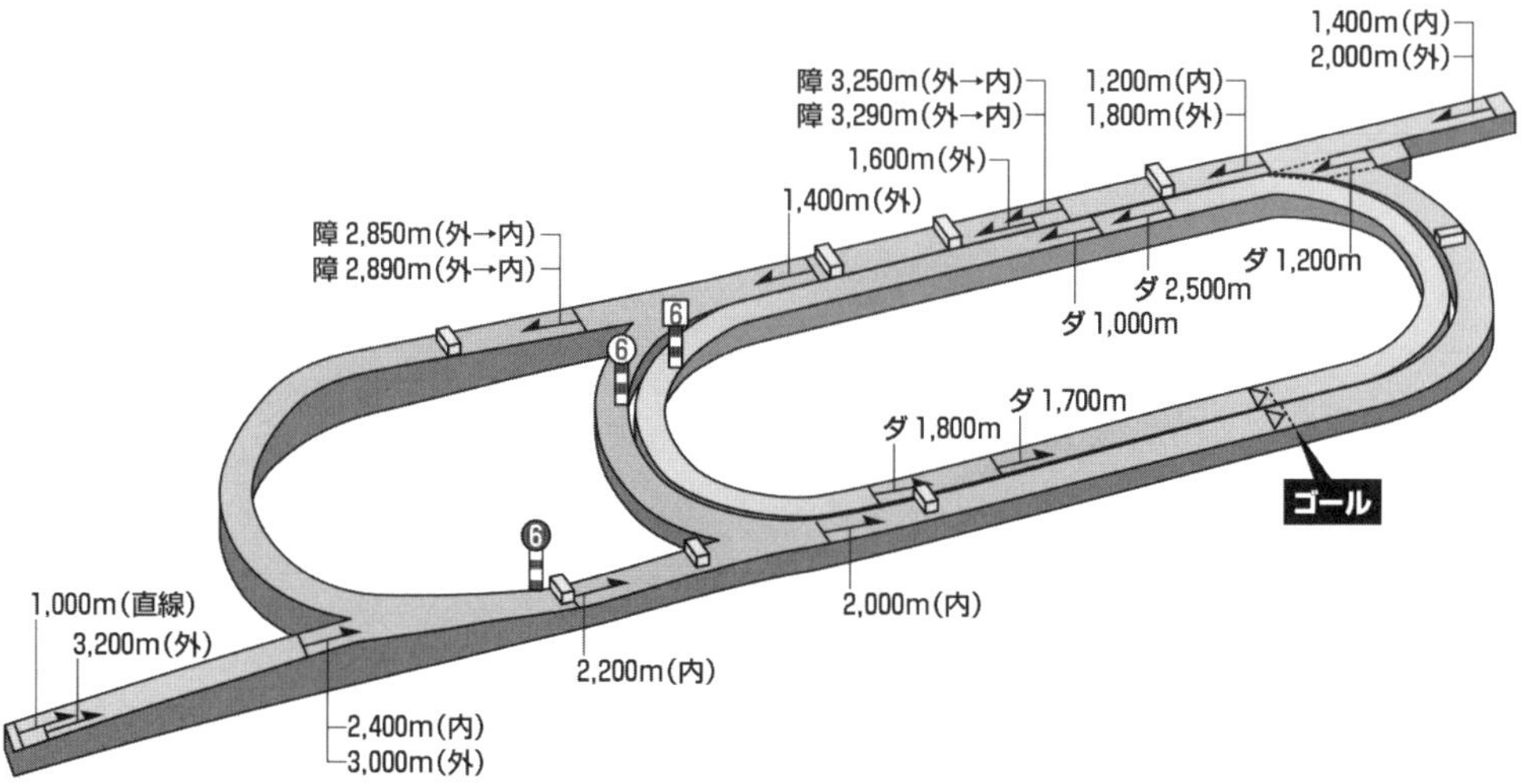

新潟芝 1200 m

■コースの特徴

コースの高低差			直線距離			その他
値	偏差値	評価	値	偏差値	評価	
0.8m	35	小さい	358.7m	48	普通	特になし

■コーナーの特徴

1コーナー坂	2コーナー坂	3コーナー坂	4コーナー坂	コーナー形態
ー	ー	ほぼ平坦	ほぼ平坦	スパイラルカーブ

■注目コーナーロス

3角・内から2頭目以降	勝率	連対率	複勝率	単回値	複回値	総データ数
	7.8%	15.3%	21.3%	131	86	567

●内回りコースならではの不利が……

新潟芝コースは外回りと内回りコースで特徴がまったく異なるので注意が必要だ。1200mは内回りコース。外回りコースと比較して直線距離が短い。よって3コーナーからペースアップしやすく、ここで外を回した馬には大きな負荷がかかる。

さらに、スパイラルカーブということもあって直線で馬群がバラけやすく、内を通った馬が恵まれやすい。3コーナーで外を回した馬は、次走で穴をあけやすいと覚えておこう。

新潟芝 2000 m（内）

■コースの特徴

コースの高低差			直線距離			その他
値	偏差値	評価	値	偏差値	評価	
0.8m	35	小さい	358.7m	48	普通	特になし

■コーナーの特徴

1コーナー坂	2コーナー坂	3コーナー坂	4コーナー坂	コーナー形態
ほぼ平坦	ほぼ平坦	ほぼ平坦	ほぼ平坦	スパイラルカーブ

■注目コーナーロス

3角・内から3頭目以降	勝率	連対率	複勝率	単回値	複回値	総データ数
	9.3%	19.8%	26.7%	111	87	86

●1コーナー・ウオッチングで次走激走馬を見つけよう

芝2000mは内回り、外回り両方のコースが存在するが、ここではおもに下級条件戦で使用される内回りを取り上げる。スタートから最初のコーナーまでの距離が長く、それゆえに先行争いの末、1コーナーでペースアップすることがある。

1コーナーをロスなく回ることが大切で、1コーナーで外を回した馬は次走で穴をあけやすい。スパイラルカーブの設計で、3コーナーで外を回した馬も次走で狙える。

新潟ダート1800 m

■コースの特徴

コースの高低差			直線距離			その他
値	偏差値	評価	値	偏差値	評価	
0.6m	35	小さい	353.9m	52	普通	特になし

■コーナーの特徴

1コーナー坂	2コーナー坂	3コーナー坂	4コーナー坂	コーナー形態
ほぼ平坦	上り坂	ほぼ平坦	ほぼ平坦	スパイラルカーブ

■注目コーナーロス

3角・内から3頭目以降	勝率	連対率	複勝率	単回値	複回値	総データ数
	9.3%	19.0%	26.9%	74	114	443

●3コーナーロス馬を見逃すな！

3～4コーナーはスパイラルカーブとなっており、3コーナーで外を回した馬が次走で穴をあけやすい。

新潟もダートコースは直線が長いわけではなく、コース全体の高低差が少ないこともあって前残りが多発する。ダ1800 mは典型的なイン前有利のコースになっている。したがって、3コーナーで外を回して差し損ねた馬の次走にとりわけ注目したい。

新潟ダート2500m

■コースの特徴

コースの高低差			直線距離			その他
値	偏差値	評価	値	偏差値	評価	
0.6m	35	小さい	353.9m	52	普通	特になし

■コーナーの特徴

1コーナー坂	2コーナー坂	3コーナー坂	4コーナー坂	コーナー形態
ほぼ平坦	上り坂	ほぼ平坦	ほぼ平坦	スパイラルカーブ

■注目コーナーロス

1角・内から2頭目以降	勝率	連対率	複勝率	単回値	複回値	総データ数
	8.3%	16.7%	29.2%	138	122	24

●長距離戦こそ1コーナーの入り方が重要になる

新潟ダートコースはイン前有利ゆえに、長距離戦では最初のコーナーの入り方が非常に重要。1コーナーでイン前のポジションを取れた馬は、展開に恵まれることが多い。

逆に1コーナーで外を回らされた馬は不利なポジションで競馬を進めるかたちになるため、ロスが大きく、次走以降で穴をあけやすい。年間の施行回数こそ少ないコースだが、非常に優秀な成績なのでしっかり狙っていきたい。

福島競馬場

川田信一の厳選コース

芝 1200 m
芝 1800 m
ダート 1700 m
ダート 2400 m

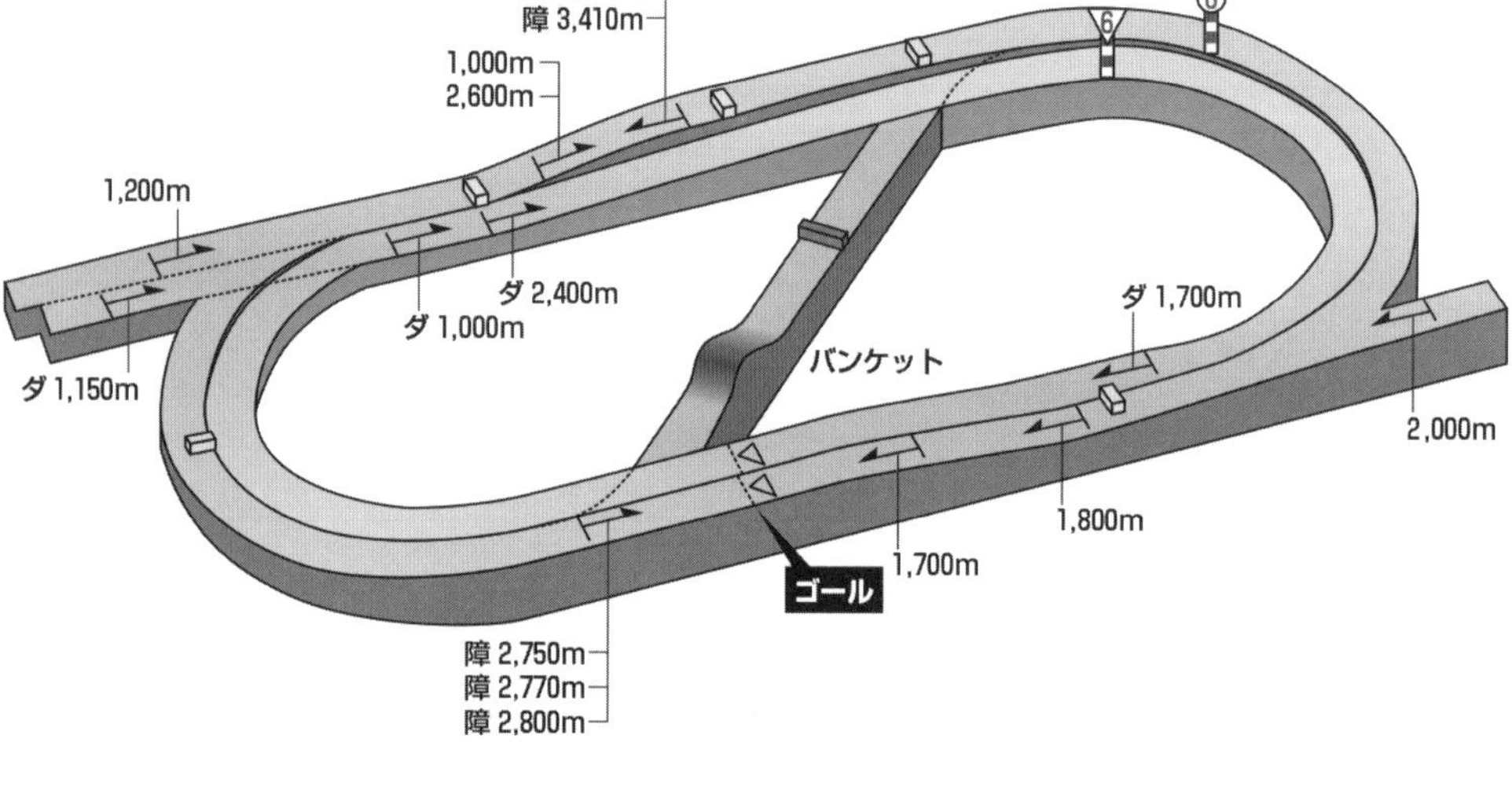

福島芝 1200 m

■コースの特徴

コースの高低差			直線距離			その他
値	偏差値	評価	値	偏差値	評価	
1.9m	44	やや小さい	295.7m	43	やや短い	特になし

■コーナーの特徴

1コーナー坂	2コーナー坂	3コーナー坂	4コーナー坂	コーナー形態
ー	ほぼ平坦	ほぼ平坦	下り坂	スパイラルカーブ

■注目コーナーロス

3角・内から4頭目以降	勝率	連対率	複勝率	単回値	複回値	総データ数
	7.5%	13.4%	20.9%	61	140	67

●開催後半はアテにならず、前半でチェックしたい

スタートから最初のコーナーまでの距離が長く、先行争いが激化することもあるコース。3コーナー時点ではペースアップしているケースが多く、3コーナーで外を回すと大きな負荷がかかる。スパイラルカーブが採用されているため馬群を捌きやすく、内をロスなく回った馬が恵まれる。

ただし、開催後半は芝の内部分が荒れやすいので、外を回す負荷が軽減されてくる。開催前半かつ芝の状態が良いときに集中してチェックしたい。

福島芝 1800 m

■コースの特徴

コースの高低差			直線距離			その他
値	偏差値	評価	値	偏差値	評価	
1.9m	44	やや小さい	292.0 ～ 299.7m	43	やや短い	スタートから上り坂

■コーナーの特徴

1コーナー坂	2コーナー坂	3コーナー坂	4コーナー坂	コーナー形態
下り坂	ほぼ平坦	ほぼ平坦	下り坂	スパイラルカーブ

■注目コーナーロス

3角・内から3頭目以降	勝率	連対率	複勝率	単回値	複回値	総データ数
	6.7%	13.8%	24.5%	112	89	298

●3コーナーロス馬を追いかけよう！

スタート後すぐに坂があるためペースは速くなりづらく、3～4コーナーで一気にペースアップすることが多い。そのため、3コーナーをロスなく立ち回ることが重要になる。3コーナーで外を回した馬は、次走以降で穴をあけることが多い。

そして1200mと同様に、芝が荒れてくると外を回すロスが相殺されてくるので、良馬場時にとくに注目したい。

福島ダート1700m

■コースの特徴

コースの高低差			直線距離			その他
値	偏差値	評価	値	偏差値	評価	
2.1m	47	普通	295.7m	44	やや短い	特になし

■コーナーの特徴

1コーナー坂	2コーナー坂	3コーナー坂	4コーナー坂	コーナー形態
下り坂	ほぼ平坦	ほぼ平坦	下り坂	スパイラルカーブ

■注目コーナーロス

3角・内から2頭目以降	勝率	連対率	複勝率	単回値	複回値	総データ数
	7.9%	16.4%	24.3%	128	99	1888

●こちらも3コーナーロス馬だ！

芝コースと同様に3～4コーナーで一気にペースアップすることが多いコース形態になっており、3コーナーで外を回した馬は次回以降で穴をあけやすい。年間の施行回数もそれなりに多いので、チェックしておけばたくさんの穴馬を見つけることができるだろう。

とくにフルゲート（15頭）で実施されるレースは、コーナーロスの大きい馬が多発するので要注目だ。

福島ダート 2400 m

■コースの特徴

コースの高低差			直線距離			その他
値	偏差値	評価	値	偏差値	評価	
2.1m	47	普通	295.7m	44	やや短い	スタートから上り坂続く

■コーナーの特徴

1コーナー坂	2コーナー坂	3コーナー坂	4コーナー坂	コーナー形態
下り坂	ほぼ平坦	ほぼ平坦	下り坂	スパイラルカーブ

■注目コーナーロス

3角・内から4頭目以降	勝率	連対率	複勝率	単回値	複回値	総データ数
	0.0%	33.3%	66.7%	0	265	6

●施行数は少ないが、お宝馬は大漁節

年間の施行回数が少ないので対象馬は少ないが、ロスのあった馬の複勝率が高く、今後もお宝馬を輩出しそうなのでピックアップした。

ダートコースを1周半するかたちだが、高低差がそれほど大きくないため、ほかの福島のコースと同様に3コーナーが重要になる（福島は芝・ダともに3コーナーのロスが重要と覚えておけばOK）。3コーナーで大きく外を回した馬は、次走以降で買っておきたい。

小倉競馬場

川田信一の厳選コース

芝 1200 m
芝 2600 m
ダート 1700 m
ダート 2400 m

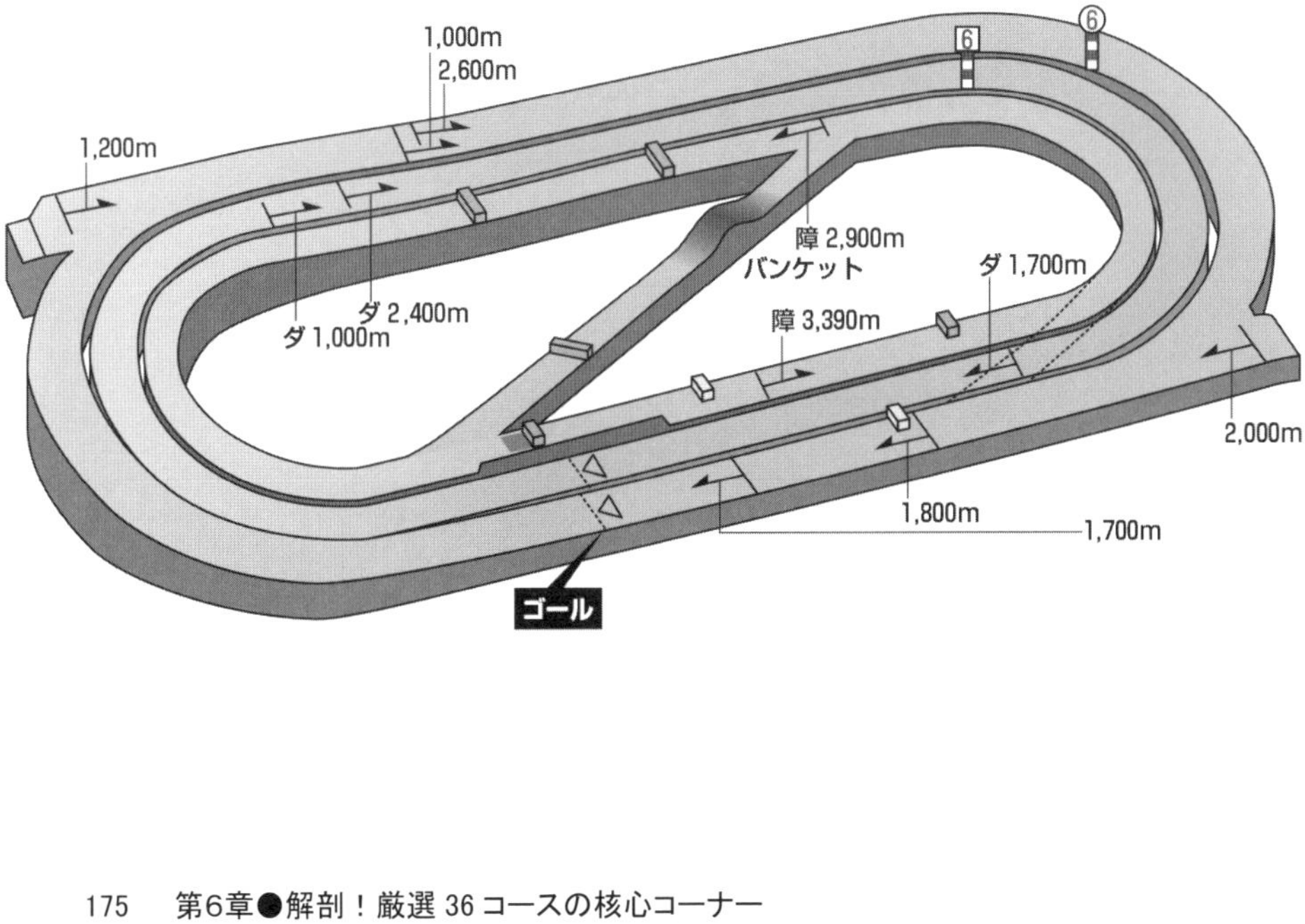

小倉芝1200m

■コースの特徴

コースの高低差			直線距離			その他
値	偏差値	評価	値	偏差値	評価	
3m	54	普通	293m	44	やや短い	スタート後下り坂

■コーナーの特徴

1コーナー坂	2コーナー坂	3コーナー坂	4コーナー坂	コーナー形態
ー	ー	下り坂	下り坂	スパイラルカーブ

■注目コーナーロス

3角・内から4頭目以降	勝率	連対率	複勝率	単回値	複回値	総データ数
	7.9%	14.0%	16.7%	147	98	114

●イン回しの先行馬有利のコースで見るべきは……

3～4コーナーが下り坂のため、コーナーでペースアップしやすく､外を回すと距離ロス×加速で負荷が大きくなる。さらに、スパイラルカーブが採用されていることにより直線で馬群がバラけやすく、インを回した馬が恩恵を受けやすい。内枠が恵まれるケースが多いのはそのためで、テンの脚が速い馬であれば外枠でも問題はない。

なお、イン有利の傾向はとくに芝の生育の良い夏場や開催前半などのクッション値が高いときに顕著に表れる。

小倉芝 2600 m

■コースの特徴

コースの高低差			直線距離			その他
値	偏差値	評価	値	偏差値	評価	
3m	54	普通	293m	44	やや短い	スタート後下り坂

■コーナーの特徴

1コーナー坂	2コーナー坂	3コーナー坂	4コーナー坂	コーナー形態
上り坂	下り坂	下り坂	下り坂	スパイラルカーブ

■注目コーナーロス

1角・内から3頭目以降	勝率	連対率	複勝率	単回値	複回値	総データ数
	10.5%	31.6%	31.6%	156	93	19
2角・内から3頭目以降	勝率	連対率	複勝率	単回値	複回値	総データ数
	24.0%	40.0%	40.0%	217	100	25
3角・内から4頭目以降	勝率	連対率	複勝率	単回値	複回値	総データ数
	11.8%	23.5%	29.4%	217	90	17

●少ない施行数から、お宝馬を見つけよう！

直線が短い小回りコースの長距離ゆえに、コーナーを回っている時間が長い。さらに、３～４コーナーで下り坂の影響によりコーナーでペースアップしやすく、コーナーをロスなく回る重要性が非常に大きい。それもあって、１～３コーナーで大外を回した馬の次走成績が非常に良い。

年間の施行回数こそ少ないが、そのぶん威力は大きい。注目すべきコースだ。

小倉ダート1700 m

■コースの特徴

コースの高低差			直線距離			その他
値	偏差値	評価	値	偏差値	評価	
2.9m	54	普通	291.3m	44	やや短い	スタート後上り坂

■コーナーの特徴

1コーナー坂	2コーナー坂	3コーナー坂	4コーナー坂	コーナー形態
上り坂	下り坂	下り坂	下り坂	スパイラルカーブ

■注目コーナーロス

3角・内から3頭目以降	勝率	連対率	複勝率	単回値	複回値	総データ数
	7.0%	16.8%	26.5%	115	107	517

●道悪でさらに価値を増すコーナーロス馬

小回りで最後の直線は291.3 mと短く、3～4コーナーでペースアップしやすいため、コーナーでのロスの負荷が大きくなるコース。それゆえに3コーナー内から3頭目以降という、通常より緩いルールで集計しても、次走は非常に良い成績を示す。外枠から内枠変わりがハマりやすいコースだ。

なお、馬場が悪化（重・不良が目安）すると、内を回した馬が有利になる傾向がさらに強くなるため、外を回した馬は大きな不利を被《こうむ》ることになる。

小倉ダート 2400 m

■コースの特徴

コースの高低差			直線距離			その他
値	偏差値	評価	値	偏差値	評価	
2.9m	54	普通	291.3m	44	やや短い	スタート後下り坂

■コーナーの特徴

1コーナー坂	2コーナー坂	3コーナー坂	4コーナー坂	コーナー形態
上り坂	下り坂	下り坂	下り坂	スパイラルカーブ

■注目コーナーロス

1角・内から2頭目以降	勝率	連対率	複勝率	単回値	複回値	総データ数
	15.4%	30.8%	46.2%	163	91	13
2角・内から2頭目以降	勝率	連対率	複勝率	単回値	複回値	総データ数
	15.2%	26.1%	43.5%	85	108	46

●緩めのルールでも次走激走馬が見つかる希少なコース

コース全体を約1周半回るため、コーナーを回っている時間が長く、コーナーでいかに距離ロスをなくし、スタミナを温存させるかが好走の鍵を握るコース。とくに前半コーナーを丁寧に回ってくることが大切になってくる。

それゆえに1～2コーナー内から2頭目以降という、通常よりも緩いルールで集計しても、次走は非常に良い成績を示す。年間の施行回数は少ないが、儲かる馬をピックアップしやすいコースなので重宝したい。

札幌競馬場

川田信一の厳選コース

芝 1500 m
芝 2000 m
ダート 1000 m
ダート 1700 m

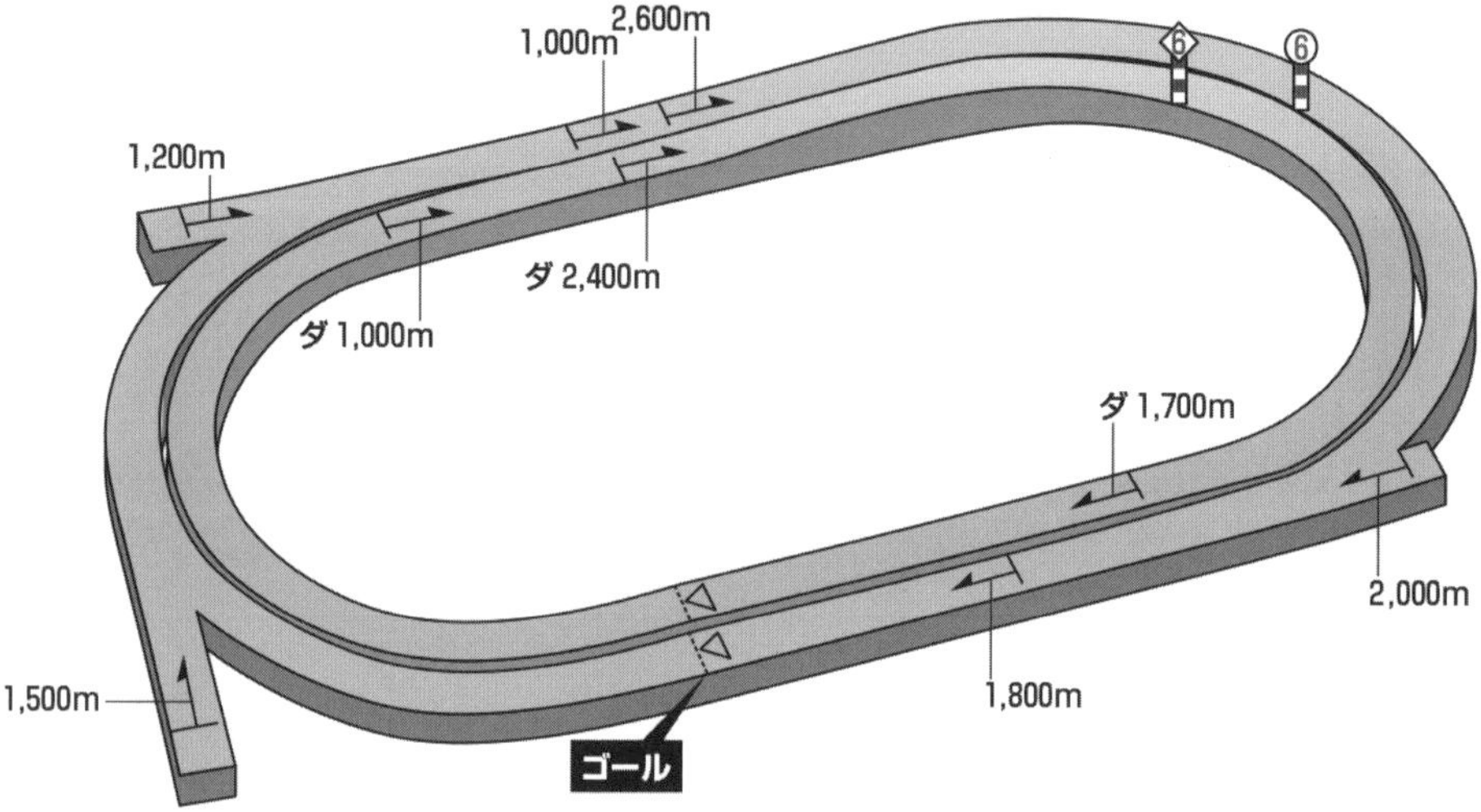

札幌芝1500m

■コースの特徴

コースの高低差			直線距離			その他
値	偏差値	評価	値	偏差値	評価	
0.7m	37	小さい	266.1 ～ 269.1m	40	やや短い	特になし

■コーナーの特徴

1コーナー坂	2コーナー坂	3コーナー坂	4コーナー坂	コーナー形態
ー	ほぼ平坦	ほぼ平坦	ほぼ平坦	通常カーブ

■注目コーナーロス

	勝率	連対率	複勝率	単回値	複回値	総データ数
2角・内から3頭目以降	9.8%	18.5%	21.7%	115	81	92
3角・内から3頭目以降	12.8%	22.1%	29.1%	246	96	86

●特殊コース、洋芝の要素が加わって……

芝1500mは1コーナー横のポケットからスタートする特殊コース。2コーナー時点でペースアップすることが多く、2～3角で外を回した馬は次走以降で穴をあけやすい。函館同様にオール洋芝で行なわれるため、芝の状態が良いときに外を回した馬が次走の狙い目になる。

また、少頭数で実施されることもあることから、頭数には要注意。12頭を評価のひとつの目安にしたい。

札幌芝2000m

■コースの特徴

コースの高低差			直線距離			その他
値	偏差値	評価	値	偏差値	評価	
0.7m	37	小さい	266.1 ～ 269.1m	40	やや短い	特になし

■コーナーの特徴

1コーナー坂	2コーナー坂	3コーナー坂	4コーナー坂	コーナー形態
ほぼ平坦	ほぼ平坦	ほぼ平坦	ほぼ平坦	通常カーブ

■注目コーナーロス

	勝率	連対率	複勝率	単回値	複回値	総データ数
3角・内から4頭目以降	13.5%	24.3%	32.4%	262	186	37

●少頭数レースが多い、12頭を目安とせよ

札幌競馬場はコーナー半径が大きく直線距離が短いため、コース全体のなかでコーナー部分の占める割合が非常に大きい形態。芝2000mはとくにコーナーを走っている時間帯が長く、それだけコーナーをどのように立ち回るかが重要になる。

さらに、コース全体の起伏が少なく直線距離が短いため、3～4コーナーでペースアップするのが定番。3コーナーで外を回した馬は次走以降に穴をあける可能性が高い。なお、1500mと同様に少頭数レースが多いので、12頭が評価のひとつの目安になる。

札幌ダート1000m

■コースの特徴

コースの高低差			直線距離			その他
値	偏差値	評価	値	偏差値	評価	
0.9m	37	小さい	264.3m	40	やや短い	特になし

■コーナーの特徴

1コーナー坂	2コーナー坂	3コーナー坂	4コーナー坂	コーナー形態
―	―	ほぼ平坦	ほぼ平坦	通常カーブ

■注目コーナーロス

3角・内から3頭目以降	勝率	連対率	複勝率	単回値	複回値	総データ数
	9.2%	12.3%	21.5%	247	79	65

●福島ダ1150m、そして1年後の北海道シリーズが楽しみ

ダ1000mはコーナーからペースアップするので、外を回した馬にかかる負荷は非常に大きい。よって、3コーナーで外を回した馬は次走以降で穴をあけやすい。

また、札幌ダ1000mが終わったあとはダ1000mが長らく組まれない番組が定番なので、近い時期で狙い目となるのは福島ダ1150mとなる。

なお、1年後の函館・札幌開催に備えて覚えておくと、穴馬券を取りやすい。即効性はないものの、効果は大きいのでしっかりとメモを残しておくべきだ。

札幌ダート1700m

■コースの特徴

コースの高低差			直線距離			その他
値	偏差値	評価	値	偏差値	評価	
0.9m	37	小さい	264.3m	40	やや短い	特になし

■コーナーの特徴

1コーナー坂	2コーナー坂	3コーナー坂	4コーナー坂	コーナー形態
ほぼ平坦	ほぼ平坦	ほぼ平坦	ほぼ平坦	通常カーブ

■注目コーナーロス

1角・内から3頭目以降	勝率	連対率	複勝率	単回値	複回値	総データ数
	11.8%	21.1%	31.6%	163	153	76
2角・内から3頭目以降	勝率	連対率	複勝率	単回値	複回値	総データ数
	8.2%	18.0%	24.6%	110	71	122
3角・内から3頭目以降	勝率	連対率	複勝率	単回値	複回値	総データ数
	9.5%	19.4%	27.6%	82	96	294

●長いコーナーロスで負荷のかかった馬がサク裂するのは……

JRAの全コースのなかでも、コーナーを回っている時間が非常に長いコース。それゆえに各コーナーで外を回した馬は負荷が非常に大きく、次走以降で穴をあけやすい。

一般的に関東馬よりも関西馬のほうが能力は高い傾向にあり、札幌は関西馬と関東馬がちょうど半々ぐらいに混在しているため、強い関西馬相手にコーナーで外を回して負けた関東馬が、続く中山開催などの関東場のレースに出走したときに狙い目になる。

函館競馬場

川田信一の厳選コース

芝 1200 m
芝 2000 m
ダート 1000 m
ダート 1700 m

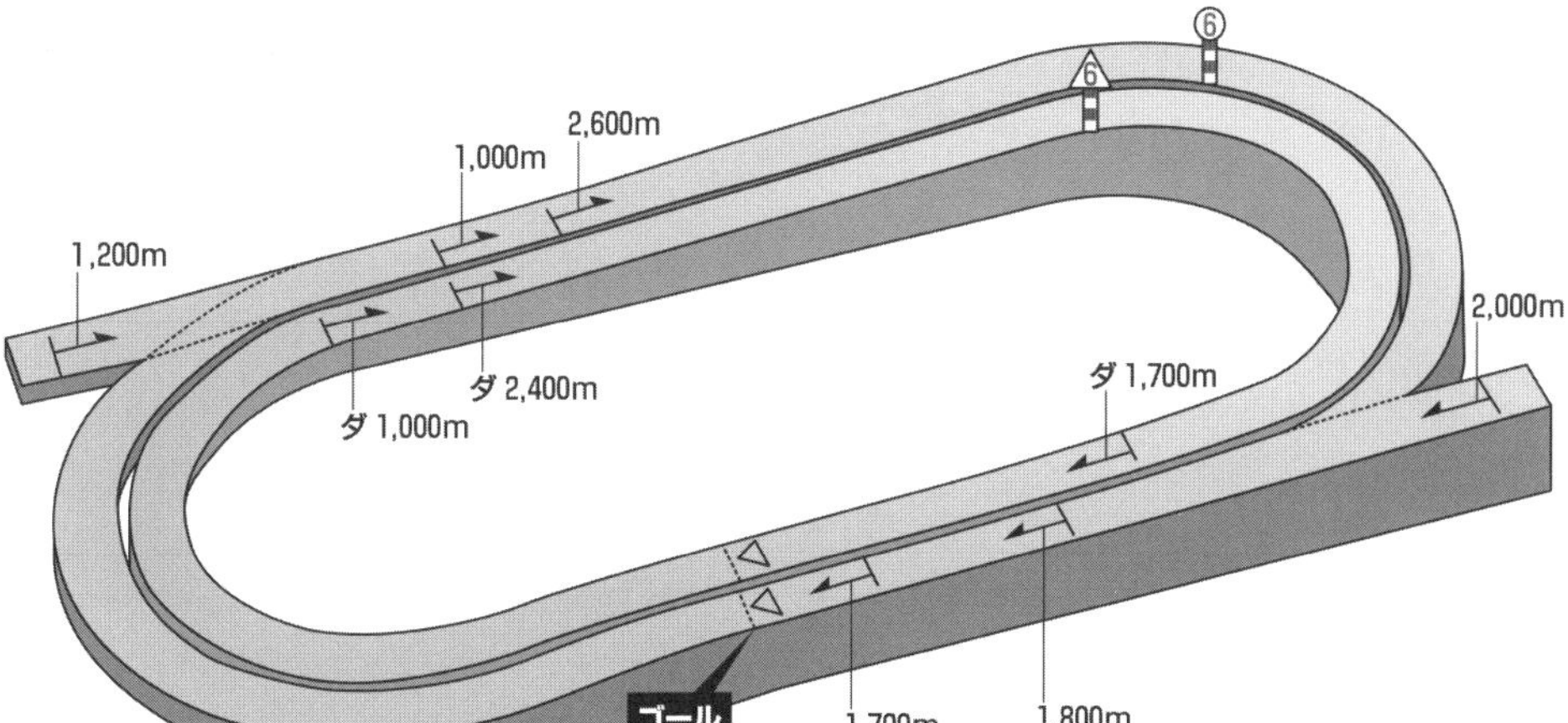

函館芝1200m

■コースの特徴

コースの高低差			直線距離			その他
値	偏差値	評価	値	偏差値	評価	
3.5m	55	やや大きい	262.1～264.5m	40	やや短い	スタートから上り坂続く

■コーナーの特徴

1コーナー坂	2コーナー坂	3コーナー坂	4コーナー坂	コーナー形態
ー	ー	上り坂	下り坂	スパイラルカーブ

■注目コーナーロス

3角・内から3頭目以降	勝率	連対率	複勝率	単回値	複回値	総データ数
	7.3%	12.2%	19.5%	181	136	41

●芝の良好な馬場のときに外を回した馬だ！

３コーナーは上り坂だが、４コーナーにかけて下り坂に切り替わるため、このタイミングでペースアップする。ここで外を回した馬はつらい。

また、野芝よりも耐久性が弱い品種のオール洋芝で実施されるコースゆえに、開催が進むに連れて芝が傷みやすい。芝が傷んでくるとコーナーで外を回すロスと相殺されるので、芝の状態が良いときに外を回した馬の次走を狙うのが定石となる。

函館芝2000m

■コースの特徴

コースの高低差			直線距離			その他
値	偏差値	評価	値	偏差値	評価	
3.5m	55	やや大きい	262.1～264.5m	40	やや短い	特になし

■コーナーの特徴

1コーナー坂	2コーナー坂	3コーナー坂	4コーナー坂	コーナー形態
下り坂	ほぼ平坦	上り坂	下り坂	スパイラルカーブ

■注目コーナーロス

	勝率	連対率	複勝率	単回値	複回値	総データ数
1角・内から3頭目以降	3.8%	23.1%	23.1%	26	126	26
2角・内から3頭目以降	10.4%	20.8%	29.2%	141	125	48

●のちの激走馬を生みやすいコース形態

スタートから1コーナーまでの距離が長く、向正面から2コーナーにかけて下り坂が続くため、ここでペースアップをしやすい。それゆえに1～2コーナーで外を回した馬にかかる負荷が非常に大きくなり、次走以降で穴をあけやすい。

年間の施行回数は少ないコースだが、複勝回収率が非常に優秀なことからもわかるように穴馬をよく輩出している。当然、要注目だ。

函館ダート 1000 m

■コースの特徴

コースの高低差			直線距離			その他
値	偏差値	評価	値	偏差値	評価	
3.5m	59	やや大きい	260.3 m	40	やや短い	スタートから上り坂続く

■コーナーの特徴

1コーナー坂	2コーナー坂	3コーナー坂	4コーナー坂	コーナー形態
ー	ー	上り坂	下り坂	スパイラルカーブ

■注目コーナーロス

3角・内から2頭目以降	勝率	連対率	複勝率	単回値	複回値	総データ数
	8.7%	17.0%	26.5%	101	88	393

●お楽しみは次の札幌で……

３～４コーナーは上り坂だが、1000mということもあって序盤からペースが速くなる。３コーナーで外を回した馬にかかる負荷は大きく、次走以降で穴をあけやすい。

ダ1000mというレア条件ながら、函館開催のあとに続く札幌開催でもダ1000mが行なわれる。函館ダ1000mで外を回して負けた馬が、札幌ダ1000mで巻き返すというパターンが頻発するので注目したい。

函館ダート1700m

■コースの特徴

コースの高低差			直線距離			その他
値	偏差値	評価	値	偏差値	評価	
3.5m	59	やや大きい	260.3 m	40	やや短い	特になし

■コーナーの特徴

1コーナー坂	2コーナー坂	3コーナー坂	4コーナー坂	コーナー形態
下り坂	ほぼ平坦	上り坂	下り坂	スパイラルカーブ

■注目コーナーロス

1角・内から3頭目以降	勝率	連対率	複勝率	単回値	複回値	総データ数
	8.5%	16.9%	25.4%	129	92	71
2角・内から3頭目以降	勝率	連対率	複勝率	単回値	複回値	総データ数
	9.2%	17.6%	26.1%	106	69	119

●1～2コーナーで外を回した馬をマークしておこう

函館は芝とダートのコース形状がほぼ同じなので攻略法も同様。ダ1700mは向正面から2コーナーにかけて下り坂が続くため、ここでペースアップをしやすい。1～2コーナーで外を回した馬にかかる負荷が非常に大きくなるので、次走以降で穴をあけやすいと覚えておくといい。

フルゲートが14頭で、出走頭数が少ないレースではコーナーロスも小さくなるため、12頭を評価のひとつの目安にしたい。

コース	1角坂	2角坂	3角坂	4角坂	コーナー形態
中京ダ1200	―	―	下り坂	下り坂	スパイラルカーブ
中京ダ1400	―	―	下り坂	下り坂	スパイラルカーブ
中京ダ1800	ほぼ平坦	上り坂	下り坂	下り坂	スパイラルカーブ
中京ダ1900	ほぼ平坦	上り坂	下り坂	下り坂	スパイラルカーブ
中京芝1200	―	―	下り坂	下り坂	スパイラルカーブ
中京芝1400	―	―	下り坂	下り坂	スパイラルカーブ
中京芝1600	―	上り坂	下り坂	下り坂	スパイラルカーブ
中京芝2000	ほぼ平坦	上り坂	下り坂	下り坂	スパイラルカーブ
中京芝2200	ほぼ平坦	上り坂	下り坂	下り坂	スパイラルカーブ
中京芝3000	ほぼ平坦	上り坂	下り坂	下り坂	スパイラルカーブ
中山ダ1200	―	―	下り坂	下り坂	通常カーブ
中山ダ1800	上り坂	下り坂	下り坂	下り坂	通常カーブ
中山ダ2400	上り坂	下り坂	下り坂	下り坂	通常カーブ
中山ダ2500	上り坂	下り坂	下り坂	下り坂	通常カーブ
中山芝1200外	―	―	下り坂	下り坂	通常カーブ
中山芝1600外	―	下り坂	下り坂	下り坂	通常カーブ
中山芝1800	上り坂	下り坂	ほぼ平坦	下り坂	通常カーブ
中山芝2000	上り坂	下り坂	ほぼ平坦	下り坂	通常カーブ
中山芝2200外	上り坂	下り坂	下り坂	下り坂	通常カーブ
中山芝2500	上り坂	下り坂	ほぼ平坦	下り坂	通常カーブ
中山芝3600	上り坂	下り坂	ほぼ平坦	下り坂	通常カーブ
東京ダ1300	―	―	下り坂	ほぼ平坦	通常カーブ
東京ダ1400	―	―	下り坂	ほぼ平坦	通常カーブ
東京ダ1600	―	―	下り坂	ほぼ平坦	通常カーブ
東京ダ2100	下り坂	下り坂	下り坂	ほぼ平坦	通常カーブ
東京芝1400	―	―	下り坂	ほぼ平坦	通常カーブ
東京芝1600	―	―	下り坂	ほぼ平坦	通常カーブ
東京芝1800	―	下り坂	下り坂	ほぼ平坦	通常カーブ
東京芝2000	―	下り坂	下り坂	ほぼ平坦	通常カーブ
東京芝2300	下り坂	下り坂	下り坂	ほぼ平坦	通常カーブ
東京芝2400	下り坂	下り坂	下り坂	ほぼ平坦	通常カーブ
東京芝2500	下り坂	下り坂	下り坂	ほぼ平坦	通常カーブ
東京芝3400	下り坂	下り坂	下り坂	ほぼ平坦	通常カーブ
函館ダ1000	―	―	上り坂	下り坂	スパイラルカーブ
函館ダ1700	下り坂	ほぼ平坦	上り坂	下り坂	スパイラルカーブ
函館ダ2400	下り坂	ほぼ平坦	上り坂	下り坂	スパイラルカーブ
函館芝1000	―	―	上り坂	下り坂	スパイラルカーブ
函館芝1200	―	―	上り坂	下り坂	スパイラルカーブ
函館芝1800	下り坂	ほぼ平坦	上り坂	下り坂	スパイラルカーブ
函館芝2000	下り坂	ほぼ平坦	上り坂	下り坂	スパイラルカーブ
函館芝2600	下り坂	ほぼ平坦	上り坂	下り坂	スパイラルカーブ
福島ダ1150	―	―	ほぼ平坦	下り坂	スパイラルカーブ
福島ダ1700	下り坂	ほぼ平坦	ほぼ平坦	下り坂	スパイラルカーブ
福島ダ2400	下り坂	ほぼ平坦	ほぼ平坦	下り坂	スパイラルカーブ
福島芝1200	―	ほぼ平坦	ほぼ平坦	下り坂	スパイラルカーブ
福島芝1800	下り坂	ほぼ平坦	ほぼ平坦	下り坂	スパイラルカーブ
福島芝2000	下り坂	ほぼ平坦	ほぼ平坦	下り坂	スパイラルカーブ
福島芝2600	下り坂	ほぼ平坦	ほぼ平坦	下り坂	スパイラルカーブ

9場【コーナーの特徴】一覧

コース	1角坂	2角坂	3角坂	4角坂	コーナー形態
阪神ダ1200	―	―	下り坂	下り坂	通常カーブ
阪神ダ1400	―	―	下り坂	下り坂	通常カーブ
阪神ダ1800	平坦	平坦	下り坂	下り坂	通常カーブ
阪神ダ2000	平坦	平坦	下り坂	下り坂	通常カーブ
阪神芝1200	―	―	下り坂	下り坂	通常カーブ
阪神芝1400	―	―	下り坂	下り坂	通常カーブ
阪神芝1600外	―	―	ほぼ平坦	下り坂	通常カーブ
阪神芝1800外	―	―	ほぼ平坦	下り坂	通常カーブ
阪神芝2000	平坦	平坦	下り坂	下り坂	通常カーブ
阪神芝2200	平坦	平坦	下り坂	下り坂	通常カーブ
阪神芝2400外	平坦	平坦	ほぼ平坦	下り坂	通常カーブ
阪神芝2600外	平坦	平坦	ほぼ平坦	下り坂	通常カーブ
阪神芝3000	平坦	平坦	下り坂	下り坂	通常カーブ
阪神芝3200	平坦	平坦	下り坂	下り坂	通常カーブ
札幌ダ1000	―	―	ほぼ平坦	ほぼ平坦	通常カーブ
札幌ダ1700	ほぼ平坦	ほぼ平坦	ほぼ平坦	ほぼ平坦	通常カーブ
札幌ダ2400	ほぼ平坦	ほぼ平坦	ほぼ平坦	ほぼ平坦	通常カーブ
札幌芝1200	―	―	ほぼ平坦	ほぼ平坦	通常カーブ
札幌芝1500	―	ほぼ平坦	ほぼ平坦	ほぼ平坦	通常カーブ
札幌芝1800	ほぼ平坦	ほぼ平坦	ほぼ平坦	ほぼ平坦	通常カーブ
札幌芝2000	ほぼ平坦	ほぼ平坦	ほぼ平坦	ほぼ平坦	通常カーブ
札幌芝2600	ほぼ平坦	ほぼ平坦	ほぼ平坦	ほぼ平坦	通常カーブ
小倉ダ1000	―	―	下り坂	下り坂	スパイラルカーブ
小倉ダ1700	上り坂	下り坂	下り坂	下り坂	スパイラルカーブ
小倉ダ2400	上り坂	下り坂	下り坂	下り坂	スパイラルカーブ
小倉芝1200	―	―	下り坂	下り坂	スパイラルカーブ
小倉芝1800	上り坂	下り坂	下り坂	下り坂	スパイラルカーブ
小倉芝2000	上り坂	下り坂	下り坂	下り坂	スパイラルカーブ
小倉芝2600	上り坂	下り坂	下り坂	下り坂	スパイラルカーブ
新潟ダ1200	―	―	ほぼ平坦	ほぼ平坦	スパイラルカーブ
新潟ダ1800	ほぼ平坦	上り坂	ほぼ平坦	ほぼ平坦	スパイラルカーブ
新潟ダ2500	ほぼ平坦	上り坂	ほぼ平坦	ほぼ平坦	スパイラルカーブ
新潟芝1000	―	―	ほぼ平坦	ほぼ平坦	スパイラルカーブ
新潟芝1200	―	―	ほぼ平坦	ほぼ平坦	スパイラルカーブ
新潟芝1400	―	―	ほぼ平坦	ほぼ平坦	スパイラルカーブ
新潟芝1600外	―	―	下り坂	下り坂	スパイラルカーブ
新潟芝1800外	―	―	下り坂	下り坂	スパイラルカーブ
新潟芝2000	ほぼ平坦	ほぼ平坦	ほぼ平坦	ほぼ平坦	スパイラルカーブ
新潟芝2000外	―	―	下り坂	下り坂	スパイラルカーブ
新潟芝2200	ほぼ平坦	ほぼ平坦	ほぼ平坦	ほぼ平坦	スパイラルカーブ
新潟芝2400	ほぼ平坦	ほぼ平坦	ほぼ平坦	ほぼ平坦	スパイラルカーブ

●著者紹介

川田信一（かわだ・しんいち）

1978年、東京都出身。趣味で始めたメルマガが、人気薄の単勝を的確に当てることで評判に。わずか半年で2000人を超える読者が口コミだけで集まる。グリグリの人気馬を迷わず消し、穴馬の単勝を的中し続けている生粋の単勝馬券師。オンラインサロン『Kawada Salon』主宰。

【コーナーロス特設サイトのご案内】

ただいま期間限定で、コーナーロスが一目でわかる出馬表および川田の推奨馬を無料公開中です。詳しくは下記サイトにアクセスしてください。

https://kawada-shinichi.com/c2023/

コーナーロス激走《げきそう》！馬券術《ばけんじゅつ》

発行日　2023年3月5日　第1版第1刷

著　者　川田《かわだ》　信一《しんいち》

発行者　斉藤　和邦

発行所　株式会社　秀和システム

〒135－0016

東京都江東区東陽2-4-2　新宮ビル2F

Tel 03-6264-3105（販売）　Fax 03-6264-3094

印刷所　日経印刷株式会社　Printed in Japan

ISBN978-4-7980-6951-7 C0075